Über die Autorin:

Svenja Wagner wurde 1969 in Menden als Kind zweier Lehrer geboren. Mit 17 lief sie von zu Hause weg und lebte ein Jahr bis zu ihrer Volljährigkeit abwechselnd auf der Straße und bei einem Bekannten. Anschließend zog sie nach München, wo sie nach längeren Auslandsaufenthalten zuletzt als Personalreferentin arbeitete. 2013 begann sie ein Studium der Psychologie an der Ludwig-Maximilians-Universität München.

Svenja Wagner

Und ich musste bleiben

**Mein Vater trieb meine Mutter
in den Suizid und
zerstörte meine Kindheit**

BASTEI
LÜBBE
TASCHENBUCH

BASTEI LÜBBE TASCHENBUCH
Band 60963

Dieser Titel ist auch als E-Book erschienen

*Dieses Buch beruht auf einer wahren Geschichte. Alles ist so beschrieben,
wie die Autorin es erinnert. Einige Namen, Orte und Details wurden
zum Schutz der Rechte der Personen geändert.*

*Redaktioneller Hinweis:
Die Adressen im Anhang stellen eine Auswahl der Autorin dar und
erheben keinen Anspruch auf Vollständigkeit: Stand August 2017.
Der Verlag übernimmt keinerlei Haftung für Inhalte der Websites.*

Originalausgabe

Copyright © 2017 by Bastei Lübbe AG, Köln
Titelillustration: © Juanmonino/iStockphoto
Fotos im Innenteil: privat
Umschlaggestaltung: Tanja Østlyngen
Satz: hanseatenSatz-bremen, Bremen
Gesetzt aus der Adobe Caslon
Druck und Verarbeitung: CPI books GmbH, Leck – Germany
Printed in Germany
ISBN 978-3-404-60963-5

2 4 5 3 1

Sie finden uns im Internet unter
www.luebbe.de
Bitte beachten Sie auch: www.lesejury.de

Ein verlagsneues Buch kostet in Deutschland und Österreich jeweils überall dasselbe.
Damit die kulturelle Vielfalt erhalten und für die Leser bezahlbar bleibt, gibt es die gesetzliche
Buchpreisbindung. Ob im Internet, in der Großbuchhandlung, beim lokalen Buchhändler, im
Dorf oder in der Großstadt – überall bekommen Sie Ihre verlagsneuen Bücher zum selben Preis.

Meiner Mutter gewidmet

Von den Kindern

Eure Kinder sind nicht eure Kinder.
Sie sind die Söhne und Töchter der Sehnsucht
des Lebens nach sich selbst.
Sie kommen durch euch, aber nicht von euch,
und obwohl sie mit euch sind, gehören sie euch doch nicht.
Ihr dürft ihnen eure Liebe geben, aber nicht eure Gedanken,
denn sie haben ihre eigenen Gedanken.
Ihr dürft ihren Körpern ein Haus geben, aber nicht ihren Seelen,
denn ihre Seelen wohnen im Haus von morgen, das ihr
nicht besuchen könnt, nicht einmal in euren Träumen.
Ihr dürft euch bemühen, wie sie zu sein, aber versucht nicht,
sie euch ähnlich zu machen.
Denn das Leben läuft nicht rückwärts, noch verweilt
es im Gestern.
Ihr seid die Bogen, von denen eure Kinder als lebende
Pfeile ausgeschickt werden.
Der Schütze sieht das Ziel auf dem Pfad der Unendlichkeit,
und er spannt euch mit seiner Macht, damit seine Pfeile
schnell und weit fliegen.
Lasst euren Bogen von der Hand des Schützen auf
Freude gerichtet sein;
denn so wie er den Pfeil liebt, der fliegt, so liebt er
auch den Bogen, der fest ist.

Khalil Gibran, Der Prophet

Inhalt

Prolog 11

1 Hallo, Welt! 15

2 Spirale der Gewalt 30

3 Gebrochen 48

4 Ein neuer Beginn? 59

5 Der Anfang vom Ende.. 77

6 Der Tag, an dem die Nacht begann........................ 101

7 Bis acht zählen.. 113

8 Ausgeliefert.. 132

9 Ausgedient.. 153

10 Niemand will dich 181

11 Einmal Freiheit und zurück 204

12 Vermeintliche Rettung... 222

13 Abschaum.. 239

14 Ausschusstochter 262

15 Barfuß ins Leben 290

Epilog.. 308

Danksagung... 310

Quellen.. 312

Hilfsadressen 313

Prolog

Die Erfahrungen, die wir in der frühesten Kindheit machen, sind maßgeblich entscheidend für das gesamte Leben. Wer als Kleinkind Liebe und Halt erfährt, baut Urvertrauen auf, das ihn befähigt, Beziehungen einzugehen, Selbstvertrauen zu entwickeln und sein persönliches Potenzial zu entfalten. Auf diesem Fundament wächst eine stabile Persönlichkeit heran, die an dem Schmerz und den Sorgen, die ein jedes Leben mit sich bringt, nicht zerbricht.

Doch kann all das Gute, das ein Kind erfährt, durch die Gewalttätigkeit und den Hass eines einzigen Menschen zertreten werden. Und plötzlich tut es weh, je geliebt worden zu sein. Denn die Fallhöhe ist umso größer: Man stürzt aus der warmen mütterlichen Geborgenheit in eine Welt der Ablehnung, Demütigung und emotionalen Kälte.

Männergewalt, Suizid, Missbrauch und das Versagen des Jugendamts haben eine Schneise der Zerstörung in mein Leben geschlagen. Dass ich all dem zum Trotz überleben konnte, habe ich nur einem Menschen zu verdanken: meiner Mutter.

In meiner Erinnerung beginnt mein Leben auf einer wunderschönen Blumenwiese. Ich bin etwa vier Jahre alt und stolze Besitzerin meiner eigenen Indianerhütte. Die hübsche junge Frau mit den langen Haaren und dem Picknickkorb in der Hand ist meine Mami. Fröhlich plappernd spazieren wir zu unserem Lieblingsplatz am Waldrand. Unter der alten Linde breitet meine Mutter eine Decke auf dem Boden aus. Ich werfe einen neugierigen Blick in den Korb: Es gibt Salat, selbst gebackenen Marmorkuchen und Limonade, und hier draußen, in der warmen Sommerluft, schmeckt es gleich doppelt so gut.

Nach dem Essen spielen wir Fangen. Als Mami mich erwischt, wirbelt sie mich durch die Luft, und wir lassen uns lachend auf die Decke fallen. Mami flicht mir einen Kranz aus Gänseblümchen und setzt ihn mir auf den Kopf. Glücklich und zufrieden kuschle ich mich in ihre Arme, und wir genießen im Halbschatten die letzten Sonnenstrahlen des Tages. Die Luft duftet nach Wald und Wiese. Ein Marienkäfer landet auf meinem Arm, seine kleinen schwarzen Fühler kitzeln, als er sich bewegt.

»Guten Tag, kleiner Freund, willst du mit mir spielen?«, frage ich ihn.

»Wenn er wegfliegt, darfst du dir etwas wünschen«, sagt meine Mami. »Du darfst es aber nicht laut sagen und auch keinem verraten.«

Als er seine winzigen Flügel ausbreitet und sich in die Luft gleiten lässt, habe ich nur einen Wunsch: dass ich den nächsten Tag wieder mit Mami herkommen darf und den übernächsten auch. Und immer so weiter, bis ich groß bin.

Als ich vier Jahre alt war, dachte ich, das Leben habe es besonders gut mit mir gemeint. Ich hatte die beste Mami der Welt. Ob ich auf die alte Linde kletterte oder von einem Mäuerchen sprang: Immer war sie da, um mich aufzufangen. Alles, was ich mir zu meinem Glück noch wünschte, war ein Geschwisterchen. In zwei Jahren würde mein Wunsch in Erfüllung gehen, aber das ahnte ich an jenem Sommertag auf unserer Wiese natürlich nicht.

Damals wusste ich noch nichts von all den Dingen, die auf

mich warteten. Und ich wusste auch nichts von dem schrecklichen Tag in acht Jahren, als Spaziergänger in einem Wald-
stück die leblosen Körper zweier Menschen fanden. Einer
von ihnen sollte meine Mutter sein.

1

Hallo, Welt!

Weit im Westen Deutschlands, rund siebzig Kilometer von der niederländischen Grenze entfernt, existiert eine kleine, 1952 Einwohner umfassende Siedlung. Es ist einer jener beliebig wirkenden Orte, an denen Tausende von Reisenden tagein, tagaus mit dem Zug vorbeifahren und nicht ahnen, was wirklich hinter den gutbürgerlichen Fassaden vor sich geht.

Wenn ich an das Dorf meiner Kindheit zurückdenke, sehe ich gleich rechts hinter dem Ortseingangsschild fade Verwaltungsgebäude und Fertigungshallen, um die herum sich einige Mehrfamilienhäuser gruppierten. In den Hinterhöfen standen die obligatorischen Teppichklopfstangen, zu hoch für uns Kinder, um an ihnen zu turnen. Verwitterte Scherenzäune zerteilten die asphaltierte Fläche, auf der man wunderbar hätte Rollschuh fahren können, in exakt abgemessene Parzellen für die Wäscheleinen. An der Straße Richtung Ortsende reihten sich die Einfamilienhäuser, der grobe Putz angegraut, die Jalousien halb heruntergezogen. Gartenzwerge grinsten einem aus den Vorgärten entgegen, während die windschiefen Lauben und selbst gezimmerten Eingangsvorbauten auf etliche Hobbyheimwerker im Dorf schließen ließen. Der wahrscheinlich leidenschaftlichste von ihnen war mein Vater.

Unser Haus war wohl selbst in seiner Blüte nie eine Schönheit gewesen, weshalb es für meinen Vater nicht ganz einfach gewesen sein dürfte, meine Mutter zu diesem Kauf zu überreden. Es musste komplett saniert werden, was einige Zeit in Anspruch nahm, und als Papa mit dem Nötigsten fertig war, hatte er offenbar seinen Spaß am Heimwerken gefunden. Er ging voll und ganz in seinen Projekten auf und fand immer wieder ein Fleckchen zum Anbauen, Umbauen, Draufbauen und Wieder-Abreißen. Im Nachhinein kommt es mir so vor, als hätte er in dem kleinen Anwesen mit seinem verwinkelten Keller, dem düsteren Werkzeugraum und dem viel zu großen Treibhaus sein ganz persönliches Legoland gefunden, in dem er sich nach Lust und Laune austoben konnte. Vielleicht war es aber auch eine Flucht vor sich selbst, die er dort betrieb.

Meine Eltern hatten sich während des Studiums für das Lehramt kennengelernt; mein Vater war Hauptschullehrer, meine Mutter Grundschullehrerin. Mami war nicht gerade glücklich gewesen, nach dem Staatsexamen mitten ins Niemandsland versetzt zu werden. Mein Vater jedoch war in dieser Hinsicht weniger wählerisch. Er schätzte die viele Freizeit, die sein Beruf mit sich brachte, liebte sein Hobby und wollte ansonsten in Ruhe gelassen werden.

Meine Mutter war völlig anders als er. Sie liebte alles, was mit Kunst und Kultur zu tun hatte, und so schwärmte sie von Städten wie Brüssel, ihrer Geburtsstadt, von Paris, Hamburg und München mit all den Möglichkeiten, welche diese Metropolen einem kulturbegeisterten Menschen boten. Bei uns auf dem Land hingegen war der Höhepunkt die monatliche Feuerwehrübung in der übernächsten Kleinstadt – sofern man nicht Mitglied im ortseigenen Schützenverein war. Und auch ästhetisch konnte die ehemalige Arbeitersiedlung mit ihrem Wellblechlauben-Charme und dem abgenutzten Sechzigerjahre-Ambiente meiner Mutter wohl kaum Begeisterungsstürme entlocken. Doch wenn ihr etwas noch wichtiger war als die Kunst, so waren es mein Vater und ich. Als Mitglied einer deutschen Familie hatte sie als kleines Mädchen die Flucht aus Belgien miterlebt. Sie kannte das Gefühl, alles verloren zu haben, nirgends willkommen und immer nur geduldet zu sein. Und so arrangierte sie sich mit dem Leben im Dorf und versuchte, uns ein Heim zu schaffen – voller Geborgenheit, Lebendigkeit und Fantasie.

Was ihr dabei half, war die Nähe zur Natur. Das mit Abstand Schönste, gleichzeitig aber wohl auch das Symptomatische an dem Ort meiner Kindheit waren der Wald und die Felder, die ihn fast vollständig vom Rest der Welt abzutrennen schienen. Nur über eine einzige Straße gelangte man aus dem Dorf hinaus, und diese führte über die Gleise. Verbunden durch den Bahnübergang, klebte unsere Siedlung wie eine Warze an ihrem Nachbarort, und jedes Mal, wenn ein Zug vorbeigefahren war und sich die Schranken wieder hoben, war es ein seltsam befreiendes Gefühl. Dann war man nicht länger gefangen in einem Ort, in dem die Nachbarn alles von einem wussten und dennoch so taten, als ginge es sie nichts an.

Als ich klein war, wünschte ich mir, mehr Zeit mit meinem Vater verbringen zu können. Er war sehr groß und kam mir ziemlich stark vor, doch empfand ich ihn nie wirklich als Beschützer, so wie meine Freundinnen ihre Väter. Als Lehrer verbrachte er die meisten Nachmittage zu Hause, aber wenn ich mit ihm spielen wollte, hatte er nie Zeit. Nur manchmal, wenn meine Mutter ihren Unterricht vorbereiten musste und ihn drängte, sich um mich zu kümmern, nahm er mich mit zu seinen Bauarbeiten. Dort schraubte und bastelte er schweigend an etwas herum, während ich danebenstand und ihn nicht stören durfte. Manchmal beschwerte ich mich, aber nur selten, denn das gefiel meinem Vater überhaupt nicht.

Wenn mein Vater mit mir einen Ausflug unternahm, ging es meistens in den nächsten Baumarkt. Mir graute vor den Samstagen, an denen meine Mutter zu viel zu tun hatte und Papa gezwungen war, mich mitzunehmen. Stundenlang musste ich ihm dann durch lange Gänge mit Schlagbohrern und anderen Werkzeugen hinterherlaufen oder mir die Füße in den Bauch stehen, während er mit den Verkäufern der verschiedenen Abteilungen fachsimpelte. Anschließend beim Mittagessen wurden Mami und ich dann umfangreich über die Qualität und Trocknungsdauer von Eternit-Zement und ähnlich Erbaulichem aufgeklärt.

Einmal kam er mit der Idee, im Hasenschuppen eine Wand einzureißen, den Keller zu einem Geräteschuppen und den jetzigen Geräteschuppen zu seinem Hobbyraum mit noch mehr Platz für Hasen umzubauen.

»Wenn du mich fragst, hätte ich lieber ein Heim statt einer Baustelle«, sagte meine Mutter kopfschüttelnd. Doch davon wollte Papa nichts hören.

»Die Viecher bringen Geld«, erwiderte er knapp und wechselte das Thema.

Tiere züchten war Papas zweite Lieblingsbeschäftigung. Anfangs waren es Fische und Schildkröten, doch bald kamen Hasen, Hamster und sogar Enten hinzu. Mangels Pflege nahm es mit den armen Kreaturen aber oft ein böses Ende, und eignete sich ein Tier nicht zum Verkauf oder für die Zucht, machte mein Vater ihm schnell eigenhändig den Garaus. Meine Mutter weigerte sich, das Leid der Tiere schweigend mitanzusehen, und focht so manchen Streit mit meinem Vater aus. Schließlich gab er sein unheilvolles Hobby wieder auf und stürzte sich umso intensiver in den Umbau unseres Hauses.

Nur wenn Papa seine Migräne hatte, ruhten die Arbeiten. Dann lag er im Schlafzimmer, die Vorhänge zugezogen, und tat mir leid. Einmal trat ich auf Zehenspitzen an sein Bett und brachte ihm ein Glas Wasser, damit er seine Kopfschmerztablette nehmen konnte. Ohne ein Wort griff er danach, nahm einen Schluck – und schüttete mir im nächsten Augenblick das restliche Wasser ins Gesicht.

»Ist ja lauwarm!«, donnerte er. »Das hast du absichtlich gemacht!«

Mami kam herbeigelaufen und nahm mich in Schutz, aber da schimpfte Papi nur noch lauter.

»Ach, haut doch beide ab! Ihr steckt ja sowieso immer unter einer Decke.« Er bedachte uns mit einem drohenden Blick, knallte die Schafzimmertür vor unserer Nase zu und redete den ganzen Tag kein Wort mehr mit uns.

Mami wischte mir das Gesicht trocken und gab mir einen Kuss.

»Papa hat das bestimmt nicht so gemeint«, tröstete sie mich, aber da war ich mir gar nicht so sicher.

Man sagt, in der Kindheit erlebt man alles am intensivsten. Mit ihren feinen Antennen nehmen Kinder vieles wahr, was wir als Erwachsene verdrängen. Auch wenn mein Vater in jener Zeit mir gegenüber nicht gewalttätig wurde, damals nicht, so spürte ich sehr wohl die wachsende Bedrohung.

Nachts hatte ich schlimme Albträume von Wölfen und Monsterhunden, die in unserem Haus lebten. Es war immer wieder derselbe Traum, und wenn ich endlich aufwachte, war ich schweißgebadet. Manchmal lief ich nach so einem Albtraum ins Schlafzimmer zu meiner Mutter, um mich zu vergewissern, dass alles in Ordnung war. Mami ließ mich dann in ihr Bett, legte ihren Arm um mich und streichelte mich in den Schlaf.

Umso glücklicher war ich, wenn Mami mit mir einen Ausflug unternahm. Während ich an ihrer Hand über Pfützen sprang und auf Baumstämmen balancierte, war meine kleine Welt wieder in Ordnung.

Wenn ich an meine Mutter denke, dann sehe ich sie wieder vor mir stehen, in ihren praktischen Jeans, dazu eine Bluse und an heißen Tagen auch mal ein luftiges Sommerkleid. Doch obwohl ihre Kleidung eher leger war, schaffte sie es, immer elegant und apart auszusehen.

Manchmal, wenn wir auf unseren Streifzügen ein besonders hübsches Landschaftsmotiv entdeckten, kamen wir später mit Malsachen und Mamis Staffelei zurück und verewigten es. Auch wenn meine Landschaften nur kindliche Kritzeleien waren, meiner Mutter gefielen sie. »Vielleicht wirst du mal eine Künstlerin«, sagte sie einmal, und weil man ja nie wissen konnte, bewahrte sie alle meine Bilder sorgsam in einer großen Mappe auf.

Ich liebte unsere Ausflüge in die Natur, auch wenn Mama es immer etwas schade fand, dass Papa für solche Unternehmungen so gar nichts übrig hatte. Jedes Mal fragte sie ihn, ob er nicht mitkommen wolle, aber sie konnte ihn nur selten überreden, uns zu begleiten. Papa bastelte viel lieber an seinem Legoland herum, und Mamis Malerei betrachtete er ohnehin mit Unmut.

»Reine Zeitverschwendung, dieser Schwachsinn«, sagte er und fand weder für ihre Ölbilder noch für meine Malversuche jemals ein lobendes Wort.

Meine Mutter aber ließ sich von seiner Ablehnung nicht beirren, denn sie war eine echte Kämpfernatur. Wie mutig sie in vielen Bereichen ihres Lebens wirklich gewesen war, erfuhr ich erst Jahre später. Jahre, in denen mein Vater sie gebrochen hatte.

Je mehr mein Vater sich mir entzog, umso näher war mir

meine Mutter, und obwohl sie mit ihrem Beruf und dem Haushalt jede Menge Arbeit hatte, nahm sie sich für mich immer wieder Zeit. Oft kämmte ich ihre langen Haare und flocht sie zu Zöpfen, die zu meinem Verdruss immer etwas schief gerieten. Dann machte Mami Quatsch mit mir, kitzelte mich und drückte mich fest an sich.

An Karneval schminkte sie mich und machte mir aus einem alten Hemd ein Kostüm mit Fransen und bunter Bemalung.

»Jetzt bist du meine kleine Indianerin«, sagte sie und hob mich hoch, sodass ich mich im Badezimmerspiegel betrachten konnte. Dann setzten wir uns in der Gartenhütte im Schneidersitz auf den Boden, und Mami erzählte mir Indianergeschichten. In solchen Augenblicken atmeten wir Freiheit und ließen unsere Fantasie schweifen in ein Leben, in dem es keinen Grund für Albträume gab.

❧❧❧

Wenige Jahre nach dem Kauf unseres Hauses holte mein Vater seine Eltern zu uns in die obere Wohnung. Bis dahin hatte ich meine Großeltern nur alle paar Monate gesehen, und sofern es Opa betraf, war ich darüber nicht gerade unglücklich gewesen. Mit seiner Hakennase und dem stechenden Blick erinnerte er mich an einen der Raubvögel, die über den nahen Feldern kreisten, immer auf der Suche nach Beute, die sie schlagen konnten.

Mein Großvater blickte nicht ohne Stolz auf eine Karriere bei der Wehrmacht zurück, und entsprechend herrschsüchtig gab er sich auch. Wenn er mit meiner Mutter sprach, waren seine Sätze immer abgehackt und klangen wie Befehle, doch im Gegensatz zu mir ließ Mami sich von ihm nicht einschüchtern. Erst Jahre später wurde mir klar, dass sie als überzeugte Pazifistin wohl nur wenig mit seinen Ansichten hatte anfangen können und die Beziehung zwischen den beiden von Anfang an ziemlich unterkühlt gewesen sein musste.

Die meiste Zeit verbrachte mein Großvater in seinem Zimmer ganz oben unter dem Dach, wo er auch eine Chaiselongue für seinen Mittagsschlaf und ein Klavier stehen hatte. Anfangs war ich neugierig auf das Klavier und hätte gern darauf spielen gelernt, aber kaum saß ich neben Opa auf dem Schemel, fühlte ich mich beklommen und war froh, wenn ich wieder gehen durfte. Damals ahnte ich noch nicht, dass mein Gefühl mich wohl warnen wollte vor der unheilvollen Allianz, die sich mit seinem Einzug in unser Haus zu schmieden begann …

Meine Großmutter sah ich seit ihrem Einzug fast täglich, wenn auch oft nur kurz, und weil ich sie so gern hatte, fand ich das richtig toll. Manchmal verbrachte ich Zeit mit ihr im Garten, wo sie auf riesigen Beeten einen richtigen Bauerngarten anlegte. Es gab Reihen voller Erdbeeren, Johannis- und Stachelbeerbüschen, einen Kirsch- und einen Birnbaum und viele andere leckere Sachen. Während meine Oma in gebückter Haltung das Unkraut jätete oder Stecklinge setzte, suchte ich die Erdbeerreihen nach reifen Früchten ab, welche umgehend in meinem Mund verschwanden.

Ich mochte meine Oma sehr, und doch war irgendetwas seltsam an ihr. Kurz nachdem sie in unser Haus eingezogen war, hatte sie mich aufgefordert, sie »Mutti« zu nennen:

»Na, was meinst du? Schließlich bin ich doch so was wie deine Mutti?«

Verdutzt hatte ich sie angesehen. »Aber wie soll ich dich denn dann von meiner richtigen Mama unterscheiden?«

»Na, das ist doch die Mami, und ich bin eben deine Mutti«, hatte Oma geantwortet.

Eigentlich sah ich das etwas anders, aber nachdem auch Papa mich dazu drängte, wurde aus meiner Oma eben »Mutti«. Anfangs rutschte mir noch oft ein »Omi« heraus. Dann bedachte mich meine Großmutter mit einem scherzhaft-strengen Blick und meinte: »Also, ich weiß gar nicht, mit wem du redest. Siehst du hier irgendwo eine Omi?«

Ich musste jedes Mal kichern und wiederholte meinen Satz noch einmal, wobei ich »Omi« brav durch »Mutti« ersetzte.

❧❧❧❧

Fragt man Kinder, was sie sich am allermeisten wünschen, so steht Zeit mit den Eltern an allererster Stelle. Die Familie gibt ihnen Halt und sorgt dafür, dass sie sich sicher und geborgen fühlen.

Geborgenheit spürte ich, wenn meine Mutter zu Hause war, wenn ich mich an sie kuschelte, sie mir Geschichten erzählte oder wir durch die Natur streiften. Doch was Sicherheit anbelangte, so hatte ich das Gefühl, dass sich der Boden unter meinen Füßen mehr und mehr auflöste.

Noch immer träumte ich von dem Rudel Wölfe in unserem Haus, doch manchmal ging der Traum jetzt weiter. Dann sah ich mich zu meiner Mutter laufen, mit ihr reden. Und während sie mir antwortete, merkte ich voller Entsetzen, dass einer der Wölfe ihr die Kehle durchgebissen hatte.

Es war ein schrecklicher Traum, der ständig wiederkehrte, aber um Mami nicht traurig zu machen, erzählte ich ihr nichts davon.

Etwa zur gleichen Zeit wurde ich immer öfter Zeuge, wie meine Eltern sich stritten.

»Ein Haus ist für die Menschen da, die darin wohnen,

und nicht umgekehrt«, sagte Mami einmal beim Mittagessen. »Nach vier Jahren Rumbastelei müsste doch jetzt langsam alles fertig sein.«

Papi stöhnte genervt. »Davon verstehst du nichts«, erwiderte er, aber Mami redete unbeirrt weiter.

»Wenn du zu viel Zeit hast, könntest du mir zur Abwechslung ja mal im Haushalt helfen. Das alles wird mir nämlich langsam zu viel.«

Verärgert sah Papi auf. »Denkst du, ich habe selbst nicht genug zu tun? Im Gegensatz zu dir jammere ich nur nicht dauernd wegen meiner ganzen Arbeit herum.«

Energisch legte Mami ihre Gabel beiseite. »Willst du damit etwa sagen, dass Haushalt und Kindererziehung ausschließlich *meine* Aufgabe sind?«

»Kindererziehung?« Papi zog die Brauen hoch. »So nennst du das also? Du lässt sie doch machen, was sie will.«

Jetzt war auch Mami genervt. »Fängst du schon wieder mit der Laufstallgeschichte an?«

Mein Vater lachte abfällig. »Es geht nicht nur um den Laufstall, aber wenn du ihn unbedingt zur Sprache bringen musst, nur zu. Er ist nämlich ein treffendes Beispiel. Hättest du dich nicht geweigert, Svenja in den Laufstall zu setzen, hättest du ihr auch nicht dauernd hinterherlaufen müssen. Beschwer dich also nicht bei mir!«

Als ich meinen Namen hörte, zog ich unwillkürlich den Kopf zwischen meine Schultern.

»Einsperren ist keine Kindererziehung«, widersprach meine Mutter, »aber wir brauchen gar nicht so weit zurückzugehen. Was deine Mithilfe betrifft, hat sich doch bis zum heutigen Tag nichts geändert. Du vergisst vielleicht, dass ich auch noch einen Beruf habe – und nebenbei bemerkt einen ziemlich anstrengenden. Was denkst du eigentlich, warum ich jeden Abend bis in die Puppen Klassenarbeiten korrigiere?« Doch bevor Papi etwas darauf sagen konnte, beantwortete sie ihre Frage selbst. »Im Gegensatz zu dir komme ich tagsüber nämlich nicht dazu.«

Aber damit stieß sie bei meinem Vater auf taube Ohren.

»Du bist Grundschullehrerin – was macht man da schon den ganzen Tag? Malen? Basteln? Rotzlöffeln die Nase abwischen?«

Jetzt war Mami sichtlich empört; aus ihren hochgesteckten Haaren hatte sich eine Strähne gelöst und fiel ihr ins Gesicht.

»Willst du etwa behaupten, meine Arbeit wäre weniger anstrengend als die eines Hauptschullehrers?«, schoss sie zurück. »Mal ganz davon abgesehen, dass ich damit die Hälfte unseres Einkommens verdiene!«

Mein Blick huschte zu Papi. Je mehr Mami sich ärgerte, desto gelassener wirkte er.

»Anstatt dich zu beschweren, solltest du froh sein, dass ich so viel am Haus arbeite. Schließlich tue ich das alles nur für uns.«

Perplex schüttelte Mami den Kopf. »Für uns!?«, wiederholte sie, als könne sie nicht glauben, was mein Vater da gerade gesagt hatte. »Sei doch ausnahmsweise mal ehrlich. Du tust das nicht für uns, sondern weil es dir Spaß macht. Und für den Fall, dass du es doch für uns tun solltest, dann lass es lieber sein. Svenja braucht einen Vater, keinen neuen Geräteschuppen!«

Mami griff wieder nach der Gabel und pikste in eine Kartoffel. Doch bevor sie diese in den Mund steckte, fügte sie hinzu: »Und was dieses Spionageloch da oben angeht«, dabei deutete sie mit der Gabel in Richtung eines frisch durchgebrochenen Gucklochs ganz oben in der Wand unseres Flurs, »das wollte von uns auch keiner haben!«

Eine Ader auf Papis Stirn fing bedrohlich an zu pochen.

»Die Durchreiche brauchen wir!«, sagte er und klang mit einem Mal eiskalt. »Wenn *du* sie nicht willst, dann sieh eben woandershin.« Mit diesen Worten stopfte er sich das letzte Stück Roulade in den Mund, gerade so, als gäbe es nichts weiter zu besprechen.

Aber das sah meine Mutter offenbar anders. »Durchreiche«, lachte sie. »Und wofür genau soll die gut sein? Damit deine Eltern mich überwachen können? Ich war von Anfang an dagegen! Erst gestern habe ich mich fast zu Tode erschreckt, als ich aus dem Bad kam und deine Mutter mich von oben durch das Guckloch beobachtete! Was hat sie da eigentlich gemacht?«

»Du leidest ja unter Verfolgungswahn!«, donnerte Papa. Wütend stand er auf, sein Stuhl kippte nach hinten um. Ich zuckte zusammen, und auch Mami wirkte erschrocken. Energisch schickte sie mich nach draußen zum Spielen, und ich verschwand in meiner Hütte.

❧❧❧

Die unterschwellige Bedrohung in unserem Haus breitete sich immer mehr aus. Mit meinen nunmehr fünf Jahren war mein kindliches Vorstellungsvermögen noch nicht in der Lage, die Vorkommnisse bei uns zu erfassen. Doch blicke ich heute zurück, ahne ich, dass es damals schon Gewalt gab. Mamis Ausflüge mit mir wurden zu Fluchten in eine heile Welt. Ob sie wohl darüber nachdachte, meinen Vater zu verlassen? Bestimmt. Aber sie war niemand, der so schnell aufgab. Irgendwann in jener Zeit muss sie Mut gefasst und den Entschluss gefällt haben, weiter an ihre Familie zu glauben. Verdiente nicht jeder eine zweite Chance?

Äußerlich blieb alles beim Alten. Meine Mutter arbeitete bis tief in die Nacht, und mein Vater werkelte am Haus herum. Doch es gab weniger Streit. Vielleicht hatte meine Mutter beschlossen, großmütig zu sein. Ein Neuanfang setzt Kompromissbereitschaft voraus, und auch wenn sie noch immer keine Hilfe bekam, pochte sie in diesen Monaten nicht darauf. Stattdessen kochte sie Papas Lieblingsgerichte, hörte geduldig seinen Ausführungen über die neuesten Bohrmaschinen zu und bemühte sich um ein gutes Verhältnis zu Papas Eltern.

Einmal sah ich, wie Mami und er im Flur auf dem Boden herumalberten, lachten und sich küssten. Ich kam hinzugelaufen, legte mich auf die beiden obendrauf und nahm Mami und Papi in den Arm. Vielleicht konnten wir ja doch noch eine glückliche Familie werden.

Kurz vor meinem sechsten Geburtstag saßen meine Mutter und ich auf der Couch im Wohnzimmer, und ich hielt gespannt mein Ohr an ihren dicken Bauch.

»Da drin ist mein kleines Brüderchen?«, fragte ich noch einmal, um ganz sicherzugehen.

Ihr Bauch war wirklich kugelrund, dennoch konnte ich mir nicht vorstellen, wie ein ganzer Mensch da hineinpassen sollte. Zweifelsfrei aber war diese Tatsache mir zu verdanken, immerhin stand ein Geschwisterchen jedes Jahr ganz oben auf meiner Wunschliste an den Weihnachtsmann. Ich stellte mir vor, wie ich mit meinem Brüderchen Kaulquappen am Bach fangen und ihm Rollschuhfahren beibringen würde. »Das macht man nämlich so als große Schwester«, hatte ich stolz meiner Oma erzählt, und die hatte mir den Kopf getätschelt und gesagt: »Jaja, große Schwester, du machst das schon.«

Endlich kam der lang ersehnte Tag, und mein Vater fuhr meine Mutter ins Krankenhaus. Ich musste bei Oma »Mutti« bleiben und war ziemlich traurig, dass Mami nun eine Weile weg sein würde. Doch dann, gut eine Woche später, war es endlich so weit.

»Was meinst du, wollen wir Mama und dein kleines Brüderchen abholen?«, fragte mich mein Vater.

»Jaaaaaa!«, rief ich aufgeregt.

Papa nahm die zerfledderte Zeitung, ein paar Bierdosen und Zigarettenschachteln von der Autorückbank und warf sie in die Mülltonne, dann durfte ich einsteigen.

Eineinhalb Stunden später saß ich wie zur Salzsäule erstarrt auf dem Rücksitz unseres Autos und wagte kaum zu atmen. Auf meinem Schoß stand ein Korb, in dem ein winziges, schweinchenfarbenes Etwas lag. Mit großen Augen blickte ich auf das jämmerliche Bündel, dann suchte ich hilflos im Rückspiegel Mamis Blick.

»Du kannst ihn streicheln«, sagte meine Mutter und drehte sich lächelnd zu mir um. »Ist er nicht niedlich? Erzähl ihm, was du heute gemacht hast.«

Wieder sah ich auf den Wurm, der in eine hellblaue Wolldecke eingewickelt war. Das da sollte mein Brüderchen sein? Mir war klar gewesen, dass er klein sein würde, aber der hier sah aus wie eine Miniaturausgabe vom Kleinen Däumling. Sabber lief aus seinem Mund, und er gab komische Geräusche von sich. Schwer vorstellbar, dass er jemals mit mir Rollschuh laufen würde.

»So klein warst du auch mal«, sagte Papi, und Mami fügte hinzu:

»Du kannst ihn ruhig anfassen – er geht nicht kaputt.«

Aber was das betraf, war ich mir eben gar nicht so sicher.

Die nächste Zeit wurde ganz schön stressig für mich. Als große Schwester musste ich immer leise sein, ein gutes Vorbild für mein Geschwisterchen abgeben, und vor allem durfte ich ihm keine Haferflocken ins Ohr stecken. Lasse, so nannten wir meinen Bruder, war ein ziemlicher Schreihals, wie ich fand. Ständig musste er gestillt werden, was eine halbe Ewigkeit dauerte, danach wollte er herumgetragen werden, und kaum lag er in seinem Bettchen, machte er in die Windel. Und schon fing alles wieder von vorne an. Es war wirklich ein Drama mit dem kleinen Wurm, aber er war ja nun mal mein Bruder, und auch wenn er überhaupt nicht so aussah, als würde er je mit mir Kaulquappen fangen können, hatte ich ihn doch sehr lieb.

2

Spirale der Gewalt

»Geh doch«, sagte mein Vater drohend. »Aber die Kinder bleiben hier!«

»Du glaubst doch nicht ernsthaft, dass ich ohne die Kinder gehe!«, entgegnete meine Mutter erschrocken. »Ich habe Rechte, wir leben schließlich nicht im Wilden Westen!«

Kaum hatte Mami das gesagt, kam mein Vater mit großen Schritten auf sie zu und schlug ihr mitten ins Gesicht. Ich vergaß zu atmen.

Mamis Kopf krachte gegen den Hängeschrank über der Spüle, und noch bevor ich überhaupt verstand, was geschehen war, packte mein Vater sie am Hals und drückte zu.

»Pass auf!«, zischte er drohend. »Pass bloß auf!« Er ballte seine andere Hand zur Faust und ließ sie vor Mamis Augen tanzen. Ich sprang von meinem Platz am Küchentisch auf. Lasse schrie wie am Spieß, und ich zerrte panisch an Papas Hemd. »Nicht! Hör auf! Hör auf!«

Plötzlich stieß mein Vater Mami beiseite und verschwand wortlos nach draußen. Schwer atmend griff meine Mutter nach einem Stuhl und sank darauf nieder. Verstört sah ich sie an.

»Mami!«, war das Einzige, was mir über die Lippen kam. Hilflos umklammerte ich meine Mutter, während sie mich fast schon schmerzhaft an sich drückte.

»Es tut mir leid, mein Engel«, stammelte sie. »Es tut mir so leid, dass du das mit ansehen musstest!«

Da spürte ich es. Das hier war nicht zum ersten Mal passiert.

Es war ein ganz gewöhnlicher Wochentag gewesen. Und doch war in meiner Welt danach nichts mehr, wie es vorher gewesen war. Vielleicht hatte ich immer geahnt, dass mein Vater meine Mutter schlug, ihr wehtat. Aber als kleines Mädchen war ich nichts als ein hilfloser Zeuge. Ich stand unter Schock und hoffte, dass so etwas nie wieder passieren würde.

Gewalt, die im Verborgenen stattfindet, ist ein Familiengeheimnis, das wie ein Krebsgeschwür oft lange Zeit unbemerkt wuchert. Doch wenn es schließlich aufbricht und physische Gewalt offen und ohne jede Hemmung auch vor anderen ausgeübt wird, droht sie völlig zu eskalieren.

≪≫≪≫

Die Harmonie, die kurzzeitig zwischen meinen Eltern geherrscht hatte, war längst wieder vorbei. Drei Monate nach der Geburt meines Bruders war ich in die Schule gekommen, und meine Mutter hatte wieder arbeiten gehen müssen. Zusammen mit dem Baby und dem ganzen Haushalt wusste sie oft kaum noch, wo ihr der Kopf stand. Und auch ich machte es ihr nicht gerade leichter, denn ich gehörte keineswegs zu den Kindern, die freiwillig aufs Spielen verzichteten, um brav ihre Hausaufgaben zu machen. Immer wieder versuchte Mama, meinen Vater zum Mithelfen zu bewegen, woraufhin der jedoch meistens nur die Augen verdrehte.

Ich erinnere mich, wie Mama mit Lasse auf dem Arm den Tisch deckte, während das Essen auf dem Herd gerade überkochte.

»Jetzt hilf mir doch mal«, sagte sie zu Papa, während ich ihr die Teller aus der Hand abnahm.

Papa trat zum Herd, schüttete einen Schuss schwarzen Kaffee in die Soße und schmeckte sie mit etwas Salz ab.

»Was hast du eigentlich?«, sagte er gleichgültig. »Ich helfe doch.«

Mami schüttelte den Kopf. Sie wirkte müde, und ich hätte mir gewünscht, sie wäre noch nicht wieder arbeiten gegangen. Erst später verstand ich, dass meine Eltern es sich nicht hatten leisten können, auf ihr Gehalt zu verzichten. Papas Umbauten hatten Unmengen an Geld verschlungen, zu viel für ein einzelnes Lehrergehalt, auch wenn meine Mutter ihm das nie vorhielt.

Abgesehen von den Hausaufgaben gefiel mir die Schule gut, was hauptsächlich an Miri lag, meiner neuen Schulfreundin. Miri war dunkelhaarig, hatte große, neugierige Augen und viele tolle Ideen. Ihre Lieblingsfarbe war Gelb, genau wie meine, aber nicht so ein blasses Hellgelb wie bei einem unreifen Maiskolben, sondern ein leuchtendes Sonnengelb.

Nachmittags streiften Miri und ich durch die Gegend, gingen meistens zum Kaulquappenbach oder erkundeten die stillgelegte Baustelle hinter der Kalkwassergrube.

»Früher wurden Hexen in das Wasser geworfen!«, erzählte Miri einmal. »Das Zeug ätzt einem die Haut vom Körper und frisst einen lebendig auf!«

Das klang gruselig, und natürlich mussten wir das unbedingt überprüfen. Am Rand der Wiese fanden wir eine tote Maus und warfen sie kurzerhand in die Grube. Am nächsten Tag war sie weg – komplett aufgefressen, daran bestand nicht der geringste Zweifel.

Weil Mami meist später als ich aus der Schule kam und auch nachmittags immer eine Menge um die Ohren hatte, ging ich nach Schulschluss gelegentlich zu Oma »Mutti«.

Manchmal, wenn meine Großmutter Essen kochte, saß Opa am Küchentisch und schälte so akkurat die Kartoffeln, dass er das Messer kein einziges Mal neu ansetzen musste. Er war mir nach wie vor nicht geheuer, doch was das Kartoffelschälen betraf, beeindruckte er mich damit immer wieder.

Wenn ich oben bei meiner Großmutter war, half ich ihr meistens in der Küche. Sie wusste viele leckere Kuchen zu backen, und ich liebte ihre Hühnersuppe. Überhaupt war Oma »Mutti«, wenn sie nicht gerade im Garten arbeitete, bügelte oder putzte, fast ausschließlich in der Küche beschäftigt. Insgeheim fragte ich mich, ob sie vielleicht schon in einer Küche auf die Welt gekommen war, wo sie gleich nach ihrer Geburt fröhlich mit dem Kochen und Backen begonnen hatte.

»Eine kluge Frau muss das können, immerhin verdient der Mann das Geld – und sie muss den Haushalt sauber und ordentlich führen, dann gibt es auch keine Probleme in der Ehe«, sagte sie einmal.

»Aber Mami verdient doch genauso Geld mit ihrer Arbeit«, wunderte ich mich. »Müsste Papi dann nicht auch den Haushalt führen?«

Oma »Mutti« warf mir einen scharfen Blick zu und sagte nichts darauf. Ich zuckte kaum merklich zusammen. Offenbar war das eine sehr ungezogene Frage gewesen. Und weil ich gerne bei Oma »Mutti« war und sie nicht ärgern wollte, fragte ich lieber kein zweites Mal.

Mein erstes Schuljahr war wie im Flug vergangen, und ich war stolz, als ich nach den Ferien endlich nicht mehr zu den »i-Dötzchen« gehörte. Ich war jetzt eine von den Größeren, und überhaupt veränderte sich alles. Lasse konnte schon ein paar Worte sprechen und recht passabel laufen, und auch an unserem Haus ließen sich immer schwerer neue Bauprojekte finden. Mein Vater verfügte nun über eine Menge freier Zeit, doch weil bei uns oft solch ein Trubel war und er gerne sein Nachmittagsschläfchen hielt, war er immer häufiger oben bei seinen Eltern anzutreffen. Dort wurde er nicht ständig von uns Kindern geweckt, und außerdem liebte meine Großmutter es, ihren »Bertl« zu verwöhnen. Meistens sah ich meinen Vater deshalb nur zum Essen, aber auch das kam immer seltener vor. Papa hatte es sich nämlich angewöhnt, vor dem Mittagessen in Mamis Kochtöpfe zu gucken, und wenn sie nicht eines seiner Leibgerichte gekocht hatte, verschwand er einfach wieder und aß bei seinen Eltern. Ich fand das nicht gerade nett von ihm, und meine Mutter machte es auf Dauer ziemlich wütend.

»Wenn du lieber mit deinen Eltern isst als mit uns, können wir auch ganz verschwinden«, rief sie Papa hinterher, als er wieder einmal im Begriff war zu gehen.

Das war der Beginn jenes unheilvollen Streits gewesen. Erst hatte er ihr gedroht. Und dann hatte er sie geschlagen. Fest geschlagen.

❧❧❧

An jenem Abend nach dem schlimmen Streit konnte ich nicht schlafen, weshalb ich mitten in der Nacht noch einmal aus dem Bett kroch. In der Küche saß Mami im Halbdunkel am Tisch vor einer Tasse Tee und weinte. Als sie mein Tapsen hörte, wandte sie sich erschrocken zu mir um.

»Warum bist du denn so spät noch wach? Du solltest doch schon längst schlafen.«

Ohne zu antworten, legte ich meine Arme um ihre Schultern. »Nicht weinen«, versuchte ich sie zu trösten und streichelte ihr über die Haare.

»Ich weine nicht, mein Käferchen«, sagte Mami und wischte sich hastig die Tränen aus dem Gesicht. Käferchen, so nannte meine Mutter mich immer, weil ich im Mai das Licht der Welt erblickt hatte, wie die Maikäfer.

Schweigend kletterte ich auf ihren Schoß. Der Schein des Mondes tauchte das Zimmer in ein friedliches blausilbernes Licht. Plötzlich erschien mir das, was hier am Tage passiert war, ganz unwirklich.

»Kannst du dir vorstellen, woanders hinzuziehen?«, sagte Mami in meinen Gedanken hinein. »Ohne deinen Papa – nur du, Lasse und ich?« Forschend sah meine Mutter mich an, dann wandte sie den Blick zum Fenster und weiter hinaus, in die Ferne. »Ich weiß noch nicht, wohin wir gehen könnten, aber dein Vater wäre dann nicht mehr bei uns. Du würdest ihn nicht mehr täglich sehen.«

»Was ist denn dann mit Miri und Jule?«, fragte ich stirnrunzelnd. Jule war meine zweitbeste Freundin, aber wenn es darum ging, irgendetwas Verbotenes zu tun, war sie immer die Erste.

»Deine Freundinnen könntest du wohl auch nicht mehr so oft sehen«, antwortete Mami.

Ich lehnte den Kopf an ihre Schulter und grübelte. »Aber ich könnte sie doch besuchen?«, überlegte ich laut.

Mami packte mich sanft bei den Armen, setzte mich aufrecht auf ihren Schoß und sah mir eindringlich in die Augen. »Bestimmt könntest du das. Aber wenn ich mich von deinem Papa trenne, würden wir nicht mehr mit ihm zusammenwohnen. Du könntest ihn nur noch gelegentlich sehen. Wärst du darüber nicht traurig?«

In meinem Kopf schwirrte es. Obwohl Papi sich ohnehin nie um mich kümmerte, fühlte sich der Gedanke, ganz woanders und ohne ihn zu wohnen, seltsam an. Ja, vielleicht wäre ich traurig. Aber nach dem, was er getan hatte, kam mir das falsch vor. Tief drinnen war ich böse auf ihn. Dass er meiner Mami wehtat und sie schlug, machte ihn ein Stück weit zu meinem Feind. Aber das sagte ich nicht laut, das hätte Mami trotz allem nicht gewollt.

Und so sah ich meine Mutter nur mit großen Augen an und schwieg.

❧❧❧

Die Welt, wie ich sie kannte, schien sich in den folgenden Wochen und Monaten völlig aufzulösen. Nichts war so, wie ich bisher geglaubt hatte, dass es wäre, und keiner wollte mir etwas sagen. Wir steuerten unweigerlich auf etwas zu, von dem ich nicht wusste, was es war, und wie in einem Albtraum stand ich hilflos daneben und hatte keine Möglichkeit, es aufzuhalten.

Die Anspannung zu Hause wuchs. Sie lauerte in allen Ecken und Winkeln. Mein Vater verbrachte immer mehr Zeit in der Wohnung seiner Eltern, die meine Mutter schon lange nicht mehr betreten durfte.

Mami wirkte von Tag zu Tag trauriger auf mich, und ein paar Mal trug sie jetzt ihre dicke Sonnenbrille sogar im Haus. Einmal sah ich, wie sie die Brille abnahm, und erschrak. Ein Auge war geschwollen und von einem lilablauen Veilchen umrahmt.

»Ich bin vor die Tür gelaufen«, behauptete Mami, doch glauben konnte ich ihr das nicht.

Ich verstand einfach nicht, warum mein Vater so böse zu Mami war. Dabei bekam ich längst nicht alles mit von dem, was wirklich vor sich ging, noch nicht. Gewalt, das spürte ich, hat viele Gesichter, und sie alle sind hässlich. Man kann jemanden mit Worten verletzen und mit Schweigen. Das kann genauso wehtun wie Schläge, dachte ich, und insgeheim ahnte ich, dass mein Vater alle Arten der Gewalt beherrschte. Nur uns Kinder schlug mein Vater nicht, das hätte Mami niemals zugelassen.

Eines Tages ging meine Mutter zum Arzt, und er sagte,

sie hätte eine Depression. Ich verstand nicht, was das bedeutete, und so erklärte sie es mir.

»Eine Depression ist eine Krankheit«, so Mami. »Das ist, als würde eine schwarze Decke über einem liegen, die ganz schwer ist. Zu schwer, als dass man einfach aufstehen und sie wegziehen könnte.«

Ich glaubte zu wissen, was Mami meinte. Wenn man seine Augen verstecken musste, weil sie blau geschlagen waren oder rot geschwollen von den Tränen, dann konnte man irgendwann bestimmt nichts Schönes mehr sehen.

Eine Depression schien mir eine sehr schlimme Krankheit zu sein. Papa aber nannte Mami nicht krank, er nannte sie von nun an »eine Verrückte«.

Inzwischen war ich richtig froh, wenn mein Vater nicht zu Hause war, denn sobald er kam, dauerte es meist nicht lange, und es gab Streit. Noch immer versuchte meine Mutter, Lasse und mich aus allem herauszuhalten, doch zumindest was mich betraf, half das schon längst nicht mehr.

Eines Abends, es war spät, und ich hatte schon fest geschlafen, weckte mich anhaltendes Türgeklingel. Mit meinem Teddy unterm Arm kroch ich aus dem Bett und lugte aus meinem Zimmer. Papa hatte die Tür geöffnet und unterhielt sich lautstark mit einem Mann. Ich konnte nicht sehen, wer es war, aber dieser Mann schien mächtig sauer zu sein. Plötzlich wurde es hektisch an der Haustür, und dann waren Papa und der Mann im Flur. Jetzt erkannte ich Herrn Schickert, den Vater von Manuela, einer Kindergartenfreundin. Mami trat zwischen die beiden und versuchte, die Männer zu beruhigen, doch sie hatte keinen Erfolg.

Ich spitzte die Ohren. Doch ich war noch ganz verschlafen und begriff einfach nicht, worum es bei dem Streit ging.

»Reicht es dir nicht, dass du deine eigene Familie zerstört

hast?«, fauchte Herr Schickert meinen Vater an. »Willst du jetzt auch noch meine kaputt machen?«

Papa donnerte zurück: »Gib nicht mir die Schuld für dein Versagen! Hättest du halt nicht alles versoffen ...« Den Rest des Satzes verstand ich nicht, und so wagte ich mich ein Stück weiter aus meinem Zimmer hinaus. »Und jetzt verschwinde, sonst rufe ich die Polizei!«, sagte mein Vater, doch Herr Schickert dachte gar nicht daran zu gehen. Mit verbitterter Miene sah er meinen Vater an.

»Wie lange läuft das schon?«, fragte er drohend. »Wie lange triffst du dich schon mit Olga?«

Olga, das war Frau Schickert, Manuelas Mutter. Früher hatten unsere Familien manchmal etwas zusammen unternommen, weshalb Manuela und ich mit der Zeit Freundinnen geworden waren. Wir sahen uns zwar nicht oft, denn die Schickerts wohnten in dem Dorf auf der anderen Seite der Gleise, aber wir verstanden uns gut.

»Wie lange?«, wiederholte Herr Schickert seine Frage, doch Papa antwortete nicht darauf.

»Verschwinde aus meinem Haus!«, raunzte er Herrn Schickert an, und dabei versetzte er ihm einen heftigen Stoß Richtung Tür. Aber das hätte er lieber nicht tun sollen. Nach einer kurzen Rangelei bugsierte Herr Schickert meinen Vater die wenigen Stufen vom großen zum kleinen Flur hinauf und verfrachtete ihn ratzfatz im Bad gegenüber von meinem Kinderzimmer in die Wanne. Vor Schreck hatte ich mich hinter meine Tür verdrückt, doch die Neugierde trieb mich abermals in den Flur. Es war unglaublich! Herr Schickert hielt meinen Vater fest, und jetzt drehte er das Wasser an.

In diesem Moment entdeckte mich meine Mutter. »Wieso schläfst du denn nicht!?«, sagte sie ungewohnt heftig. »Marsch, ins Bett!«

Ich aber bewegte mich keinen Millimeter vom Fleck,

denn ich konnte kaum glauben, was da vor meinen Augen passierte. Herr Schickert duschte meinen Vater von oben bis unten ab, mitsamt seinen Kleidern, während Papi zappelnd wie ein Fisch nach seinen Eltern schrie. Meine Mutter versuchte Herrn Schickert davon abzubringen, aber dann bemerkte sie, dass ich noch immer im Flur stand.

»Ich hab doch gesagt, du sollst auf dein Zimmer gehen!«, schimpfte sie, und weil ich mich noch immer nicht vom Fleck rührte, brachte sie mich schließlich selbst ins Bett.

Mit aufgerissenen Augen saß ich im Dunkeln und lauschte. Die Schreierei im Badezimmer hörte und hörte nicht auf. Ich fragte mich, ob ich Papa vielleicht hätte helfen müssen, doch da waren immer noch diese Bilder in meinem Kopf, wie seine Hand in Mamis Gesicht knallte. So, wie Papa sich aufgeführt hatte, erschien mir das mit der Dusche nur gerecht. Beklommen brachte ich mein Kopfkissen in Form, drückte meinen Teddy fest in den Arm und zog mir die Bettdecke über die Ohren.

Wie es im Bad weiterging, kann ich nicht sagen, doch mein Vater muss diesen Tag nie vergessen haben. Neun Jahre später machte er dasselbe mit mir, nur brutaler. Und er hatte Hilfe dabei.

❧❧❧

Nach dem Vorfall mit der Badewanne blieb Papa etliche Tage oben bei seinen Eltern. Ich vermisste ihn nicht, ganz im Gegenteil: Ich war froh, ihn nicht sehen zu müssen. Ein bisschen schämte ich mich, weil ich ihn so hilflos in der Badewanne zappeln gesehen hatte und auch, weil ich mich insgeheim ein wenig freute, dass er bestraft worden war. Ich hatte keine Ahnung, warum ausgerechnet Herr Schickert so wütend auf meinen Vater war, und hätte Mami gern nach dem Grund gefragt. Doch nachdem sie den nächtlichen Vorfall mit keinem Wort mehr erwähnte, war mir klar, dass ich das Thema besser nicht ansprechen sollte.

Im Gegensatz zu mir schien Lasse unseren Vater zu vermissen, denn er fragte hin und wieder nach ihm. Meine Mutter machte es furchtbar traurig, dass sie uns keine normale Familie bieten konnte, und damit Lasse seinen Vater dennoch sehen konnte, brachte sie ihn gelegentlich hoch zu meinen Großeltern. Zum »Dank« dafür ließen die beiden sie später, wenn sie ihn wieder abholen wollte, nicht einmal in die Wohnung, sondern übergaben ihr Lasse unten an der Wohnungstür. Nur einmal stand die Tür offen, und Mami ging mit mir die Treppe hinauf und direkt ins Wohnzimmer, wo sie Lasse vermutete. Sobald sie die Tür öffnete, stellte Papa sich Mami in den Weg, und mein Opa schloss hastig die große Truhe hinten an der Wand ab.

»Sofort raus hier!«, herrschte Papa meine Mutter an, aber sie ließ sich nicht beirren.

»Was versteckt ihr da?«, fragte sie.

Opa stellte sich neben meinen Vater und warf Mami einen drohenden Blick zu. Einen Augenblick wirkte die Situation ziemlich gefährlich, doch bevor sie eskalieren konnte, nahm meine Mutter Lasse auf den Arm und trat den Rückzug an.

Etwa eine Stunde später kam Papa zum ersten Mal seit Tagen wieder herunter in unsere Wohnung. Wir waren gerade mit dem Mittagessen fertig, doch zum Essen war mein Vater ohnehin nicht gekommen. Er trat zur Durchreiche im Flur, und da bemerkten wir, dass Oma »Mutti« auf der anderen Seite bereits auf ihn wartete. Ihr Kopf hinter dem Guckloch erinnerte mich an Alice im Wunderland, wie sie durch die viel zu kleine Tür blickt, und ich fragte mich, ob sie uns wohl schon länger beobachtet hatte.

»Geh und hol deine Hausaufgaben«, forderte Mami mich auf und wischte den Küchentisch ab. Mir war klar, dass Mami wütend war, auch wenn sie es nicht zeigte. Sie mochte es überhaupt nicht, wenn meine Großmutter durch dieses Loch in unsere Wohnung schaute und alles ausspionierte. Als ich mit meinen Schulsachen zurückkam, tuschelte mein Vater eifrig mit Oma »Mutti« durch das Guckloch, und je mehr Mami die beiden ignorierte, umso lauter redeten sie.

»Eine Verrückte ist sie«, zischte mein Vater, »wir sollten sie in die Irrenanstalt bringen!«

Meine Oma flüsterte etwas, woraufhin mein Vater klar und deutlich sagte: »Einer Geisteskranken muss man die Kinder wegnehmen!«

Ich wusste nicht, von wem mein Vater überhaupt sprach, doch ein Blick in Mamis Gesicht sagte mir, es hatte nichts Gutes zu bedeuten. Entschlossen nahm sie ein Kissen vom Stuhl und stopfte es in die Durchreiche.

»Wenn ihr schon so dumm daherreden müsst, dann tut es bitte oben und nicht hier vor den Kindern!«, zischte sie Papa an, aber das brachte meinen Vater erst so richtig in Fahrt.

»Und was willst du tun, wenn ich nicht hochgehen will?«, sagte er mit einem triumphierenden Gesichtsausdruck und zog dabei provozierend an dem Kissen. Zentimeter für Zentimeter rutschte es aus dem Loch, bis er es schließlich wie eine Trophäe in den Händen hielt.

»Hör bitte damit auf!«, forderte meine Mutter energisch. »Willst du wirklich, dass die Kinder das ganze Theater mitbekommen?« Sie nahm Papa das Kissen weg und verschloss erneut die Durchreiche, aber sogleich zog mein Vater wieder daran herum.

»Hindere mich doch, wenn du kannst!«, spottete er. Mit einem festen Handgriff zog er das Kissen ganz aus dem Loch und ließ es, ohne den Blick von Mami abzuwenden, auf den Boden fallen.

»Zum letzten Mal – lass es!«, schimpfte meine Mutter, und ich fand auch, dass Papa nun wirklich besser damit aufhören sollte. Er aber lachte meiner Mutter nur hämisch ins Gesicht und stimmte plötzlich ein schrilles Indianergeheul an.

Mit großen Augen und reichlich Sicherheitsabstand beobachtete ich Papas Treiben. So hatte ich meinen Vater noch nie erlebt. Immer wieder klopfte er sich mit einer Hand auf den Mund, sodass sein Schrei wie ein »Juhuhuhuhuhuhu« klang, während er mit der anderen Hand eine Feder an seinem Hinterkopf mimte. In ungezügelter Indianermanier tanzte er um ein imaginäres Lagerfeuer, wobei er sein grelles »Juhuhuhu« gelegentlich durch ein abgehacktes, dumpfes »Uga-Aga-Uga-Aga« unterbrach.

»Komm, mach mit, das ist lustig!«, forderte er mich johlend auf, doch ich wich erschrocken einen Schritt zurück. Lasse fing an zu weinen.

Meiner Mutter stand die Hilflosigkeit ins Gesicht geschrieben. »Mach, dass du wegkommst!«, blaffte sie meinen Vater an und gab ihm einen leichten Schubser Richtung Haustür.

Schlagartig verstummte mein Vater, und einen Herzschlag lang herrschte unheilvolle Stille. Im nächsten Moment knallte seine Faust in Mamas Gesicht.

»Mami!«, schrie ich entsetzt auf und versuchte mich schützend vor sie zu stellen, doch meine Mutter schob mich entschlossen beiseite.

»Geh in dein Zimmer!«, befahl sie mir und lief mit gesenktem Kopf, eine Hand gegen den Mund gepresst, ins Badezimmer. Bevor die Tür krachend hinter ihr ins Schloss fiel, bemerkte ich, wie Blut zwischen ihren Fingern hervorquoll.

Hilflos stand ich vor der verschlossenen Badezimmertür. Auch wenn Mami es mir befohlen hatte, konnte ich jetzt nicht in mein Zimmer gehen und sie allein mit meinem Vater lassen. Immer wieder drückte ich die Klinke herunter und rief: »Mami!« Aber die Tür blieb versperrt. Schockiert starrte ich meinen Vater an.

»Deine Mutter hat angefangen, das hast du genau gesehen«, sagte Papa schulterzuckend und verschwand nach draußen.

Verstört kauerte ich vor der Badezimmertür und klopfte. »Mami! Mami, lass mich rein!« Ich hörte, wie die Tür des Medizinschranks geöffnet wurde, dann rauschte der Wasserhahn. »Mami, mach auf, Papi ist nicht mehr hier!«

Da endlich drehte sich der Schlüssel im Schloss, und die Tür öffnete sich. Meine Mutter blickte verschämt zur Seite, als wolle sie ihr Gesicht vor mir verbergen. Ihre Oberlippe war geschwollen, und an ihrem Mundwinkel klebte noch etwas Blut. Sie nahm Lasse auf den Arm und versuchte ihn zu beruhigen. Ich drückte mich an sie, und plötzlich konnte ich die Tränen nicht länger zurückhalten. Wie ein Schlosshund fing ich an zu heulen, während Mami mir mit ihrer freien Hand schweigend über die Wange strich.

Für den Rest des Tages sah ich meinen Vater nicht mehr, aber am nächsten Mittag kam er gut gelaunt zum Essen herunter, als wäre nichts vorgefallen. Lasse und ich saßen bereits am Tisch.

»Wo ist mein Teller?«, knurrte er, als er bemerkte, dass für ihn nicht gedeckt war.

Mami gab sich Mühe, gelassen zu wirken. »Nimm dir einen«, entgegnete sie ruhig, »du kannst dich zu uns setzen.«

Mein Vater sah in den Kochtopf, wie er es so oft tat, und ließ krachend den Deckel fallen.

»Milchreis? Soll das alles sein!?«

»Hier ist noch Salat«, erwiderte Mami, »die Kinder mögen das.« Nach einer kurzen Pause fügte sie, nun leiser, hinzu: »Ich nehme an, du kannst dir vorstellen, warum ich dir heute kein Extramenü zubereitet habe.«

Mein Vater zog die Augen ganz schmal und warf ihr einen warnenden Blick zu, dann schnappte er sich die Salatschüssel und wollte mit ihr verschwinden.

»Lass bitte den Kindern auch noch etwas übrig!«, rief meine Mutter und lief ihm hinterher. Als sie nach der Schüssel greifen wollte, holte mein Vater aus und schlug ihr erneut ins Gesicht. Mami stürzte zu Boden, und der Salat verteilte sich im Flur. Ich sprang von meinem Stuhl auf, um meiner Mutter zu Hilfe zu kommen.

»Geh in dein Zimmer«, ächzte sie und versuchte aufzustehen, doch mein Vater zerrte sie an den Haaren nach unten und setzte sich auf ihren Oberkörper.

»Nicht, lass das!«, schrie ich und versuchte meinen Vater von ihr wegzuziehen. Der aber drückte sein Knie in Mamis Hals, sodass sie sich kaum noch bewegen konnte. Dann schlug er ihr erneut ins Gesicht und dann noch einmal und noch mal und immer wieder. Meine Mutter schrie erstickt um Hilfe, doch nachdem ihre Kehle gequetscht war, kam fast kein Ton heraus.

Dafür schrie ich umso lauter.

»Papa, hör auf! Hör auf damit!«, rief ich so laut ich konnte und zerrte aus Leibeskräften an seinem Arm. Im Hintergrund hörte ich meinen Bruder kreischen. Plötzlich kamen Oma und Opa zur Tür herein. Ich war erleichtert, doch das Gefühl hielt nicht lange an. Oma »Mutti« stieß ein »Um Himmels willen!« aus und schlug sich die Hände vor den Mund, aber anstatt Mami zu helfen, blieb sie tatenlos stehen. Opa dagegen steuerte straffen Schrittes auf das Geschehen zu.

»Was ist denn mit der los?«, gellte er verächtlich und stieß ein herumliegendes Salatblatt mit dem Fuß an. »Das ist ja lebensgefährlich hier!«

Mami warf meinem Opa einen verzweifelten Blick zu, doch als der nichts unternahm, versuchte sie den Kopf so zu drehen, dass sie Oma »Mutti« sehen konnte.

»Ihr müsst mir helfen!«, stieß sie gequält hervor, während ein weiterer Schlag ihre Wange traf.

Verzweifelt sah ich zu Oma »Mutti« und hoffte, dass sie meinen Vater irgendwie zur Besinnung brachte, doch sie blickte nur verschämt zu Boden.

Opa hingegen plusterte sich auf wie ein General. »Was müssen wir? Willst du uns etwa Befehle erteilen? Du gehörst in die Irrenanstalt!«

In diesem Augenblick ließ mein Vater endlich von Mami ab. Panisch richtete sie sich auf und lief zur Haustür hinaus. Lasse war noch immer völlig außer sich und trampelte schreiend auf den Boden.

»Jetzt bring doch endlich die Kinder weg!«, raunzte mein Vater Oma »Mutti« an. Er packte meinen Bruder und drückte ihn in ihre Richtung.

Unbeholfen zog sie Lasse an sich. »Ist ja schon gut«, versuchte sie ihn zu beruhigen. »Ich habe leckeren Kuchen oben. Möchtest du ein Stück?« Doch Lasse hörte und hörte nicht auf zu schreien.

Im nächsten Moment kam Mami zurück ins Haus. Sie griff nach ihrem Autoschlüssel und schnappte sich dabei auch gleich das Telefon. Das Kabel reichte allerdings nur bis zur Haustür. Ich sah, wie Opa und Papa sich einen Blick zuwarfen, und Mami sah es auch. Hektisch fing sie an zu wählen, während sie angespannt die beiden Männer beobachtete. Die Wählscheibe klackerte träge nach jeder Ziffer, aber meine Mutter war parat, jeden Augenblick das Telefon fallen zu lassen und die Flucht zu ergreifen. Da aber war mein Vater mit einem Satz bei ihr, schlug ihr den Hörer aus der Hand und hielt sie fest.

»Eine Verrückte hat nicht zu telefonieren!«, herrschte er sie an.

Mein Großvater fixierte sie mit seinen Raubvogelaugen und trat hinter sie. Mit einem brutalen Griff verdrehte er Mami die Arme auf dem Rücken, bis sie vor Schmerz aufschrie, und zerrte sie ins Schlafzimmer. Panisch hängte ich mich an Opas Filzjacke, aber er schien mich nicht mal zu bemerken.

»Bertram, ruf den Krankenwagen, wir bringen sie ins Irrenhaus«, übernahm Opa das Kommando und stieß meine Mutter Richtung Bett. Haltsuchend griff Mami nach seinem Arm und merkte nicht, dass sie ihn so mit sich riss. Krachend brach der Holzrahmen, als die beiden aufs Bett stürzten.

»Sperr sie ein!«, gellte mein Opa. »Jetzt macht sie auch noch eure Möbel kaputt!«

Mami aber hatte sich aus seinem schmerzhaften Griff befreit und floh aus dem Schlafzimmer. Hektisch griff sie nach dem Telefon und begann zu wählen – doch sie kam zu spät. Mein Vater schwenkte triumphierend die Hörkapsel in der Luft. Meine Mutter starrte auf das runde Metallstück in seiner Hand. Für einen Atemzug wirkte sie wie gelähmt. Dann ließ sie langsam den Hörer sinken.

Ich werde ihren Blick in diesem Moment nie vergessen. Den Schmerz in ihren Augen. Die Verständnislosigkeit. Und schließlich die Traurigkeit, mit der sie ihren hämisch grinsenden Ehemann ansah.

Warum?, schienen ihre Augen zu fragen. Warum tust du das mit mir?

Tränen liefen mir über die Wangen, als ich Mami so sah. Doch ihre Augen hatten keine Tränen, es war ihre Seele, die weinte. Die Sprachlosigkeit, mit der sie meinen Vater ansah, war lauter als jeder Schrei. Er aber stand nur da, die Hörkapsel in der Hand und verhöhnte sie.

Beinahe konnte ich etwas in ihr brechen hören, als sie mit einem Mal verstand. Der Hörer fiel fast unbemerkt zu Boden. Meine Mutter ging schweigend aus dem Haus, setzte sich in ihr Auto und fuhr davon.

Ich stand wie versteinert da – entsetzt, bestürzt, wortlos.

Als meine Mutter spät an diesem Abend zurückkam, war sie nicht mehr dieselbe. Nie wieder erlebte ich sie danach so fröhlich und unbeschwert wie früher. An diesem Tag war ein Teil von ihr gestorben.

3

Gebrochen

Von nun an war es kein Geheimnis mehr, dass meine Eltern sich scheiden lassen würden. Auch wenn Mama niemals wollte, dass ich gegen meinen Vater Position bezog, hatte ich inzwischen zu viel mitangesehen, um es nicht zu tun. Kinder, so sagt man, sind wie Wachs; sie werden von dem geformt, was sie erleben und was ihnen vorgelebt wird. In meinem Fall hatte das Wachs ziemliche Dellen bekommen. Jeder Schlag, der meiner Mutter in meinem Beisein verpasst worden war, hatte auch in mir Spuren hinterlassen … einen Schmerz, der sich anfühlte, als sei es mein eigener gewesen. Und er hatte mir meine Hilflosigkeit vor Augen geführt, denn so sehr ich auch an Papas Arm zerrte, reichte meine Kraft doch nicht aus, ihn vom Schlagen abzuhalten.

Mama sorgte sich sehr darum, inwieweit Lasse und ich einen Vater brauchten, doch was mich anbelangte, so sehnte ich mich einfach nur nach einem Leben ohne Gewalt. Zu Hause lag eine spürbare Gefahr über allem, so als drohe das Haus durch seine vergiftete Atmosphäre in Flammen aufzugehen. War ich als kleines Mädchen noch fest überzeugt gewesen, dass Mami mich immer, wirklich immer auffangen würde, machte ich mir nun unwillkürlich Sorgen, wer denn für sie da sein könnte. In jenen Wochen ahnte ich, dass es niemanden gab, der seine Arme für sie ausbreiten und sie auffangen würde. Wenn unser Haus in Brand geriete, würde keiner da sein, um sie zu retten.

Es war eine schmerzliche Feststellung, und sie machte mir

Angst, weshalb die anstehende Scheidung meiner Eltern für mich gar nicht schnell genug gehen konnte.

Mein Vater setzte in den Tagen nach seinem letzten Übergriff etliche Schriftstücke auf und verlangte von meiner Mutter, sie zu unterschreiben. Es gab immer wieder heftige Auseinandersetzungen, weil Mami sich rundheraus weigerte und Papa daraufhin sehr zornig wurde.

Einmal spielte Mami mit Lasse und mir in meinem früheren Zimmer, das ich für meinen Bruder geräumt hatte. Meines befand sich jetzt im Tiefparterre, gegenüber der Treppe, die in den Keller führte. Während wir Lasses Bauklötzchen zu einer Burg auftürmten, hörten wir ein Geräusch im Haus. Mami stand auf, um nachzusehen, ob mein Vater nach Hause gekommen war, und ich heftete mich an ihre Fersen. Doch es war Opa, der durch unseren Flur schlich. Er trug einen Stapel Unterlagen in der Hand, und als er uns bemerkte, verschwand er brummend nach draußen. Es war richtig unheimlich, zumal ich meinen Großvater vorher noch nie in unserer Wohnung gesehen hatte. Am nächsten Tag kam Papa dann wieder mit einem seiner Schriftstücke, das Mami unterschreiben sollte, und als Verstärkung brachte er seinen Vater mit. Opa stand wie ein Pitbull im Türrahmen zur Küche und beobachtete meine Mutter. Ich selbst saß am Tisch über meinen Hausaufgaben, doch ich konnte mich nicht konzentrieren. Auch wenn ich nicht wusste, worum es in dem Schreiben ging, spürte ich die Anspannung, die sich in unserer Küche ausbreitete.

Mami überflog das Schreiben und gab es Papa zurück.

»Du glaubst doch nicht ernsthaft, dass ich so etwas unterschreibe! Aus welchem Grund sollte ich auf alles verzichten!?«

Mein Vater suchte meinen Blick. »Siehst du«, grollte er, »deine Mutter will gar keine friedliche Lösung! Ich gebe mir so große Mühe, mich mit ihr zu vertragen, aber sie will unbedingt Streit!«

Unwillkürlich zog ich die Schultern hoch. Mami hatte nie mit mir darüber gesprochen, was eine Scheidung finanziell bedeutete. Sie und Papa hatten bis dahin immer alles geteilt, angefangen bei den Kosten für das Haus bis hin zu den täglichen Ausgaben. Ich sollte erst später begreifen, dass meine Mutter um ihren Anteil am Haus, mit dem sie uns Kindern später ein besseres Leben ermöglichen wollte, betrogen wurde.

Mein Vater wandte sich ab. Dann verschwanden die beiden Männer wieder, doch vorher warf mein Großvater Mami einen unheilverkündenden Blick zu. »Es wäre klug, wenn du noch einmal darüber nachdenkst«, raunte er. »Nicht, dass dir am Ende noch etwas passiert!«

❧❧❧

Seit Oma »Mutti« untätig zugesehen hatte, wie Mami verprügelt worden war, ging ich nicht mehr gerne zu ihr hoch. Ich war so enttäuscht von ihr, dass ich sie auch nicht länger »Mutti« nannte. Eine richtige Mutti hätte geholfen, dachte ich im Stillen. Mein Vater war ziemlich aufgebracht, als er hörte, dass ich seine Mutter jetzt einfach wieder »Oma« nannte.

»Wieso nennt Svenja meine Mutter nicht mehr ›Mutti‹?«, schimpfte er beim Abendessen. »Wie hast du sie gegen meine Mutter aufgehetzt?«

Mami wusste erst gar nicht, wovon Papa sprach, aber dann dämmerte es ihr.

»Ich hetze Svenja nicht auf«, verteidigte sie sich. »Das Kind hat selbst Augen im Kopf.«

Verunsichert blickte ich von Mami zu meinem Vater, der mit seinem Stuhl in meine Richtung rückte, als wolle er sich mit mir verbünden.

»Wir beide sagen weiterhin ›Mutti‹ zu deiner Oma, stimmt's?«

Ich saß in der Klemme und zog unwillkürlich den Kopf zwischen die Schultern. Um nicht antworten zu müssen, steckte ich mir schnell ein Stück Tomate in den Mund.

»Lass sie bitte!«, forderte Mami meinen Vater auf, und nach einer kurzen Pause fügte sie hinzu: »Aber wo du gerade davon anfängst: Wieso soll Svenja ihre Oma überhaupt ›Mutti‹ nennen? Sie hat bereits eine Mutter.«

Das Gesicht meines Vaters nahm eine finstere Miene an. »Das werden wir erst noch sehen«, zischte er. »Denkst du, sie geben einer Verrückten die Kinder?«

Mami zuckte zusammen und wirkte mit einem Mal ganz ernst.

»Geh bitte auf dein Zimmer spielen!«, forderte sie mich auf, und als ich nicht gleich folgen wollte, warf sie mir einen strengen Blick zu. Unwillig zog ich ab. Doch um Mami jederzeit helfen zu können, ließ ich sicherheitshalber meine Zimmertür offen stehen und spitzte die Ohren. Außer mir tat es ja sonst keiner.

Ich verstand einfach nicht, was mein Vater damit bezweckte, Mami ständig eine »Verrückte« zu nennen. Verrückte, das waren Menschen, die gefährlich waren oder sich seltsam verhielten, was, wie mir schien, immer mehr auf Papa zutraf statt auf Mami. Die meisten Menschen mochten meine Mama, und auch wenn Papa alles daranlegte, sie traurig zu machen, fand ich sie ziemlich mutig. Wann immer Papa ihr drohte, sagte sie dennoch ihre Meinung, und das, obwohl mein Vater viel größer und stärker als sie war. Von meiner Mutter lernte ich, für meine Überzeugungen einzutreten, doch wenn sie geahnt hätte, wie sehr ich diese Eigenschaft später einmal brauchen würde, hätte es ihr gewiss das Herz gebrochen.

Seit einiger Zeit fiel es mir schwer, mich auf die Schule und meine Hausaufgaben zu konzentrieren. Ich ging auch nicht mehr so oft raus und traf mich seltener mit Miri. Vielleicht wollte ich einfach in Mamis Nähe sein, um sicherzustellen, dass nichts Schlimmes passierte; verhindern konnte ich es dennoch nicht.

Ich spielte gerade Kästchenhüpfen im Hof, als mein Vater entschlossenen Schrittes mit Opa aus der oberen Wohnung kam.

»Lauf schnell mal hoch, die Mutti braucht dich«, rief er mir zu, doch irgendetwas in seiner Stimme machte mir Angst. Misstrauisch sah ich meinen Vater an und rührte mich nicht von der Stelle.

»Jetzt guck nicht so dumm«, schnaubte Papa. »Ich weiß auch nicht, was sie will.«

Noch immer gehorchte ich nicht, woraufhin mein Vater einen ausladenden Schritt auf mich zu machte. Schnell warf ich meinen Spielstein in eins der aufgemalten Kästchen und lief zu Omas Wohnungstür. Papa hatte sie extra offen stehen lassen, sodass ich ohne zu klingeln hinaufgehen konnte. Auf der obersten Stufe wurde ich bereits von Oma in Empfang genommen.

»Was ist los?«, fragte ich, aber ich bekam keine Antwort. Fahrig schob Oma mich in die Diele. »Warum sollte ich denn hochkommen?«, drängte ich neugierig.

»Ja, also … Hast du vielleicht Lust, mir ein bisschen in der Küche zu helfen?«, fragte sie.

Unwillig druckste ich herum und suchte nach einer Ausrede. Irgendwie erschien mir Oma an diesem Nachmittag anders als sonst – ihre Stimme klang ängstlich, und sie sah mich nicht einmal richtig an.

Plötzlich war ein Poltern aus unserer Wohnung zu hören. Einen Atemzug lang lauschte ich in die Richtung, aus der die Geräusche zu kommen schienen, dann hörte ich Hilfeschreie. Mami! Ich erschrak und wollte die Treppe hinunterlaufen, doch meine Oma hielt mich an den Schultern fest.

»Nein«, brachte sie hervor, »du kannst da jetzt nicht runter!«

Ein Blick in ihr Gesicht sagte mir, dass sie etwas Schlimmes vor mir verbarg. Ich riss mich los. Oma versuchte mich aufzuhalten, aber ich war schneller. Ich stürmte die Treppe hinunter, lief ums Haus und stieß unsere Wohnungstür auf. Wie gelähmt starrte ich auf das Bild, das sich mir bot. Opa verdrehte meiner Mutter die Arme auf dem Rücken, und Papa landete gerade einen wuchtigen Boxschlag in ihrem Gesicht. Dann schien das Bild einzufrieren. Die beiden Männer sahen mich an, als wäre ich ein Gespenst. Mamis Haare standen zerzaust in alle Richtungen, und ihr Gesicht war rot verschmiert. Noch immer fixierte mein Großvater sie in seinem Griff. Da durchbrach Mami die unheilvolle Stille.

»Hol Hilfe!«, stieß sie angsterfüllt hervor. »Schnell! Frau Bäcker soll die Polizei rufen!«

Ich rannte los. Wie von Sinnen lief ich über die Straße, sprang die Stufen zur Haustür von Frau Bäcker hinauf und klingelte Sturm.

»Jaja, is ja schon gut!«, kam es von drinnen, und nach einer ganzen Weile öffnete Frau Bäcker endlich die Tür.

»Schnell! Sie ... Sie müssen die Polizei rufen!«, platzte es aus mir heraus. Ich bekam kaum Luft vor Angst. »Papa ... Opa ... sie verprügeln meine Mami!«

Frau Bäcker stemmte die Arme in ihre breiten Hüften. »Was erzählst du da?«

Ich brach in Tränen aus. Das dauerte alles viel zu lange! »Bitte – Sie müssen uns helfen! Rufen Sie die Polizei! Bitte!«

Frau Bäcker umfasste meine Hand und zog mich wie einen Hund an der Leine hinter sich her. Zappelnd versuchte ich mich aus ihrem Griff zu befreien, doch sie drückte mich auf die alte Bank hinter dem Küchentisch und sackte auf den Platz neben mir. Ich fühlte mich wie gefangen; mein Bick irrte umher auf der Suche nach dem Telefon.

»Das sind Familienangelegenheiten, mein Kind«, sagte Frau Bäcker mit schleppender Stimme. »Da ruft man nicht die Polizei. Das geht nur deinen Vater und deine Mutter was an. Mach dir mal keine Gedanken, das ist nicht so schlimm. Wenn du wieder nach Hause kommst, ist schon alles vorbei.«

Ich versuchte, an ihr vorbeizukommen, doch Frau Bäcker versperrte mir mit ihrem massigen Körper den Weg.

»Nein«, widersprach ich und versuchte Frau Bäcker von der Bank zu drücken. »Sie müssen die Polizei rufen – jetzt gleich!«

Sie nahm einen Apfel aus der Obstschale auf dem Tisch, rieb ihn kurz an ihrer fleckigen Kittelschürze ab und hielt ihn mir hin.

»Hier, iss den Apfel, danach sieht die Welt wieder rosiger aus.«

Ich war völlig durcheinander. Im Haus gegenüber wurde meine Mutter zusammengeschlagen – und Frau Bäcker bot mir einen Apfel an! Normalerweise hätte ich es nicht gewagt, ihr Widerstand zu leisten, aber in meiner Verzweiflung rutschte ich von der Bank auf den Boden und entwischte unter dem Tisch hindurch. Panisch riss ich die Haustür auf.

Von den Stufen zum Eingang aus konnte ich meine Mutter in unserer Hofeinfahrt stehen sehen. Für einen Moment war ich erleichtert, dass sie noch lebte. Dann erfasste mein Blick die ganze Szene. Papa und Opa standen mit einigen Metern Abstand so da, dass es aussah, als wollten sie meine Mutter wie ein wildes Tier einfangen. In ihrer Not lief Mami zur Haustür meiner Oma, die das Geschehen vom Fenster oberhalb der Eingangstür verfolgte, und drückte gegen die verschlossene Tür. Meine Oma verschwand ins Haus, als wolle sie meiner Mutter öffnen, während Mami weiterhin in Habachtstellung vor der Tür verharrte. Sie war so auf die beiden Männer konzentriert, dass sie gar nicht bemerkte, was über ihr vor sich ging. Und da passierte es. Ein Schwall dreckigen Putzwassers ergoss sich über meine Mutter. Erschrocken sprang sie beiseite und sah nach oben. Mein Blick folgte dem ihren. Am Fenster stand meine Oma mit dem leeren Eimer in der Hand und verzog keine Miene. Papa und Opa aber lachten wie zwei bösartige Jungs, die einem Käfer die Beine ausgerissen hatten.

»Gut gemacht, Mutti!«, johlte Papa.

»So macht man das mit Verrückten!«, rief Opa und klopfte meinem Vater einvernehmlich auf die Schulter.

Mit weit aufgerissenen Augen stand meine Mutter da, das Putzwasser troff ihr nur so aus den Haaren. Fassungslos starrte sie auf die feixenden Männer und konnte kaum begreifen, wie ihr geschah. Wut, Verzweiflung, Entsetzen wanderten in Sekundenschnelle über ihr Gesicht, bis sie mich bemerkte.

Ich hatte inzwischen unsere Straßenseite erreicht und war erschrocken stehen geblieben, als das Wasser auf meine Mutter geklatscht war. Nicht einmal schreien hatte ich können – der Schrei war mir buchstäblich im Hals stecken geblieben.

Was passierte hier nur? Sämtliche Regeln eines normalen Lebens schienen außer Kraft gesetzt.

In diesem Augenblick nahmen auch mein Vater und Großvater Notiz von mir, und ihr Feixen verstummte.

»Die Frau ist verrückt, sie hat uns angegriffen!«, rief mein Opa wie auswendig gelernt. Dann trollten er und mein Vater sich in den hinteren Teil des Gartens.

Meine Mutter aber starrte mich entsetzt an. Hier gab es nichts mehr zu erklären. Jeder Versuch, etwas zu verharmlosen, war sinnlos. Ich spürte, was in diesem Moment das Schlimmste für meine Mutter war: dass ihre kleine Tochter alles hatte mitansehen müssen. Und als wolle Mami wenigstens vermeiden, dass ich sie so geschunden sah, hastete sie zitternd und mit tropfenden Haaren ins Haus.

Nichts von dem, was soeben geschehen war, konnte in irgendeiner Weise kindgerecht geschönt werden. Alles sprach für sich: wie mein Vater und Großvater sich verbündet hatten. Wie sie eiskalt ihren Plan verfolgt hatten, der, wie auch immer er hätte ausgehen sollen, nur verhindert worden war, weil ich ihnen in die Quere gekommen war. Wie Frau Bäcker sich geweigert hatte, uns zu helfen. Wie meine Großmutter nicht nur ihre Rolle in dem perfiden Plan gespielt hatte, sondern meiner Mutter auch noch die letzte Hilfe verweigert und sie tief gedemütigt hatte.

Als ich mich hilfesuchend umsah, schloss meine Oma ihr Fenster, und die Gardine in Frau Bäckers Küche wurde leise zugeschoben.

An diesem Tag brach auch etwas in mir.

৵৵৵৵

Ich sehnte die Scheidung meiner Eltern herbei wie andere Kinder das Weihnachtsfest. Knapp sechs Wochen vor meinem achten Geburtstag war es endlich so weit. Ich durfte mit in den Gerichtssaal, weil ich dem Richter sagen musste, bei wem ich leben wollte. Oma drückte ein paar Krokodilstränen hervor, und eine gute Stunde später war alles erledigt. Meine Eltern waren geschieden, und der Richter hatte verfügt, dass Lasse und ich bei meiner Mutter leben durften. Ich bekam ein ziemlich mulmiges Gefühl, als ich im Nachhinein verstand, dass es auch ganz anders hätte kommen können.

Doch zum Glück hatte der Richter Papa nicht geglaubt, dass Mami verrückt wäre, und so musste ich nicht bei meinem Vater bleiben.

Ein noch mulmigeres Gefühl allerdings machte mir die Sache mit der Wohnung. Bisher hatte ich gedacht, nach einer Scheidung würde man ganz automatisch in zwei verschiedenen Häusern wohnen, doch wie sich herausstellte, war das ein Irrtum. Nachdem wir Papa unser Haus überlassen hatten, brauchten wir schnellstens eine neue Unterkunft, und außerdem gab es noch eine Menge Dinge zu regeln. Bis wir endlich umziehen konnten, dauerte es noch eine Weile, und mit jedem Tag wurde es schlimmer zu Hause. Meine Mutter schlief jetzt meistens mit Lasse in unserem Wohnwagen – vor meinem Vater schützen konnte sie das aber nur selten. Sie bemühte sich, meinen Bruder und mich nichts von den Auseinandersetzungen merken zu lassen. Doch ein Kind spürt mehr, als die Erwachsenen ahnen. Vielleicht aber gewöhnten wir uns auch an all die Gewalt.

Meine zweiten Sommerferien rückten näher, und endlich hatten wir eine Wohnung in Aussicht. Sie befand sich in einem Haus im nächsten Dorf auf der anderen Seite der Bahngleise, und schon auf dem Weg zur Besichtigung war ich fest entschlossen, sie großartig zu finden. Aufgeregt beobachtete ich, wie der Mann von der Hausverwaltung die Tür im Erdgeschoss aufsperrte.

»Eine ideale Wohngegend für Kinder«, pries er seine Immobilie an. »Zwei Straßen weiter befindet sich das Freizeitzentrum, und gleich daneben liegt das Freibad.« Das klang fantastisch!

Nachdem er uns hereingebeten hatte, lief ich neugierig durch die Wohnung und sah mir ein Zimmer nach dem anderen an. Meine Mutter wirkte nicht gerade begeistert, aber die Sache mit dem Freizeitzentrum und dem Freibad überzeugte sie schließlich.

Mir fiel ein Stein vom Herzen, als sie den Mietvertrag unterschrieb. Endlich war es so weit: Pünktlich zu den Sommerferien würden wir umziehen.

4

Ein neuer Beginn?

Endlich! Es war geschafft! So mussten Schiffbrüchige sich fühlen, die Monate auf dem offenen Meer getrieben waren und nun auf einer sicheren Insel strandeten.

Ich liebte unsere Insel vom ersten Moment an, auch wenn alles noch ungewohnt und ein bisschen kleiner war. In der Küche stand neben unserem neuen Herd ein lustiger alter Holzkohleofen, und im Wohnzimmer gab es einen großen Kamin mit grünen Steinkacheln. Ich war schon gespannt auf die kühlere Jahreszeit, wenn ich das Feuer durch ein Fenster würde lodern sehen können. Überhaupt gab es vieles zu entdecken, wie ich bei einem Streifzug durch die Nachbarschaft festgestellt hatte. In dem angrenzenden Wäldchen stand ein echtes Baumhaus, ganz zu schweigen von dem Abenteuerspielplatz im Freizeitzentrum, auf den ich schon mächtig gespannt war. Und dann war da noch der Ententeich, auf dem man im Winter würde Schlittschuh laufen können. Doch das Allerbeste an unserer Wohnung war, dass Papa hier nicht hereindurfte.

Obwohl es neben dem Wohnzimmer nur zwei weitere Räume gab, hatte meine Mutter für Lasse und mich je ein Kinderzimmer eingerichtet.

»Ich will nicht, dass ihr noch mehr unter der Scheidung leiden müsst«, sagte Mami. »Bisher hat ja auch jeder von euch sein eigenes Reich gehabt.« Sie selbst begnügte sich damit, im Wohnzimmer auf dem neuen, »multifunktionalen Ecksofa« zu schlafen, wie es uns der Verkäufer im Möbelhaus angepriesen hatte. Doch weil das erst noch geliefert werden musste, wurde in unserer ersten Nacht improvisiert.

Nachdem Mami meinem Bruder seine allabendliche Gute-Nacht-Geschichte erzählt hatte und er eingeschlafen war, saß sie gedankenversunken auf einem Stuhl in der Küche. Der Abend war ungewohnt kühl, und so hatte sie in dem Holzkohleofen ein wärmendes Feuer entzündet. Aus der Zigarette zwischen ihren Fingern schlängelte sich weißer Rauch und verteilte sich im Raum. Stumm blickte sie ins Leere.

Ich stand im Türrahmen und sog das Bild in mich auf. Mami hatte mich nicht bemerkt.

»Ich finde unsere neue Wohnung ganz toll!«, sagte ich, um sie aufzuheitern. Mami wandte den Kopf und lächelte mich mit traurigen Augen an. Sie drückte die Zigarette aus und bedeutete mir, zu ihr zu kommen. Schnell setzte ich mich auf ihren Schoß, und meine Mutter schloss die Arme um mich.

»Papa wird immer dein Vater bleiben«, sagte sie. »Du kannst ihn sehen, wann du willst.«

Ich kuschelte mich eng an sie. Meinetwegen musste sie sich nicht so viele Sorgen machen. In diesem Moment fand ich es nämlich viel beruhigender, Papa nicht mehr so sehen zu müssen. Das vereinbarte Besuchsrecht würde mir völlig ausreichen, dachte ich. Immerhin hatte er bisher ja auch nichts mit mir unternommen.

Tröstend strich ich meiner Mutter über die Haare. »Jetzt wird alles wieder gut«, flüsterte ich und glaubte fest daran, recht zu behalten.

Die Sommerferien auf unserer kleinen Insel fühlten sich nach einem Neubeginn an. Mir gefiel es, dass es in der Nachbarschaft so viele Kinder zum Spielen gab. Ein Haus weiter wohnten Anna, Jens und Thorsten, ihre Eltern waren Freunde meiner Eltern. In der Straße war immer etwas los, und dank Frau Müller von nebenan wussten alle stets über ihre Nachbarn Bescheid. Wenn ich mich nach dem Mittagessen zum Baumhaus aufmachte, lauerte Frau Müller schon mit Putzeimer und Schrubber bewaffnet im Treppenhaus. Dort versuchte sie jeden in ein Gespräch zu verwickeln, und abends, wenn ich hungrig zurückkam, wienerte sie noch immer den Flur.

Die Putzwoche war in unserem Haus eine äußerst ernst zu nehmende Angelegenheit, nur meine Mutter ließ es da offenbar deutlich an Hingabe fehlen, wie Frau Müller ihr einmal zu verstehen gab.

»Aber Sie sehen doch, dass man den Flur auch in zwanzig Minuten putzen kann, Frau Müller. Vielleicht sind Sie einfach ein bisschen übergenau«, erwiderte Mami.

Frau Müller geriet ganz außer sich. Entrüstet wischte sie mit dem Finger über den Fußboden. »Nennen Sie das vielleicht sauber?«, schimpfte sie. Meine Mutter musterte den Finger. »Was genau sehen Sie da jetzt?«, fragte sie irritiert. »Ich sehe nämlich nichts.«

Nun war auch Frau Müller verunsichert. »Im Moment ist es vielleicht sauber, aber warten Sie mal ab, wie das heute Abend aussieht.«

Stirnrunzelnd sah meine Mutter sie an. »Und Sie denken, es wird bis heute Abend weniger Dreck ins Haus getragen, wenn ich jetzt eine halbe Stunde länger putze?«

Frau Müller schnaubte wütend. »Ach, Sie wollen es ja gar nicht verstehen!«, blaffte sie und trat den Rückzug an.

Von da an wurde Mami von der Hausgemeinschaft ausgeschlossen. Eine alleinstehende, berufstätige Mutter schien den meisten hier suspekt, aber Mami nahm es gelassen und manchmal auch mit einem Schuss Ironie.

Nachdem die letzten Möbel für unsere Wohnung gekauft waren, machten Mami, Lasse und ich uns mit Pinseln und Farbe bewaffnet an mein Zimmer. Schon immer hatte ich mir für die Wände eine richtige Strandlandschaft am Meer gewünscht, mit Palmen, Seesternchen und kleinen Muscheln. Leider hatten Lasse, der inzwischen zwei Jahre alt war, und ich aber ziemlich unterschiedliche Vorstellungen davon, wie so ein Seesternchen aussehen sollte. Am Ende prangte ein großer hässlicher Fleck auf meiner schönen Strandlandschaft, doch Mami zauberte daraus einen hübschen Strandkorb.

Papa vermisste ich bei dem Ganzen keine einzige Minute, aber ich hatte das Gefühl, dass es Mami viel schwerer fiel, alles zu vergessen. Immer wieder holten sie die schlimmen Erlebnisse ein, und dann ging es ihr sehr schlecht. Sie versuchte, sich ihre Traurigkeit nicht anmerken zu lassen, dennoch konnte ich sie ihr ansehen. Manchmal schien sie mit ihren Gedanken an einem ganz anderen Ort zu sein, fern von unserer Insel. Dann spiegelte ihr schönes Gesicht für einen Moment die gleiche Hoffnungslosigkeit wider wie damals, wenn mein Vater sie geschlagen und niemand ihr geholfen hatte. An solchen Tagen nahm sie meist eine von den Beruhigungstabletten, die ihr der Arzt verschrieben hatte – aber Mamis Fröhlichkeit reparieren konnten diese Pillen auch nicht.

Als der erste Besuchstag bei Papa anstand, freute ich mich ein bisschen, ihn wiederzusehen, und fühlte mich Mami gegenüber deshalb wie eine Verräterin. Nach allem, was mein

Vater getan hatte, wusste ich nicht, wie ich mich ihm gegenüber verhalten sollte, doch Papa beschäftigte ohnehin etwas ganz anderes.

»Bevor wir zu Hause ankommen, solltest du noch eine Sache wissen«, sagte er auf der Fahrt. Er schwieg ein paar Sekunden, als suche er nach Worten, dann fuhr er fort: »Du weißt doch, dass die Schickerts kein Haus mehr haben und Frau Schickert und ihre Kinder jetzt bei Manuelas Oma wohnen.« Papas Stimme klang, als wolle er um Mitleid heischen, aber ich verstand nicht recht, was er damit bezweckte. Er warf mir im Rückspiegel einen fragenden Blick zu, und ich nickte. Manuela hatte mich einmal zu ihrer Oma mitgenommen, und ich war ziemlich überrascht gewesen, dass sie zu viert in einem winzigen Apartment lebten. Nicht mal eine richtige Küche gab es dort, geschweige denn ein Kinderzimmer für Manuela und ihre jüngere Schwester Katrin.

Nachdenklich zog Papa eine Zigarette aus der Schachtel und zündete sie sich an. »Du möchtest doch sicher nicht, dass deine Freundin so hausen muss, oder?« Papa nahm einen Zug von der Zigarette und blickte wieder auf die Straße. Nachdem er eine Weile vergeblich auf meine Antwort gewartet hatte, sagte er: »Wie auch immer, die drei wohnen jetzt bei uns.«

Mir blieb fast die Spucke weg. Wir waren doch gerade erst ausgezogen! Ich versuchte meine Gedanken zu ordnen. Ob Mami davon wusste?

»Na, was meinst du dazu? In unserem Haus ist doch jetzt genug Platz«, sagte er und klang dabei ganz überschwänglich, als solle ich mich auch noch darüber freuen. Meine Begeisterung aber hielt sich mächtig in Grenzen.

»Warum hat Frau Schickert denn keine Wohnung?«, fragte ich leicht vorwurfsvoll. »Kann sie denn nicht arbeiten,

63

so wie Mami? Dann müsste sie nicht in *unserem* Haus wohnen!«

»Pfffff«, machte mein Vater. Offenbar hatte er mit einer anderen Reaktion gerechnet. Missmutig zog er die Augenbrauen zusammen. »Wie soll ich dir das erklären? Also, es ist so … Frau Schickert hat keinen Beruf gelernt, und ohne Ausbildung findet sie nur sehr schlecht bezahlte Arbeit, von der sie nicht leben kann.« Papa machte eine kurze Pause, bevor er nach einem Zug von seiner Zigarette hinzufügte: »Da siehst du mal, wie wichtig es ist, in die Schule zu gehen und etwas Ordentliches zu lernen.«

Stirnrunzelnd sah ich meinen Vater an. »Wie – Frau Schickert hat immer noch nichts gelernt?«, wiederholte ich ungläubig. Insgeheim fragte ich mich, ob sie demnach ein Taugenichts war, wie Papa solche Menschen zu nennen pflegte. Doch das behielt ich vorsichtshalber für mich.

Mein Vater drückte seine halb gerauchte Zigarette im überfüllten Aschenbecher aus und zog eine neue aus der Schachtel.

»Na ja – Frau Schickert hat eben sehr früh Kinder bekommen.« Er steckte sich die Zigarette an, nahm einen Zug, und während er den Rauch ausatmete, fügte er hinzu: »Ist doch schön, jetzt kannst du immer mit Manuela spielen, wenn du zu mir kommst!«

Ich wusste nichts darauf zu sagen und stellte mir unwillkürlich vor, wie Manuela sich in meinem Zimmer einrichtete. Aber im nächsten Augenblick verwarf ich den Gedanken wieder. Nein, das würde Papa nicht zulassen.

In unserem Haus angekommen, wurde ich jedoch schnell eines Besseren belehrt. Mein Zimmer gehörte von nun an Manuela – sie hatten nicht mal alle meine Möbel ausgeräumt! Lasses Zimmer nahm jetzt Katrin in Beschlag, und den Rest des Hauses belagerte Frau Schickert. Ich wusste nicht, warum, aber ich musste plötzlich an diese Fliegen denken, von denen Miri mir erzählt hatte. Sie legten ihre Eier in die offenen Wunden anderer Lebewesen und fraßen sich dann ins Körperinnere hinein. Unwillkürlich schüttelte ich mich, als ich Frau Schickert in der Küche stehen sah. Sie wirkte zufrieden, als wäre das alles ganz normal, und wie sich wenig später herausstellen sollte, fühlte sie sich auch schon ganz wie die neue Hausherrin.

Von meinem Vater sah ich während des kompletten Besuchstages nur wenig, und auch meine Oma ließ sich kein einziges Mal blicken. Stattdessen zeigte Manuela mir ihr neues Zimmer, welches eben noch meins gewesen war. So hatte ich mir den Besuch bei Papa nicht vorgestellt! Ich war heilfroh, als ich am Abend wieder zu Hause bei Mami war, auf unserer sicheren Insel.

Meine Mutter hatte bei unserem Umzug ein paar Sachen im Haus vergessen, und als wir einige Tage später gerade in der Nähe waren, klingelte sie rasch. Eigentlich sollte ich im Auto warten, aber ich wollte Papa »Guten Tag« sagen, und so kam ich Mami hinterhergelaufen. Frau Schickert öffnete uns die Tür und warf meiner Mutter einen abschätzigen Blick zu.

»Ääh«, näselte sie, »was willst du denn hier!?«

Ich war ziemlich überrascht von so viel Feindseligkeit, immerhin war sie es, die sich holterdiepolter in unserem Haus breitgemacht hatte, und nicht umgekehrt.

»Guten Tag, Olga«, antwortete Mami. »Ich müsste noch ein paar Sachen ab…« Weiter kam sie nicht.

»Würdest du bitte mein Grundstück verlassen!«, unterbrach Frau Schickert meine Mutter und machte Anstalten, die Tür zu schließen. Empört sah ich zu Mami hoch, die, ohne meinen Blick zu erwidern, nach meiner Hand griff.

»Ich gehe gleich wieder«, versicherte sie. »Ich möchte nur

ein paar Sachen von mir abholen, die ich vergessen habe. Du kannst sie mir auch einfach geben, dann bin ich wieder weg.«

Selbstgefällig warf Frau Schickert den Kopf in den Nacken und reckte ihre lange, spitze Nase in die Luft.

»Würdest du bitte *mein* Grundstück verlassen, sonst rufe ich die Polizei!« Sie gab sich Mühe, besonders vornehm zu klingen, doch mit ihrer quakenden Stimme hörte sie sich an wie eine schlecht gestimmte Quetschkommode.

Meine Mutter, die nicht die geringste Lust auf eine Diskussion hatte, fragte nach meinem Vater.

»Der hat zu tun!«, sagte Frau Schickert schnippisch, und peng, knallte sie uns die Tür vor der Nase zu.

Perplex sah ich meine Mutter an. »Darf die das? In *unserem* Haus?«

Ich erhielt keine Antwort. Mami schüttelte den Kopf und ging zurück zum Auto, während ich ihr hastig folgte.

Später erklärte Mami mir, dass Frau Schickert sich in Wirklichkeit wohl schämte. »Manche Menschen«, so Mami, »können mit Scham nicht umgehen, und dann versuchen sie den Spieß einfach umzudrehen und greifen an.«

Das allerdings ließ meinen Ärger auf Frau Schickert auch nicht wieder verschwinden, und mein Bedürfnis, Papa in unserem Haus zu besuchen, war für die nächste Zeit restlos gestillt.

⊰⊰⊰

Nach den Ferien war ich auf Mamis Schule gekommen, nachdem meine alte Schule zu weit entfernt war. Genau genommen ging ich sogar in ihre Klasse, was weit weniger lustig war, als ich im Stillen gehofft hatte. Damit niemand den Eindruck haben konnte, meine Mutter bevorzuge mich, wurde ich von ihr immer ein kleines bisschen strenger behandelt als die anderen Kinder. Von wegen, Schularbeiten schon im Voraus kennen! Mami verriet mir kein einziges Sterbenswörtchen, und wenn ich im Unterricht Quatsch machte, wurde ich nicht nur in der Schule geschimpft, sondern anschließend auch noch zu Hause. Ich fand das ziemlich ungerecht. Abgesehen davon, war einiges anders in meiner neuen Klasse. Ich vermisste Miri, und wenn ich ehrlich war, gefiel es mir gar nicht, meine Mutter mit den anderen Schülern zu teilen. Sie war eine beliebte Lehrerin, und immer, wenn sie mit der Pausenaufsicht dran war, hakte sich rechts und links von ihr eine Traube Schülerinnen ein. Ich selbst kam deswegen oft gar nicht mehr an sie heran, und das war ein ziemlich komisches Gefühl. Zum Glück fand ich schnell eine neue beste Freundin in der Klasse. Sie hieß Steffi, und wir hatten eine Menge Spaß, doch Miri ersetzen konnte sie nicht. Miri war jederzeit für ein Abenteuer zu haben gewesen, und ich hätte viel darum gegeben, mit ihr durch die neue Gegend zu streunen. Steffi hingegen war immer so vernünftig, und auch bei ihr zu Hause ging alles viel strenger zu.

Weil Mami meistens erst nach mir von der Schule kam, war ich von nun an ein Schlüsselkind. Meine Mutter war nicht gerade glücklich über diesen Zustand, aber ich fand es toll. Als Schlüsselkind war man nach der Schule selbst für sich verantwortlich, und das fühlte sich ziemlich erwachsen an. Oft, wenn Mami am Nachmittag mit Lasse und den Einkäufen nach Hause kam, war ich schon mit Aufräumen und dem Abwasch fertig. Mami hatte das nie von mir verlangt, aber sie freute sich, wenn ich es trotzdem erledigte, und ich freute mich, wenn sie mich lobte.

Eigentlich hätte jetzt alles wieder gut werden können, doch die schlimmen Erinnerungen waren uns wie ein blinder Passagier auf unsere Insel gefolgt. Es gab Zeiten, in denen Mami fröhlicher wirkte. Doch immer wieder holten sie die dunklen Erinnerungen ein und raubten ihr alle Kraft. Ich wünschte mir so sehr, sie wieder glücklich zu sehen, voller Lebensfreude und Ideen – so wie früher, als ich noch klein gewesen war.

»Eine Depression ist eine langwierige Angelegenheit«, erklärte sie mir eines Tages und strich mir traurig über die Wange. Aber das hatte ich längst verstanden. Aus der schwarzen Decke, die in der schlimmen Zeit auf ihr gelastet hatte, war ein grauer Schleier geworden, der sich über unser Leben gelegt hatte und keine Sonne durchlassen wollte. Das Grün der Bäume, die Schmetterlinge, ja, selbst die Blumen wirkten farbloser.

Die Bedrohung, die im Haus meines Vaters gelauert hatte, war einem vagen Gefühl von Verzweiflung und Traurigkeit gewichen. Doch gelegentlich schafften es ein paar Sonnenstrahlen, sich durch den Schleier zu drängen, und Hoffnung machte sich bei uns breit, ein Schimmer von Das-Leben-ist-schön nach der langen, angsterfüllten Zeit. Dann spielten Mami, Lasse und ich Kasperletheater, alberten herum oder machten ein Picknick. Am glücklichsten waren wir in den Ferien. Die kommenden Jahre fuhren wir oft an den Gardasee oder ans Meer, einmal fast sechs Wochen am Stück. Das war ein Riesenspaß, und beinahe war auch die Traurigkeit in diesen Wochen verschwunden. Aber die leise Zuversicht, die Mami nun manchmal umgab, war empfindlich und brauchte Zeit zum Wachsen – noch war es leicht, sie zu zertreten.

ఆఆఆ

Die zweiwöchentlichen Besuchstage bei meinem Vater verliefen einer wie der andere: Papa holte mich ab, Frau Schickert ignorierte mich, und irgendwann brachte Papa mich wieder nach Hause. In der Zeit dazwischen spielte ich mit

Manuela, weil mein Vater zu beschäftigt war. Nur manchmal nahm er sich einen Moment, um mir »die Vorfälle von damals« zu erklären, wie er sich ausdrückte.

»Deine Mutter ist mit einem Schraubenschlüssel auf mich losgegangen«, behauptete er einmal. »Auf mich und deinen Großvater. Deshalb hat er ihr den Arm auf den Rücken gedreht. Wir mussten uns schließlich wehren. Was hätten wir sonst tun sollen?«

Ich wusste genau, von welchem Vorfall er sprach. Es war damals gewesen, als er mich hoch zu Oma geschickt und meine Mutter keine zwei Minuten später panisch um Hilfe geschrien hatte. Mein Magen zog sich zusammen, als ich mich daran erinnerte … dieses Bild, wie Opa sie gepackt und Papa ihr noch einmal brutal ins Gesicht geschlagen hatte. Selbst wenn meine Mutter sich mit einem Schraubenschlüssel verteidigt hätte, konnte ich mir keinen einzigen Grund vorstellen, warum mein Vater und Opa sie dermaßen geschlagen hatten. Und überhaupt, was hatte Opa in unserer Wohnung zu suchen gehabt? Und warum war Oma so komisch gewesen, als wir Mami plötzlich um Hilfe hatten schreien hören?

Ich hatte viel darüber nachgedacht, und inzwischen war ich mir sicher, dass mein Vater und seine Eltern einen furchtbaren Plan geschmiedet hatten, der nur durch mein Auftauchen verhindert worden war. Misstrauisch sah ich Papa an. Sein Gesichtsausdruck zeigte keinerlei Regung. Hätte ich nicht selbst die damaligen Umstände miterlebt und nicht mit eigenen Augen gesehen, wie Mami verprügelt worden war, ich hätte womöglich noch geglaubt, dass er und Opa sich nur hätten verteidigen wollen. So scheinheilig, wie mein Vater einem ins Gesicht log, wäre jeder Unbeteiligte haushoch auf ihn reingefallen. Und es war nicht das einzige Mal, dass Papa seine Taten vertuschen wollte und die Tatsachen verdrehte.

Doch wenn man als Kind Zeuge solcher Gewalttaten wird, prägen sie sich tief in das Gedächtnis und weiter bis in die Zellen des Körpers ein. Man kann es vielleicht verdrängen, aber vergessen? Niemals.

Egal, was Papa mir einzureden versuchte, ich wusste, was ich gesehen hatte, weshalb es bei unseren Gesprächen jedes Mal zu heftigen Diskussionen kam. Ich kannte die Wahrheit, und obwohl ich noch ein Kind war, wurde ich nicht müde, diese zu verteidigen. Ich mochte es nicht, wenn mein Vater log und Mami durch den Dreck zog, und mein Vater mochte es nicht, dass ich jedes Mal für sie einstand. Für gewöhnlich erklärte Papa mich dann zu einem halsstarrigen, verbohrten Mädchen, und mit der Zeit verlor er völlig das Interesse an mir. Mehr und mehr konzentrierte er sich auf meinen Bruder. Für Lasse, dem aufgrund seines Alters jede Erinnerung an die Zeit vor unserem Auszug fehlte, war die Vergangenheit wie ein weißes Blatt Papier. Die wahre Geschichte hatte er vergessen, und mein Vater konnte sie in geschönter Form noch einmal völlig neu schreiben, ohne Rücksicht auf die Folgen. Nie sollte mein Bruder die Chance haben, meine Mutter so zu sehen, wie sie wirklich war: eine tiefgründige und gleichzeitig lebensfrohe, sprühende junge Frau, die von meinem Vater systematisch zerstört worden war.

Und auch, wenn die körperlichen Misshandlungen mit unserem Auszug aufhörten, war längst noch kein Ende der Gewalt in Sicht. Neuerdings war sie subtiler und setzte auf Zermürbung, aber noch immer war sie zerstörerisch.

Seit unserem Umzug bekamen wir fast jeden Tag und auch in der Nacht fiese anonyme Anrufe. Meistens hörte man nur den Atem des Anrufers, aber manchmal rülpste auch jemand ins Telefon und sogar Schlimmeres. Mami hatte das Gefühl, dass mein Vater dahintersteckte, und spätestens seit dem letzten Anruf glaubte ich das auch.

»Nicht rangehen!«, wollte Mami mich noch warnen, weil der anonyme Anrufer an jenem Tag wieder besonders aktiv war. Aber ich hatte schon abgenommen.

»Hallo«, sagte ich zögernd in die Sprechmuschel, doch niemand antwortete. Etwa fünf Sekunden hörte ich nichts, dann jedoch vernahm ich im Hintergrund ein Türklingeln, und sofort wurde aufgelegt. Ich zog die Brauen zusammen. Das war doch *unsere* Türklingel gewesen! Die Klingel in unserem ehemaligen Haus. Unschlüssig sah ich meine Mutter an.

»Wer war das?«, fragte sie, als ob sie es nicht längst wüsste.

»Keine Ahnung«, entgegnete ich. »Aufgelegt.« Von dem Klingeln erzählte ich meiner Mutter nichts. Die Gewissheit hätte sie nur noch mehr aufgeregt.

Mein Verhältnis zu Papa wurde durch diese Anrufe natürlich nicht gerade einfacher und mein Respekt vor ihm nur noch geringer. Manchmal klingelte es vier bis fünf Mal in der Nacht, und wer weiß wie oft noch, hätte Mami nicht irgendwann immer den Hörer danebengelegt. Einmal war meine Mutter sogar bei der Polizei, aber die konnte uns nicht helfen. Ohne Beweise wären ihnen die Hände gebunden, hieß es, und dass wir uns am besten eine neue Telefonnummer zulegen sollten. Doch weil Papa unsere Nummer schon alleine wegen der Pflichtbesuchstage benötigte, machte das keinen Sinn, und wir mussten mit den nächtlichen Anrufen leben. Irgendwie war es, als hätte Papa durch den Telefonterror einen Weg gefunden, auf unsere sichere Insel einzudringen. Den erhofften Frieden fand meine Mutter jedenfalls nicht.

Am schlimmsten war die Anruferei während der Sache mit dem Gerichtsstreit, da konnten wir kaum eine Nacht durchschlafen. Immer wieder hatte Papa damit gedroht, keinen Ausgleich für Mamis Anteil am Haus zu bezahlen, und seine Chancen, damit durchzukommen, standen nicht schlecht. Kurz vor der Scheidung hatte meine Mutter feststellen müssen, dass etliche Ordner mit Unterlagen verschwunden waren. Vor allem die Rechnungen über das ganze Baumaterial hatten sich scheinbar in Luft aufgelöst, und mit ihnen weitere Belege über alle möglichen Ausgaben, die das Haus betrafen. Ein gerechter Ausgleich war somit nicht möglich, »denn ohne Nachweise«, so Mami, »hast du nun mal verloren«.

Es wurde ein langer, ungerechter Kampf, an dessen Ende meine Mutter nur eine geringe Abfindung bekam – »ein Witz«, wie sie es nannte. Es traf sie wie ein Hammerschlag, als sie feststellen musste, dass der größte Nutznießer an allem, wofür sie sich aufgearbeitet hatte, nun mein Vater war. Er hatte sie betrogen, und egal, wie sehr meine Mutter das vor Lasse und mir verheimlichen wollte, war ich inzwischen in einem Alter, in dem ich das alles selbst zu verstehen begann.

Inzwischen war mir klar geworden, dass meine Eltern es sich nicht hatten leisten können, auf Mamis Gehalt zu verzichten. Sie wäre liebend gern nach Lasses Geburt ein paar Jahre zu Hause geblieben, um sich nur um ihn zu kümmern, genauso wie nach meiner Geburt. Doch als Hauptschullehrer verdiente Papa nicht genug, um alleine die Hypothek abzubezahlen und gleichzeitig all die Renovierungen und Investitionen sowie die monatlichen Lebenshaltungskosten zu finanzieren. Ich wusste jetzt, warum Mama damals ein uraltes Auto gefahren und sich selbst auch sonst nie etwas gegönnt hatte, obwohl sie mehr verdiente als alle anderen Frauen im Bekanntenkreis meiner Eltern. Den Preis für Papas Legoland hatte letztendlich sie alleine gezahlt, und ich war ziemlich enttäuscht von dem Richter. Schon wieder hatte niemand für sie eingestanden, doch das Schlimmste war für mich die Tatsache, dass mein Vater ihr ein weiteres Unrecht zugefügt hatte und dass er es nicht im Geringsten bereute.

ଈଈଈ

Etwa zwei Jahre nachdem Frau Schickert in unser Haus eingezogen war, erfuhr ich, dass Papa sie geheiratet hatte. Eigentlich hieß sie danach gar nicht mehr Frau Schickert, aber ich nannte sie weiterhin so. Im Gegensatz zu mir war Mami nicht sonderlich überrascht von der Heirat.

»Das ist genau die richtige Frau für diesen Mann«, meinte sie nur, und als sie dachte, ich könne es nicht hören, murmelte sie, dass ihr lieber Exmann dann jetzt hoffentlich Besseres zu tun habe, als ihr noch länger mit seinem Telefonterror auf die Nerven zu gehen. Leider war das nicht der Fall. Um die Heirat herum gab es zwar eine kurze Pause, doch danach gingen die Anrufe weiter wie bisher.

Aber etwas anderes hatte sich verändert. Nachdem Mami eine ganze Weile die Abende allein mit Lasse und mir auf unserer Insel verbracht hatte, waren wir eines Tages mit Herrn Schickert spazieren gegangen. Er und Mami hatten sich damals lange unterhalten, und bald hatte er uns regelmäßig besucht. Irgendwann war er schließlich über Nacht geblieben, und von da an durfte ich ihn Ralf nennen. Ralf war ziemlich unter die Räder gekommen, nachdem er zuerst seine Arbeit, dann sein Haus und daraufhin seine Familie verloren hatte, aber am schlimmsten traf es ihn offenbar, dass er seine Kinder nicht sehen durfte.

An einem meiner Besuchstage, zu denen Mami mich nun immer überreden musste, kam Ralf vorbei in der Hoffnung, Manuela und Katrin zufällig im Hof meines Vaters zu sehen. Doch kaum bemerkte das Frau Schickert, schoss sie wie eine

Furie aus dem Haus, schickte die beiden hinein und ließ eine wütende Schimpfkanonade auf Ralf nieder.

»Zahl erst mal Unterhalt, vorher brauchst du dich gar nicht hier blicken lassen!«, fuhr sie ihn an, aber weil Ralf keine Arbeit hatte und folglich auch nicht zahlen konnte, sah es mit den Besuchen schlecht aus. Hin und wieder gab meine Mutter ihm das Geld für den Unterhalt, was ich sehr lieb von ihr fand. Sie wusste ja, dass sie es nie wiederbekäme, auch wenn Ralf ihr jedes Mal versprach, sich eine Arbeit zu suchen.

Doch Geldmangel war noch Ralfs geringstes Problem, sein viel größeres war, dass er trank. Immer wieder nahm Mami ihm das Versprechen ab, damit aufzuhören. Eine Zeit lang schaffte er das sogar, und dann machte es richtig Spaß mit ihm. Ich mochte Ralf, der mit seinen strubbeligen Locken so ganz anders aussah als Papa, und vor allem mochte ich seine Pfannkuchen.

Ralf gab sich große Mühe, meiner Mutter zu gefallen. Er studierte Stellenanzeigen, sagte »verflixt« anstatt »Scheiße« vor uns Kindern, und wenn Mami in der Schule war, räumte er die Wohnung auf. In guten Zeiten, wenn er nicht trank, waren wir bald eine richtige Familie, und meine Mutter schien sich langsam von ihrer Depression zu erholen. Doch Ralf war ein Quartalssäufer, wie er es nannte, und leider ließ der nächste Vollrausch meist nicht lange auf sich warten. Wenn er betrunken war, schien er ein anderer Mensch zu sein. Dann kam eine aggressive Seite an ihm zum Vorschein, und auch wenn er Mami nicht schlug, so wie Papa, machte mir das mächtig Angst. Meine Mutter war furchtbar enttäuscht von Ralf, und als er zum x-ten Mal nach einem erfolgreichen Entzug rückfällig geworden war, schleppte sie ihn schließlich zu den Anonymen Alkoholikern.

»Du kannst es schaffen, du musst es nur wollen!«, versuchte sie ihm Mut zu machen, und für den Fall, dass sein Wille einmal nicht so stark sein sollte, ging sie immer mit ihm zu den Treffen. Die ganze Mühe half aber nur phasenweise und endete damit, dass meine Mutter, die sich höchstens mal zu Weihnachten ein Glas Likör gönnte, irgendwann ohne Ralf bei den Anonymen Alkoholikern saß. Der torkelte stattdessen in der folgenden Nacht sturzbetrunken bei uns zur Wohnung herein und boxte eine dicke Beule in die Küchentür. Danach beendete meine Mutter die Beziehung zu Ralf, und er musste ausziehen.

»Ich habe zwei kleine Kinder und einen anstrengenden Beruf«, sagte sie. »Ich kann mich nicht auch noch um einen unverbesserlichen Alkoholiker kümmern.«

Es war nicht die erste Trennung von Ralf, aber diesmal sollte sie endgültig sein, so Mami. Um zu demonstrieren, wie ernst es ihr war, nahm sie Ralf den Haustürschlüssel weg, packte seine Sachen in einen großen Koffer und drückte ihm diesen in die Hand.

Die nächsten Tage bettelte Ralf daraufhin mit Blumen und dem hochheiligen Versprechen, niemals wieder auch nur einen Schluck Alkohol zu trinken, vor unserer Haustür um Verzeihung. Doch auch wenn es meiner Mutter fast das Herz brach, blieb sie standhaft.

»Für uns alle ist es besser so«, sagte Mami. »Man kann einem Alkoholiker nur auf diese Weise die Augen öffnen.«

Ich war traurig, denn eigentlich mochte ich Ralf, aber Mami hatte recht: Er konnte nur dann gesund werden, wenn er selbst es wollte. Ralfs Trinkerei war genauso eine Krankheit wie Mamis Depression, und doch war es nicht dasselbe. Mit einem starken Willen hätte Ralf es schaffen können, doch bei meiner Mutter verhielt es sich anders. Ihr Wille war ziemlich stark, und sie kämpfte jeden Tag darum, wieder gesund zu werden. Aber eine Depression ist nun mal keine Sucht.

Es waren zu viele Momente gewesen, in denen sie gebrochen worden war. Ich stellte es mir vor wie bei einem Bein: Wenn es völlig zertrümmert war, brauchten die Knochen ziemlich lange, um wieder zusammenzuheilen. Mit so einem Bein war man nicht gleich in der Lage, aufzustehen und fröhlich durchs Leben zu springen.

Doch Mami gab nicht auf, und ich tat es auch nicht.

5

Der Anfang vom Ende

Seit einiger Zeit ging ich aufs Gymnasium, aber meine Leistungen waren nicht gerade dazu geeignet, meine Mutter aufzuheitern. Im Unterricht flogen meine Gedanken auseinander wie ein Schwarm aufgeschreckter Stare, und so sehr ich mich auch bemühte, ich konnte sie einfach nicht wieder einfangen. Meine Noten wurden immer schlechter, woraufhin Papa triumphierte, dass er ja gleich gesagt habe, Mamis antiautoritäre Erziehung sei verkehrt. Allerdings lagen meine Noten nicht an Mamas Erziehungsmethoden und auch nicht daran, dass ich zu dumm gewesen wäre, wie Papa behauptete. Selbst Herr Lorenz, mein Lehrer, war der Meinung, ich sei ein intelligentes Mädchen, ich müsse mich nur besser konzentrieren. Doch genau das wollte mir einfach nicht gelingen, und da in der Schule keiner Einblick in meine Geschichte hatte, war ich nicht gerade eine Lieblingsschülerin. Die meisten Lehrer legten meine vermeintliche Tagträumerei als Desinteresse an ihrem Unterricht aus, sofern sie sich überhaupt die Mühe machten, über mich nachzudenken.

Das vermutlich Beste, was ich je von der Schule mit nach Hause brachte, war Sweety, meine kleine Maus. Beim letzten Schulfest hatte es ein Mäuserennen gegeben, und die Gewinner wurden am Schwanz in die Höhe gehalten und zum Verkauf angeboten. Ich war entsetzt, und als Sweety mit ihren ausgestreckten Füßchen in der Luft hing, zögerte ich nicht lange. Mami war ganz schön verdutzt, als ich mit der Maus vor ihr stand, doch nachdem ich ihr hoch und heilig versprochen hatte, gut für das kleine Lebewesen zu sorgen, durfte ich es behalten.

Ich stellte mir vor, wie es wäre, mit Sweety in einem Zirkus durch die Welt zu ziehen, und für alle Fälle brachte ich ihr schon mal ein paar Kunststückchen bei. Manchmal dachten sich Ina, eine Nachbarstochter, und ich ganze Zirkusnummern aus, wobei unser Wohnzimmer regelmäßig zu einer Arena umgestaltet wurde. Wir übten akrobatische Kunststücke ein, erfanden Zaubertricks und Clownsnummern und führten sie meiner Mutter anschließend mit viel Tamtam vor. Zum Höhepunkt trat Sweety auf und zeigte, wie sie über einen Stock balancierte und danach ein Stück Käse in ihrem Bauch verschwinden ließ.

Mami belohnte uns nach der Aufführung immer mit reichlich Applaus sowie einer Menge Lob für unsere Darbietungen, und manchmal, so schien es, war ihre Traurigkeit dann für einen Augenblick verschwunden.

Aber die Depression war hartnäckig. Kaum hatte man sie vertrieben, stahl sie sich auch schon zurück und schlug umso heftiger zu. Oft, wenn ich abends noch einmal aus dem Bett aufstand, sah ich Mami weinen. Meine Mutter versuchte es vor mir zu verbergen und wischte sich immer schnell die Tränen weg, sobald sie mich bemerkte.

Irgendwann jedoch hörte sie auf zu weinen, und von dem Tag an klebte und bemalte sie Steinfiguren. Es waren richtige kleine Kunstwerke: Füchse, Adler, eine Geisha und ein Bernhardiner, doch vor allem Zwerge – fröhliche, traurige, dicke, dünne –, Zwerge in allen möglichen Arten, und jeder von ihnen bekam ein ganz individuelles Aussehen. Immer wenn Lasse und ich im Bett waren, arbeitete meine Mutter an ihren Figuren, und es dauerte nicht lange, da stand eine richtige Zwergenarmee in der ganzen Wohnung verteilt.

Kleine Wichtel, die uns beschützten – aber leider brachten auch sie es nicht zustande, Mamis Depression vollends zu vertreiben.

❧❧❧

Seit Ralfs letztem Rückfall waren meine Mutter und er kein Paar mehr. Dennoch hatte sie ihm einen Therapieplatz in einer Entzugseinrichtung besorgt, wo wir ihn mehrmals besucht hatten. Endlich kam der Tag, an dem er entlassen werden sollte, und alle Zeichen standen auf Neuanfang. Ralf hatte seit einem Vierteljahr nicht mehr getrunken und damit länger als in den ganzen letzten Jahren zusammen. Er war fest entschlossen, Mami zurückzuerobern, und lud uns alle zu einem Picknickausflug ein. Meine Mutter wirkte reichlich skeptisch, aber Ralf ließ nicht locker, und als auch ich sie drängte, willigte sie schließlich ein.

Bepackt mit einem Korb voller Essen, einer Decke, Spielsachen für Lasse und Mamis Staffelei fuhren wir am nächsten Wochenende an den kleinen See im alten Schlosspark. Trotz des schönen Wetters war der Park menschenleer. Ein paar Schäfchenwolken trieben am Himmel und spiegelten sich im See. Libellen zogen dicht über der glitzernden Wasseroberfläche ihre Kreise. Neben einer Trauerweide breitete Ralf unsere Decke aus, legte ein paar Knabbereien darauf, und Mami stellte eine Schüssel mit Salat und eine Flasche Limonade dazu. Fast war es wie früher, nur dass wir jetzt zu viert waren und der Schleier der Traurigkeit über Mami lag. Ich spürte ihn, auch wenn sie all ihre Kraft aufwandte, ihn beiseitezuschieben.

Während des Essens erzählte Ralf meinem Bruder und mir die Geschichte vom hiesigen Burggespenst, und Lasse drängte sich unwillkürlich an Mami.

»Mach den Kindern doch keine Angst«, ermahnte sie Ralf und strich Lasse liebevoll über die Wange.

»Pah!«, rief ich empört. »Ich fürchte mich doch nicht vor Gespenstern!«

Mami lächelte mir zu. »Das weiß ich doch, ich habe es auch nur wegen Lasse gesagt.«

Mein Bruder zog ein finsteres Gesicht. »Ich hab auch keine Angst vor Gespenstern!«, rief er trotzig.

Meine Mutter nahm eine Serviette und wischte Lasse die Senfspuren aus dem Gesicht. »Natürlich hast du keine Angst«, beschwichtigte sie ihn, »Geister gibt es ja auch gar nicht.«

Ralf grinste vor sich hin und wollte schon die nächste Gruselgeschichte zum Besten geben, aber da hatten Lasse und ich das Rascheln der Frösche im Schilf bemerkt. Mein Bruder war ganz aus dem Häuschen, als wir ein paar Kaulquappen fingen und in unserem Netz begutachteten. Mami ermahnte uns sogleich, behutsam zu sein und die Kaulquappen wieder freizulassen. Nachdem sie uns eine Weile beobachtet hatte, baute sie ihre Staffelei auf und brachte sie in die richtige Position. Ralf lag währenddessen zufrieden auf der Decke im Schatten und kaute auf einem Grashalm. Anerkennend beobachtete er Mami, wie sie, mit der Farbpalette in der einen und dem Pinsel in der anderen Hand, die ersten Stufengiebel und Balustraden des alten Burgschlosses auf die Leinwand brachte. Mit ihren hochgekrempelten Jeans und den mit einem bunten Tuch zusammengebundenen Haaren sah sie aus wie eine Schauspielerin auf einem Kinoplakat. Ralf schien ganz hin und weg von Mami, so verliebt, wie er sie ansah, und einmal bemerkte ich, wie er ihr heimlich zuzwinkerte.

Ralf hatte hoch und heilig beteuert, nie wieder zu trinken, und ich wollte ihm so gerne glauben. Es dauerte nicht lange, da ließ Mami ihn wieder bei uns einziehen. Wir alle wünschten uns, dass er es nach der Kur schaffen würde, trocken zu bleiben, doch keine vier Wochen später war unsere Hoffnung erloschen. Sturzbetrunken lag Ralf auf unserer Couch und schlief seinen Rausch aus, während Mami niedergeschlagen in der Küche saß und aus dem Fenster starrte.

»Vielleicht war das nur ein Ausrutscher«, versuchte ich sie zu trösten, doch an so etwas glaubte Mami schon lange nicht mehr.

»Wenn man eines über Alkoholiker weiß«, so meine Mutter, »dann, dass es keine Ausrutscher gibt. Ein einziger Tropfen Alkohol, und der ganze Entzug war für die Katz!«

Ich hoffte so sehr, dass es bei Ralf anders wäre, schließlich hatten wir die letzten Wochen alle so viel Spaß miteinander gehabt. Doch meine Mutter behielt recht. Anfangs trank Ralf noch im Verborgenen, dann aber stand er mit seinen Saufkumpanen neben dem Kiosk ein paar Häuser weiter und machte nicht einmal mehr den Versuch, seine Sucht zu verheimlichen. Es fiel mir schwer zu begreifen, warum er mit seinen Eskapaden alles aufs Spiel setzte, doch Mami erklärte mir, wie heimtückisch diese Krankheit war.

»Es ist ja nicht so, dass es Ralf gut geht, wenn er trinkt«, sagte sie. »Der Alkohol ist nur einfach stärker als er.«

Es muss sehr schwer für meine Mutter gewesen sein, Ralf in diesem Zustand zu sehen und zu realisieren, dass sie ihm nicht helfen konnte.

»Ich bin schon an deinem Vater gescheitert«, sagte sie einmal, mehr zu sich selbst, und es sollte eine ganze Weile dauern, bis ich verstand, was sie mit diesen traurigen Worten meinte.

Als ich elf Jahre alt war, ging es meiner Mutter noch immer genauso schlecht wie dreieinhalb Jahre zuvor. Ich habe mich oft gefragt, wie es so weit hatte kommen können und was eigentlich genau zwischen meinen Eltern passiert war.

Wenn die schrecklichen Bilder wieder vor meinem inneren Auge auftauchten und ich vor mir sah, wie mein Vater meine Mutter geschlagen und gewürgt hatte, wurde mir mehr und mehr klar, dass solche Übergriffe weit öfter geschehen sein mussten. Die Art, wie er sein Knie gegen ihre Kehle gepresst oder Opa ihren Arm auf den Rücken verdreht hatte, schien etwas Beiläufiges gehabt zu haben, gerade so, als wären die Bewegungsabläufe längst Routine gewesen. Und dann seine Miene ... Je brutaler mein Vater zuschlug, desto unbeteiligter wirkte sein Gesicht. Nie sah ich auch nur eine Spur von Erschrockenheit, Bedauern oder gar Schuld in seinen Zügen. Es war, als sei sämtliches Mitgefühl in ihm ausgelöscht. Umso erschreckender, dass all diese Gewalttaten nur die Spitze des Eisbergs gewesen waren, an dem meine Mutter zerschellen sollte. Die wahre Gefahr hatte in dem gelegen, was im Verborgenen geschehen war: Demütigung, Herabwürdigung und Zermürbung, über Jahre hinweg.

Nach und nach erfuhr ich Einzelheiten über die Ehe meiner Eltern, die Scheidung und die Zeit danach. Wie meine Mutter von meinem Vater überall verleumdet worden war. Wie sie aus Angst vor gewaltsamen Übergriffen ein Messer unter dem Bett versteckt hatte, um sich im allergrößten Notfall zur Wehr setzen zu können. Wie sie so lange ausgehalten hatte in der Hoffnung, an das Gute in meinem Vater appellieren zu können, an ihre einstige Liebe, und doch nur enttäuscht worden war.

In späteren Jahren fragte ich mich oft, warum sie trotz allem weiterhin ausgeharrt hatte. Ich versuchte, mich in sie hineinzuversetzen, in diese einst so lebensfrohe, aufgeschlossene Frau, die für ihre Familie gelebt hatte und in ihrem Beruf und der Kunst aufgegangen war. Sie musste erschöpft gewesen sein und unsicher, nachdem ihr gesamtes Geld in das Haus geflossen war. Sie hatte geahnt, dass sie bei einer Scheidung kaum etwas davon wiedersehen würde, und dennoch bin ich überzeugt, sie hätte sich nicht gescheut, diesen Schritt früher zu tun, wenn es nur um sie gegangen wäre. Immer wieder hatte sie sich gefragt, ob uns Kindern der Vater fehlen würde, immer hatte sie Sorge gehabt, unsere Kindheit zu zerstören … Und darüber hatte sie sich selbst aufgegeben und letztlich zerstören lassen.

All das war mir aber noch nicht bewusst, als es meiner Mutter schlechter und schlechter ging und sie mir schließlich eines Abends erklärte, dass sie zur Kur fahren müsse. Trotz ihrer Krankheit hatte sie kaum einen Tag in der Schule gefehlt, aber nun ging es nicht mehr anders.

»Einfach mal ausspannen«, sagte Mama, »und alles hinter mir lassen.«

Mir war klar, dass Mami sich dringend erholen musste, auch wenn mir die bevorstehende Trennung Angst machte. Nachdem Ralf wieder trank, erschien er meiner Mutter nicht verantwortungsbewusst genug, um auf uns aufzupassen. Lasse sollte deshalb solange bei meinem Vater untergebracht werden, ich allerdings musste zu wildfremden Leuten, was ein ziemlicher Schock für mich war. »Wenn die herkommt, dann gehe ich«, hatte Frau Schickert zu Papa über mich gesagt, wie mein Pflegevater mir später erzählte. Aber vermutlich hätte Papa mich auch ohne Frau Schickerts Bemerkung nicht gewollt.

Obwohl die Kur nur drei Wochen dauern sollte, fand ich den Abschied von meiner Mutter furchtbar. Wenigstens wohnte zur selben Zeit noch Ina, das Mädchen aus der Nachbarschaft, bei der Pflegefamilie. Mama hatte es extra so eingerichtet, dass sie gleichzeitig mit Inas Mutter zur Kur ging.

»Dann fühlst du dich nicht so alleine bei den Leuten«, hatte sie gesagt, und tatsächlich war ich froh, eine Leidensgenossin zu haben.

Die Pflegeeltern waren mir alles andere als geheuer. Schon dass ich sie »Tante Renate« und »Onkel Dieter« nennen musste, fand ich seltsam, schließlich waren sie nicht mit uns verwandt, und ich gehörte keineswegs zu den Kindern, denen beigebracht worden war, Fremde als »Onkel« und »Tanten« zu bezeichnen.

Onkel Dieter war etwa vierzig Jahre alt und ein gedrungener, grobschlächtiger Mann, dessen Kopf direkt auf den Schultern zu sitzen schien. Er hatte einen riesigen Kugelbauch, was daher rührte, dass er früher Alkoholiker gewesen war, wie Tante Renate mir später einmal verriet. Aber mit dem Trinken war es jetzt vorbei. Stattdessen rauchte er eine Zigarette nach der anderen – und das, obwohl er schon jetzt wie eine asthmakranke Lokomotive keuchte.

Tante Renate war erst achtundzwanzig Jahre alt, doch mit ihren dunklen Augenringen und der kurzen, dauergewellten Blumenkohlfrisur wirkte sie auf mich wie eine alte Frau. Sie rauchte fast genauso viel wie Onkel Dieter und war sogar noch um einiges dicker. Eigentlich wollten die beiden gar keine Pflegekinder. Sie wünschten sich ein Kind zum Adoptieren, doch »das Jugendamt mit seinen bekloppten Regeln«, so Tante Renate, habe ihnen bisher keines genehmigt. Ina und ich waren vermutlich der Testlauf: Sollte etwas schiefgehen, würden meine Pflegeeltern in der kurzen Zeit keinen allzu großen Schaden bei uns anrichten können. Um ihre Aussicht auf eine Adoption zu steigern, mussten sie sich wohl auf das Experiment »Pflegekind« einlassen, und abgesehen davon bekamen sie auch noch eine Menge Geld dafür.

Das Haus meiner Pflegeeltern war ein typisches Alte-Leute-Haus. Es war seit Generationen in Tante Renates Familie und, wie es aussah, lange nicht mehr renoviert worden. Beim Hereinkommen strömte einem ein leichter Geruch nach Wirsingkohl und muffigen Polstern entgegen. Die Einrichtung wirkte altbacken und bieder: Alles war dunkel – die Oma-Gardinen, die braunen Eichenmöbel, der PVC-Boden in der Küche ebenso wie die Fototapete im Wohnzimmer, auf der ein düsterer Wald abgebildet war. Hinter dem Wohnzimmer lag das Zimmer für Ina und mich, und auch das wirkte nicht gerade freundlich. Früher hatte hier Tante Renates Großmutter gelebt. Die alte Frau war sogar in dem Zimmer gestorben, und die Möbel stammten noch allesamt aus jener Zeit. Das einzige Badezimmer des Hauses befand sich im Keller. Verglichen mit den restlichen Räumen war es riesig und sah aus wie eine ehemalige Waschküche. Um dorthin zu kommen, musste man durch den mit Holzpaneelen und ausrangierten Schallplatten verkleideten Partykeller gehen, und mir gruselte es schon jetzt bei der Vorstellung, in der Nacht zur Toilette zu müssen.

Beim Abendessen verkündete Tante Renate Ina und mir die Regeln: Viertel vor acht Zähneputzen, um acht ins Bett und dann – Ruhe im Karton. Schweigend hörten wir zu, während wir auf unseren Broten herumkauten. Ich war froh, als das Abendessen beendet war und wir den Tisch verlassen durften. Wie angekündigt, lagen wir um Punkt acht Uhr im Bett. Eine Weile blickte ich stumm in die Dunkelheit. Ich konnte mich nicht erinnern, wann ich das letzte Mal so früh hatte schlafen gehen müssen.

Auch Ina schien das nicht zu gefallen. »Keine drei Tage halte ich es hier aus!«, schimpfte sie leise. »Morgen rufe ich Mama an, damit sie mich wieder abholt!«

»Ja, das würde ich auch gerne«, flüsterte ich zurück, »aber ich glaube, das geht nicht so einfach.«

Und dann sagten wir fast gleichzeitig: »Na wenigstens bist du auch hier!«, und mussten ein bisschen kichern, weil wir gerade dasselbe gedacht hatten. Im nächsten Moment ging die Tür auf.

»Jetzt wird aber geschlafen!«, mahnte Tante Renate energisch, und mit einem Schlag waren wir mucksmäuschenstill.

Die Wochen bei den Pflegeeltern kamen mir vor wie eine Ewigkeit. Fast jeden Nachmittag fuhren Ina und ich mit unseren Fahrrädern den ganzen Weg entlang in unser altes Viertel und abends wieder zurück. Man hätte glatt die Uhr nach uns stellen können, denn wir kamen nie eine Minute früher nach Hause, als wir mussten. Pünktlich um sechs Uhr gab es Abendbrot, und danach begann das »Verhör«, wie ich Tante Renates Fragestunde insgeheim nannte. Meine Pflegemutter hatte eine Handvoll Psychologiebücher gelesen, die ganz vorn im Regal standen, und wollte das Gelernte wohl endlich an lebenden Objekten anwenden. Die Hände zwischen den Knien vergraben, saßen Ina und ich dann artig am Küchentisch und quälten uns mit schüchternen, einsilbigen Antworten durch Tante Renates endlose Fragerei.

»Was habt ihr zwei denn den ganzen Tag gemacht? Wo wart ihr? Wart ihr allein? Unter Mädchen? Oder waren da Jungs dabei?«

Onkel Dieter stopfte währenddessen am Kopf des Tisches seine Ration Zigaretten für den nächsten Tag. Es war jeden Abend dasselbe Ritual: Tabak in die Stopfmaschine – Zigarettenhülse auffädeln – drüberziehen, und wieder Tabak in die Stopfmaschine und immer so weiter, den ganzen Abend lang. Jedes Mal, wenn er den Schlitten über die Stopfmaschine zog, wackelte der Tisch, und manchmal rollte dabei eine brennende Zigarette aus dem Aschenbecher und kokelte ein kleines Loch in die bunte Plastiktischdecke.

Onkel Dieter redete nicht viel, aber wenn doch, verstand ich ihn anfangs kaum. Mein Pflegevater kam mir vor wie ein

86

Neandertaler mit gefährlicher Rauchvergiftung. Wenn er sprach, klang es ungefähr so: »Hä! Und? Hust, keuch! Wie geht's? Hust, hust, ja! Hä! Ihr zwei! Hust! Hust!«

Schlimmer noch als die Abende waren die Wochenenden. Sonntagnachmittags wurden wir wie zwei junge Welpen der Verwandtschaft vorgeführt, die neugierig unsere Kunststückchen beäugte. Und als wären wir überhaupt nicht anwesend, wurden anschließend unsere Umgangsformen wie zum Beispiel das Essen mit Messer und Gabel bewertet und unsere Ausdrucksweise gründlich analysiert. Doch zum Glück gab es daran nicht viel auszusetzen, und weil wir so »liebe kleine Mädchen« waren, wurde uns ständig der Kopf getätschelt und noch ein Extrastück Kuchen auf den Teller geschoben. Man konnte fast zusehen, wie ich dicker wurde, dabei schmeckte mir das Essen bei meinen Pflegeeltern nicht mal.

Der Lieblingskuchen von Onkel Dieter war Erdbeerkuchen mit Sahne, wobei die Erdbeeren, die aus der Dose stammten, kurzerhand auf einen fertig gekauften Tortenboden geschüttet und glatt gestrichen wurden. Über diese matschige Masse kam eine zentimeterdicke Glasur, um das Desaster zu verbergen, und für den Geschmack gab es meist viel zu süße Sahne obendrauf. Überhaupt galt bei meinen Pflegeeltern in Sachen Essen das Motto Quantität vor Qualität. Soßen kamen aus der Packung, und als Salat gab es höchstens mal grüne Bohnen aus der Dose. Ich freute mich schon jetzt wieder auf Mamis frische Salate, und ganz bestimmt würde ich auch mein Gemüse nicht mehr beiseiteschieben.

Irgendwann war die Zeit in der Pflegefamilie dann endlich vorbei, und es ging wieder nach Hause – jedenfalls für Ina. Kurz bevor meine Leidensgenossin abgeholt wurde, erfuhr ich, dass Mamas Kur verlängert worden war. Wie sich herausgestellt hatte, reichten drei Wochen nicht aus, um ihre Depression zu heilen, und so musste ich weiterhin bei den Pflegeeltern bleiben. Mama hatte ein furchtbar schlechtes Gewissen wegen Lasse und mir, aber krank nütze sie uns schließlich auch nichts, wie sie es selbst einmal ausdrückte.

Die nächsten Wochen kamen mir noch länger vor als die ersten, denn nun war nicht einmal mehr Ina dabei. Die Atmosphäre bei meinen Pflegeeltern veränderte sich, und Onkel Dieter war längst nicht mehr so zurückhaltend wie am Anfang. Neuerdings erschien er mir aggressiver, gerade so, als wolle er endlich auch einmal das Sagen haben dürfen. Normalerweise hatte mein Pflegevater zu Hause nicht viel zu melden, da alle wichtigen Entscheidungen Tante Renate traf. Ich aber war nur ein Kind, und noch dazu stand ich unter seiner Obhut. Damit hatte er die offizielle Genehmigung bekommen, über mich zu herrschen, und das schien er plötzlich in allen Facetten auskosten zu wollen.

Es war ziemlich erschreckend für mich, als Onkel Dieter das erste Mal wie ein übel gelaunter Pavian auf mich zupolterte und dabei mit aufgerissenen Augen eine Handbewegung machte, als wolle er mir im nächsten Moment den Kopf von den Schultern katapultieren. Zum Glück hielt er gerade noch inne und ließ stattdessen eine wütende Schimpfkanonade auf mich nieder.

»Ich schlag dich kaputt, du Miststück! Verschwinde in dein Zimmer, und lauf mir ja nicht mehr über den Weg heute!«, schnaubte er, und ich brachte mich schleunigst in Sicherheit. Ich wusste nicht einmal, was der Anlass gewesen war – was es noch beängstigender machte. Vielleicht war ich Onkel Dieter gegenüber einfach nur nicht so unterwürfig gewesen, wie er es von mir erwartete, und weil auch Tante Renate offenbar keinen Grund für seine Wut erkennen konnte, kam sie mir sogleich hinterhergelaufen. »Onkel Dieter hat es sicher nicht so gemeint!«, beteuerte sie, und dass es deshalb ja auch keinen Grund gebe, meiner Mutter davon zu erzählen.

Doch auch ohne das Wissen um Onkel Dieters Ausraster war Mama keineswegs begeistert von den Pflegeeltern und ziemlich verärgert über das Jugendamt.

»Was denken die sich bloß? Nach welchen Kriterien suchen die Pflegefamilien aus?«, hatte Mama einmal geschimpft und gemeint, dass sie mir auf eigene Faust andere Pflegeeltern suchen wolle. »Eine nette, vernünftige Familie«, so Mama, »falls sich das Ganze noch länger hinzieht.«

Ich war jedoch wenig begeistert gewesen von »falls sich das Ganze noch länger hinzieht«, weshalb ich versucht hatte, Mama die Sache mit der netten, vernünftigen Familie wieder auszureden. Dann allerdings kam der nächste Streit mit Onkel Dieter, und danach sah die Sache für mich völlig anders aus. Ich wollte schnellstmöglich weg – und das zu Recht!

»Was, bitte schön, habe ich denn gemacht?«, zischte ich meinen Pflegevater an, als er mir aus Zorn einen seiner Pantoffeln hinterherwarf.

Statt einer Antwort kam Onkel Dieter auf mich zu und verpasste mir eine Ohrfeige.

»So! Jetzt weißt du, was du getan hast!«, schnaubte er. Ich zuckte zusammen, aber wenn er dachte, er könne mich damit einschüchtern, irrte er sich gewaltig.

»Tu das ja nicht noch einmal, sonst erzähle ich es meiner Mutter, wenn sie anruft!«, drohte ich ihm, was Onkel Dieter nur noch mehr in Rage versetzte.

»Ja?«, donnerte er. »Dann erzähl ihr auch das hier!« Wieder schlug er zu. »Und das! Und das auch!« Wobei ich mit jedem »Und das« eine gepfeffert bekam. Unser Geschrei war so laut gewesen, dass Tante Renate herbeigeeilt war. Normalerweise mischte sie sich in unsere Streitereien nur selten ein, doch die Drohung mit meiner Mutter hatte gewirkt.

»Stoooopp! Beruhig dich, Didda!«, fuhr sie dazwischen und stellte sich so vor meinen Pflegevater, dass er mich mit seinen dicken Armen nicht mehr erreichen konnte.

»Das erzähle ich Mama«, fauchte ich noch einmal, »dann holt sie mich hier weg!«

»Nein, das tust du nicht«, säuselte Tante Renate mit gespielter Fürsorglichkeit. »Willst du etwa, dass es deiner Mutter noch schlechter geht? Das passiert nämlich, wenn sie sich deinetwegen Sorgen machen muss. Willst du das? Willst du, dass deine Mutter gar nicht mehr gesund wird?« Streng sah sie mir in die Augen.

Trotz ihrer Worte brodelte es in mir, und plötzlich mischte sich Onkel Dieter wieder ein. »Soll sie es doch erzählen, dieses Drecks…«, aber ehe mein Pflegevater weiterreden konnte, schnitt Tante Renate ihm energisch das Wort ab.

»Du gehst jetzt erst mal eine rauchen!«, sagte sie zu ihm. Ihr Tonfall ließ deutlich erkennen, dass jede Widerrede zwecklos war, und nach kurzem Zögern machte Onkel Dieter sich wie ein begossener Pudel davon. Tante Renate nahm meine Hand, die ich ihr aber gleich wieder entzog.

»Na, was ist?«, meinte sie. »Willst du das deiner Mutter wirklich antun? Soll sie sich in ihrem Zustand allen Ernstes damit herumschlagen, dir eine neue Pflegefamilie zu suchen? Willst du nicht viel lieber, dass sie gesund wird?«

Wütend blitzte ich Tante Renate an, doch meine Gedanken fuhren Achterbahn. Was sollte ich nur tun? Mama würde alles in Bewegung setzen, um mich hier wegzuholen. Niemals würde sie es zulassen, dass ich geschlagen wurde.

Meine Pflegemutter zog die Stirn kraus. »Hm, Svenja, nun sag schon. Willst du etwa schuld daran sein, dass sie womöglich nie wieder nach Hause kommt?«

Bei diesen Worten zuckte ich zusammen. Nervös biss ich auf meiner Unterlippe herum, bis ich Blut schmeckte.

»Na, was ist?«, drängte Tante Renate, und schließlich platzte ein zorniges »Nein!« aus mir heraus, und ich stapfte wutentbrannt davon.

Ich ahnte, dass mein Pflegevater mir die meiste Zeit nur deswegen Vorschriften machte, weil er es durfte. Gewiss fand er es aufregend, dass es einen Menschen gab, über den er bestimmen konnte und der so zu funktionieren hatte, wie er es wollte. Offenbar sah Onkel Dieter in mir eine Art Besitz. Gerade so, als sei ich ein Haustier, das ihm unterwürfig gehorchen musste, über das er gebieten konnte und das ihn verdammt noch mal zu bewundern hatte.

Trotz seiner Schwerfälligkeit stellte Onkel Dieter sich in seinen Prahlhans-Geschichten, die er beim Mittagessen regelmäßig zum Besten gab, immer als Superheld dar. Langatmig erzählte er dann, was er bei der Arbeit Schlaues gesagt oder getan hätte, und er konnte ziemlich wütend werden, wenn ich an seinen Worten zweifelte. Anfangs hakte ich nach oder rollte die Augen, wenn mir etwas völlig unglaubwürdig erschien, aber ich merkte schnell, wie wütend ihn das machte. Deshalb bedachte ich ihn später höchstens noch mit einem ungläubigen Blick – nicht, um ihn zu provozieren, sondern einfach, weil mir seine Geschichten zuwider waren. Aber selbst dafür kassierte ich – »als Strafe für meine Respektlosigkeit« – nicht selten eine ordentliche Backpfeife. Und wehe, ich maulte ihm anschließend auch noch hinterher, wie er es nannte – dann gab's ratzfatz ein paar Ohrschellen obendrauf. Tante Renate half mir für gewöhnlich nicht, weil es ihrer Ansicht nach keinen erzieherischen Wert habe, wenn der eine »hü« und der andere »hott« sage. Aber wenn sie sich dann doch einmischte und Onkel Dieter in die Schranken wies, hatte mein Pflegevater nichts zu lachen.

Jahre später erzählte Tante Renate mir, dass sie eigentlich lesbisch sei. Onkel Dieter, so meine Pflegemutter, sei der missglückte Versuch gewesen, wieder »richtig herum« zu werden. »Ich hatte Angst, nicht akzeptiert zu werden, wie ich bin«, so meine Pflegemutter. Bereits mit vierzehn Jahren habe sie ihren Eltern erzählt, dass sie lesbisch sei, was diese jedoch als Blödsinn abgetan hätten. »Danach habe ich lange Zeit nie wieder darüber geredet. Ich wollte normal sein, und naiv, wie ich war, dachte ich, wenn ich erst mal verheiratet bin, bin ich auch nicht mehr lesbisch – dann bin ich eine normale Frau und kann ein ganz normales Leben führen.« Nachdem dieses Projekt jedoch auf ganzer Linie gescheitert war, hatte sie wenigstens Kinder von ihrem Mann haben wollen. Aber auch damit sah es zunächst wenig erfolgversprechend aus, weshalb ich ins Spiel gekommen sei.

Wann immer möglich, versuchte ich meinem Pflegevater aus dem Weg zu gehen, was allerdings nicht so einfach war, wie man hätte meinen können. Wegen seiner Frühschicht lungerte er den ganzen Nachmittag zu Hause herum, und wenn ich aus dem Badezimmer kam, stand er oft wie zufällig im Partykeller und rauchte. Manchmal verriet er sich durch sein asthmatisches Röcheln, und ich wartete im Bad, bis sich die Geräusche und damit auch er irgendwann entfernten. Verlassen konnte man sich darauf aber nicht, und so lief ich ihm ausgerechnet nach einem heftigen Streit regelrecht in die Arme.

Bei jenem Streit war es um meinen Geburtstag gegangen – in einer Woche würde ich zwölf werden. Meine Pflegeeltern hatten mir erlaubt, eine kleine Party zu feiern, und plötzlich hatte Onkel Dieter sie mir wieder verbieten wollen.

»Das würden deine Freunde dir sicher übel nehmen, wenn du sie jetzt wieder ausladen müsstest, was?«, hatte er gemeint und fies gegrinst. »Vielleicht haben sie extra zusammengelegt, um dir gemeinsam ein Geschenk zu kaufen ... Vielleicht verkloppen sie dich ja sogar, weil sie Geld für dich ausgegeben haben und dann noch nicht mal feiern dürfen.«

Mir war klar gewesen, dass meine Freunde mich nicht verkloppen würden, aber ich hatte es ziemlich gemein von Onkel Dieter gefunden, mir auf diese Weise Angst einjagen zu wollen. Natürlich wäre es peinlich gewesen, alle wieder auszuladen, weshalb ich gut darauf verzichten konnte. Aber ich kannte meinen Pflegevater inzwischen zur Genüge und wusste, worum es ihm wirklich ging: Er hatte gewollt, dass ich ihn unterwürfig anbettelte, mir die Feier bloß nicht zu streichen. Dann hätte er mich eine Weile schmoren lassen, meine Angst genossen und mir schließlich die längst geplante Party großmütig wieder erlaubt. Mit dieser Taktik hatte er mich schon des Öfteren zur Verzweiflung gebracht. Diesmal aber war ich nicht auf ihn hereingefallen. Ich war nicht so unterwürfig gewesen, wie er es von mir erwartet hatte, und auch auf mein Gebettel hatte er lange warten können. So war es zu dem Streit gekommen, in dessen Folge er mir beinahe wieder eine geknallt hätte – und ausgerechnet danach musste ich ihm nun in die Hände geraten. Man hätte fast glauben können, Onkel Dieter habe mich extra vor dem Badezimmer abgepasst.

»Jetzt komm doch mal zu mir, ich will dir doch nichts Böses.« Sein Atem ging heftig, aber sein Tonfall klang auf unheilvolle Weise versöhnlich. Er zog mich näher zu sich heran, platzierte seine Hände auf meinem Hintern und drückte mich an sich. Ich fühlte mich völlig überrumpelt, außerdem ekelte ich mich vor Onkel Dieter. Heftig bemüht, ihn meinen Abscheu nicht spüren zu lassen, versuchte ich mich ihm unauffällig zu entwinden.

Als mein Pflegevater merkte, wie ich mich befreien wollte, wirkte er gekränkt. »Also, du musst mir schon ein bisschen entgegenkommen!«, forderte er, und zu meinem Ekel gesellte sich ein leiser Anflug von schlechtem Gewissen. Ohne zu wissen, warum, fühlte ich mich plötzlich ungehörig, und als mein Pflegevater mich erneut an seinen dicken, runden Bauch zog, fiel meine Gegenwehr erheblich schwächer aus. Ich kam mir vor wie eine Robbe, die auf einer Boje gestrandet war, aber wenigstens wirkte Onkel Dieter wieder versöhnlich.

»Hä? Alles wieder gut? Bist doch mein braves kleines Mädchen, was?«

Ich schwieg beharrlich und versuchte, mich Millimeter um Millimeter von ihm wegzudrehen, doch er hatte mich fest im Griff.

»Na, was ist?«, fragte er noch einmal. »Bist du mein braves kleines Mädchen?«

Ich lächelte unbeholfen und schob dabei möglichst unauffällig seine Hände von meinem Po. Fast hatte ich mich befreit, da griff mein Pflegevater erneut nach mir und drückte mich nur noch fester an sich.

»Hm? Was ist?!« Seine Stimme verriet, dass seine eben erst zurückgekehrte Freundlichkeit erneut zu kippen drohte. »Bist du mein liebes Mädchen?«

Um der Situation zu entkommen, presste ich ein gequältes »Hmhm« hervor. Onkel Dieter lächelte zufrieden.

»Braves Mädchen!«, sagte er. Dann tätschelte er mir noch einmal den Hintern, und der Streit war mit einem Schlag vergessen.

In den folgenden Tagen war Onkel Dieter so gut gelaunt wie schon lange nicht mehr. Manchmal steckte er mir heimlich ein paar Mark zu, und auch meiner Geburtstagsfeier stand nichts mehr im Wege.

»Wie man in den Wald hineinruft, so hallt es heraus!«, sagte er. »Meinst du, mir macht es Spaß, dich zu bestrafen?«

Er schüttelte den Kopf. »Respekt ist das Zauberwort! Haste kein Respekt für andere, krichste auch keinen zurück!«

Ich war nur froh, dass ich bald wieder nach Hause zu Mami durfte. Bis dahin aber blieb mir wohl nichts anderes übrig, als das Gegrapsche über mich ergehen zu lassen.

Erst geschah es nur alle paar Tage, doch schon bald sollte Onkel Dieter mich täglich an sich drücken, und das war längst nicht alles.

Mein zwölfter Geburtstag. Es war ein Samstag im Mai, und Mami rief mich gleich in der Früh an, um mir zu gratulieren. »Herzlichen Glückwunsch zum Geburtstag, mein Käferchen!«, begrüßte sie mich wie in all den Jahren zuvor, doch zum ersten Mal in meinem Leben konnte sie mich dabei nicht fest in ihre Arme schließen. Meine Pflegeeltern standen wie bei jedem meiner Telefonate mit Mami daneben und hörten mit. Ich versuchte, ihnen keine Beachtung zu schenken.

»Wann kommst du?«, fragte ich aufgeregt.

Ich hörte, wie sie leise seufzte, und ein ungutes Gefühl beschlich mich.

»Es tut mir so leid, mein Schatz, ich weiß, wie sehr du dich gefreut hast«, stammelte meine Mutter, »aber leider kann ich dich heute nicht besuchen kommen.« Niedergeschmettert schwieg ich ins Telefon, und meine Mutter fügte schnell hinzu: »Sei bitte nicht traurig, aber … es geht mir ziemlich schlecht.«

Ich kämpfte mit den Tränen. »Und wann kommst du?«, fragte ich bettelnd, worauf Tante Renate sich im Hintergrund räusperte.

»Jetzt bedräng deine Mutter mal nicht so!«, sagte sie unwillig, doch Mami setzte schon zu einer Antwort an.

»Ich vermisse dich so sehr, mein Engel, aber ich kann es

dir im Moment noch nicht sagen. Es geht mir gerade gar nicht gut, kannst du das ein bisschen verstehen?«

Ich schluckte. Normalerweise hätte ich weitergebettelt, um meine Mutter umzustimmen, aber ich sagte mir, dass ich jetzt nicht egoistisch sein dürfte. Fieberhaft überlegte ich, was ich tun könnte. Dann kam mir eine Idee.

»Ich fahre einfach zu dir, ich kann doch den Zug nehmen!«, meinte ich.

»Lieber nicht, mein Schatz«, antwortete meine Mutter. »Es ist eine weite Fahrt, und du müsstest mehrmals umsteigen. Ich möchte nicht, dass du alleine durch die Gegend fährst.«

Ich sagte nichts darauf und bemühte mich, meine Enttäuschung zu verbergen.

»Du hast doch eine tolle Geburtstagsfeier geplant«, versuchte Mami mich aufzuheitern. »Da würde ich sicher nur stören.«

»Würdest du nicht!«, widersprach ich heftig und biss mir im nächsten Moment auf die Lippe, weil ich jetzt doch egoistisch gewesen war.

»Ich hab dich so lieb, mein Käferchen, ich komme, sobald es mir irgend möglich ist, ganz bestimmt«, versprach Mami, und ich hörte die Verzweiflung in ihrer sanften Stimme.

»Na, nun lass deine Mutter mal in Ruhe!«, mischte sich erneut Tante Renate in das Gespräch ein, aber ich wehrte sie mit einer Bewegung meines Ellenbogens ab.

»Ich hab dich lieb, Mami«, flüsterte ich ins Telefon und drehte mich dabei von meinen Pflegeeltern weg.

»Ich hab dich lieb«, erwiderte meine Mutter, »und ich versuche, so schnell wie möglich gesund zu werden. Versprochen.« Ihre Stimme zitterte leicht bei diesen Worten, und ich musste mich schwer zusammenreißen, um nicht in Tränen auszubrechen.

»Ich hab dich lieb, Mami«, wiederholte ich, »ich vermisse dich!« In diesem Moment war es mir völlig egal, ob meine Pflegeeltern alles mitanhörten.

Meine Mutter beteuerte noch einmal, dass sie alles tun werde, um schnell gesund zu werden, dann verabschiedete sie sich von mir.

Niedergeschlagen stand ich nach dem Telefonat im Partykeller und sortierte Schallplatten für den Nachmittag. Ich freute mich gar nicht mehr auf meine Geburtstagsfeier. Insgeheim hoffte ich, Mama käme doch noch und stünde plötzlich einfach vor mir. Der Einzige aber, der mit einem Mal vor mir stand, war Onkel Dieter mit seinem einfältigen Grinsen.

»Na du Geburtstagskind, komm doch mal her!«

In der trügerischen Hoffnung, er würde wieder verschwinden, wenn ich ihn ignorierte, blätterte ich weiter durch die Platten. Onkel Dieter hustete krächzend und legte seine Zigarette in den Aschenbecher.

»Zwölf Jahre, hä? Lass dich doch mal ansehen!« Er zog mich von den Schallplatten weg und schob mich so in Position, dass er mich besser betrachten konnte. »Bist ja schon ein ganz schön großes Mädchen, hm?«, stellte er zufrieden fest und blickte mich an, als erwarte er meine Bestätigung. Ich brachte ein scheues Lächeln zustande und machte Anstalten, mich wieder den Platten zu widmen, doch Onkel Dieter hielt mich an meinem Handgelenk fest. »Na! Was ist? Krieg ich einen Geburtstagskuss?«

Unwillkürlich zuckte ich zurück. Schon wieder diese Küsserei. In den vergangenen Wochen hatte er bereits mehrfach Küsse von mir verlangt, und ich ekelte mich schrecklich davor.

»Hm? Na komm schon, ein kleines Geburtstagsküsschen«, drängte er. »Bist doch mein braves Mädchen.«

Leider wusste ich nur zu gut, dass es besser war, Onkel Dieter nicht zu verärgern, und abgesehen davon, konnte ich ihm ohnehin nicht entkommen. In der Hoffnung, er ließe es durchgehen, machte ich knapp vor seiner Wange ein lautes Kussgeräusch in die Luft, doch so behäbig Onkel Dieter auch wirkte, in diesem Moment drehte er den Kopf und drückte mir blitzschnell seine glitschige Zunge gegen den Mund. Erschrocken und zugleich angeekelt wich ich zurück. Für Sekundenbruchteile hatte sich seine Zunge ein Stück weit zwischen meine Lippen in meinen Mund gedrängt. Vor lauter Abscheu wurde mir übel, Onkel Dieter aber grinste mich zufrieden an. »Bist ein braves Mädchen!« Dann klopfte er mir auf den Hintern, und ich war entlassen.

Schockiert lief ich ins Bad. Ich schrubbte mir den Mund, als müsse ich die Cholera abwaschen. In meinem Kopf schwirrte es. War das gerade wirklich passiert? Was war da überhaupt passiert? Ein Versehen konnte es ja kaum gewesen sein! Oder doch, so wie neulich schon? Hatte Onkel Dieter das etwa absichtlich gemacht? Nein, das wäre ja absurd!

Schon bald kamen meine ersten Gäste, und nach und nach rückte der Vorfall in den Hintergrund. Meine Party wurde ein voller Erfolg – jedenfalls für die anderen, denn mir war das Feiern gründlich vergangen.

Als ich an diesem Abend im Bett lag und an Mami dachte, redete ich mir fest ein, dass es wirklich nur ein Versehen gewesen war … ja, so musste es sein!

❧❧❧❧

Inzwischen vermisste ich meine Mutter schmerzlich. Neben den Telefonaten, bei denen meine Pflegeeltern immer danebenstanden und zuhörten, schrieb Mama mir Briefe. Einmal lag ein kleines Medaillon bei, das sie von einem Schiffsaus-

flug mitgebracht hatte; »Seute Deern« stand darauf, was »süßes Mädchen« heißt, wie Mami mir erzählte, »so wie du eines
bist«. Während der Kur hatte sie zu handarbeiten angefangen und mir einen langen Pullover gestrickt, den ich unendlich liebte. Manchmal, wenn ich ihn anzog und fest an Mami
dachte, fühlte es sich an wie eine liebevolle Umarmung von
ihr. Ich konnte es kaum noch erwarten, sie endlich wiederzusehen.

Doch die Realität war eine andere.

Immer wieder wurde die Kur meiner Mutter verlängert,
und Mama wirkte von Woche zu Woche verzweifelter. Drei-
mal kam sie in all der Zeit für ein Wochenende nach Hause,
und dann durfte ich bei ihr schlafen. Es waren kostbare Stunden, in denen mir ihr schlechter Zustand jedoch nicht ver-
borgen blieb. Die traurigen Gedanken, die sie plagten, schienen immer mehr statt weniger zu werden und raubten ihr alle
Kraft. Der Abschied fiel mir jedes Mal furchtbar schwer, und
ich machte mir große Sorgen um sie.

Mein Vater versuchte unterdessen, Mama das Sorgerecht
für Lasse wegzunehmen, weshalb sie sich auch noch mit dem
Familiengericht und allen möglichen Ämtern auseinander-
setzen musste. Natürlich ging es ihr dadurch nicht gerade
besser, und dann kam auch noch die Sache mit Ralf dazu.
Wegen seiner Arbeitslosigkeit war er mit den Unterhalts-
zahlungen an Frau Schickert im Rückstand, die nun alles
daransetzte, ihn ins Gefängnis zu bringen. Ralf hatte große
Angst vor einer Freiheitsstrafe, was mit ein Grund dafür sein
mochte, weshalb er sich noch fester an meine Mutter klammerte. Während der Kur war er ihr hinterhergereist, um ganz
in ihrer Nähe auf einem Campingplatz zu zelten. Natürlich
wusste meine Mutter, dass eine Beziehung mit einem Sucht-
kranken zu nichts Gutem führen konnte, doch in dieser spe-
ziellen Lebenssituation waren die beiden sich wohl gegen-

seitig der einzige Halt. Ich war oft wütend auf Ralf wegen seiner Trinkerei, doch auch wenn er alles andere als perfekt war, liebte er meine Mutter und würde sie niemals schlagen.

Von all den Problemen erzählte Mama mir jedoch kaum etwas, und so erfuhr ich das meiste erst später von meinen Pflegeeltern. Wie immer wollte meine Mutter mich nicht beunruhigen, und aus demselben Grund verschwieg ich ihr auch all die Dinge mit Onkel Dieter. Etliche Male stand ich kurz davor, ihr etwas zu erzählen, doch aus Angst, dass es ihr dann noch schlechter ginge, behielt ich es schließlich für mich.

6

Der Tag, an dem die Nacht begann

Vier Monate waren inzwischen vergangen, seit meine Mutter zur Kur gefahren war. Die Sommerferien hatten gerade erst angefangen, als sie überraschend anrief. Sie war zu Besuch nach Hause gekommen, ohne mir wie sonst vorher Bescheid zu geben.

»Ich setz mich sofort aufs Fahrrad und bin in zehn Minuten bei dir!«, rief ich glücklich ins Telefon. Mami blockte ab.

»Nein, mein Engel, das wäre heute nicht gut.«

Ich runzelte die Stirn. »Aber wieso denn nicht?«, fragte ich enttäuscht, und noch bevor Mami mir eine Antwort geben konnte, rief ich: »Biiiitte!« Normalerweise half Betteln immer, doch diesmal ließ Mami sich nicht erweichen. Ihre Stimme klang niedergeschlagen und tief erschöpft.

»Es war die letzten Tage so anstrengend – ich möchte nur noch schlafen.« Meine Mutter schluckte. »Sei nicht traurig, mein Käferchen. Ich bin so schrecklich müde.«

Ich versprach ihr, ganz leise zu sein und sie nicht zu stören, doch es half alles nichts.

»Ich liebe dich, mein Engel«, sagte meine Mutter schließlich. »Das darfst du niemals vergessen, egal was passiert! Du bist so ein tolles Mädchen – liebenswert, intelligent und hübsch. Ich bin sehr stolz auf dich!«

»Ich liebe dich auch, Mami!«, antwortete ich und fügte hinzu, dass ich gleich am nächsten Morgen in der Früh zu ihr fahren würde. Doch da hatte Mami den Hörer schon aufgelegt.

Am nächsten Tag war ich sehr zeitig wach. Startklar stand ich mit meiner Jacke unterm Arm im Flur und wollte gerade aufbrechen.

»Tschüss, bin jetzt weg!«, rief ich meinen Pflegeeltern vom Flur aus zu. Als ich schon halb draußen war, kam Tante Renate mir aus der Küche hinterhergelaufen.

»Ruf doch erst mal deine Mutter an, ob sie überhaupt da ist. Vielleicht ist sie ja beim Einkaufen.«

Irritiert sah ich meine Pflegemutter an. »Es ist Sonntag – wie soll sie denn da beim Einkaufen sein?«

Doch Tante Renate ließ nicht locker. »Sie könnte ja auch woanders sein – jemanden besuchen zum Beispiel«, gab sie zu bedenken. »Ruf erst an, und wenn deine Mutter zu Hause ist, darfst du gehen. Vorher nicht!«

Widerwillig schloss ich die Haustür, stapfte murrend zum Telefon und wählte unsere Nummer. Doch niemand hob ab. Ich legte auf und wählte erneut. Wieder ging keiner ran. Dann wählte ich ein drittes Mal. Diesmal ließ ich es so lange klingeln, bis das Besetztzeichen ertönte.

Beiläufig registrierte ich, dass Besuch zur Tür hereinkam. Es war Frau Woltersheim aus der Pflegeelterngruppe. Den Hörer am Ohr, begrüßte ich sie mit einem Nicken. Tante Renate kochte Kaffee und setzte sich mit Frau Woltersheim und Onkel Dieter an den Küchentisch. Ohne die Erwachsenen weiter zu beachten, nahm ich mir ein Glas Leitungswasser und versuchte erneut, meine Mutter zu erreichen. Wieder nichts.

»Setz dich doch ein bisschen zu uns«, forderte Frau Woltersheim mich auf, aber ich warf ihr einen missmutigen Blick zu und wählte wieder unsere Telefonnummer. Tante Renate wurde langsam ungeduldig.

»Jetzt sieh es doch endlich ein, deine Mutter ist nicht zu Hause!«, schimpfte sie. Frustriert legte ich den Hörer auf.

»So! Nun ist's gut mit Telefonieren!«, sagte Tante Renate energisch. »Geh auf dein Zimmer, du kannst es ja später noch einmal probieren.«

Verdrossen zog ich davon und vergrub mich in dem tiefen dunkelgrünen Sessel in meinem Zimmer. Die Knie bis zum Kinn hochgezogen, grübelte ich vor mich hin, als plötzlich Onkel Dieter in der Tür stand.

»Ich weiß, warum deine Mutter nicht ans Telefon geht«, sagte er leise. »Sie ist tot.«

Verstört sah ich meinen Pflegevater an. Dann kniff ich die Augen zusammen. »Was soll das? Warum sagst du so was?!«

Onkel Dieter kam einen Schritt näher. »Es ist wahr, deine Mutter ist tot«, wiederholte er.

Ich schlang die Arme fester um meine Unterschenkel und sah Onkel Dieter feindselig an. »Spinnst du!?«, zischte ich, aber er ließ sich nicht beirren.

»Sie hat sich heute Nacht das Leben genommen, zusammen mit Ralf.«

In mir zog sich alles zusammen. Warum verbreitete er nur solche Lügen? »Hat sie gar nicht! Das ist nicht wahr!«, fuhr ich ihn an.

Unbeholfen stützte Onkel Dieter sich auf meinem Bettrahmen neben der Tür ab.

»Doch, kannste mir glauben … in ihrem Auto, mit Abgasen.« Dann machte er eine kurze Pause und fügte hinzu: »Muss irgendwo im Wald gewesen sein.«

Hilflose Wut stieg in mir auf. »Sei still! Ich glaub dir kein Wort!«

Er machte zwei Schritte auf mich zu und kniete sich neben den Sessel. »Glaub mir, dein Vater hat heute früh angerufen und es uns gesagt.«

Irgendetwas in Onkel Dieters Stimme war seltsam. Ich spürte plötzlich einen dumpfen, lähmenden Schmerz, der

sich von meinem Bauch aus in meinem ganzen Körper ausbreitete.

»Interessiert mich nicht, was Papa schon wieder erzählt!«,
sagte ich mit erstickter Stimme. »Lass mich endlich in Ruhe!
Geh weg!«

Mein ganzer Körper krampfte sich zusammen, und tief
aus meiner Magengrube stieg Übelkeit auf. Onkel Dieter
sagte noch etwas, aber ich hörte es nicht mehr. Meine Arme
und Beine wurden schlagartig kalt. Jede Faser meines Körpers schien zu erstarren. Es war, als würde mein Blut einfrieren. Regungslos kauerte ich im Sessel und konnte kaum
noch atmen. Als ich nicht mehr reagierte, verließ Onkel Dieter mein Zimmer und schloss leise die Tür hinter sich. Ich
glaube, ich war einen Augenblick tot. Dann schlug ein unerträglicher Schmerz über mir zusammen und riss mich fort.

Ich weiß nicht mehr, wie ich an dem Kaffeekränzchen meiner Pflegeeltern vorbei zu meinem Fahrrad gelangte. Aber
kurze Zeit später raste ich wie besinnungslos die Anhöhe hinunter, sah nicht nach rechts und nicht nach links und hoffte,
ein Auto würde meinen Weg kreuzen. Aus Leibeskräften trat
ich in die Pedale. Der Fahrtwind peitschte mir die Tränen aus
dem Gesicht. Vor jeder Ausfahrt schloss ich die Augen und
biss die Zähne aufeinander – aber nichts passierte. Als wären
sämtliche Fahrzeuge an diesem Tag stehen geblieben, fand
ich mich irgendwann unverletzt neben der Heizung einer öffentlichen Toilette wieder. Ein gnadenloser Schmerz durch-
zog meinen Körper. Ein Schmerz, von dem ich nicht glaubte,
dass ich ihn überleben könnte. Ich heulte, bis ich mich über-
gab. Lautlos schrie ich mir die Seele aus dem Leib. Ich wollte
sterben, wollte einfach nichts mehr spüren, denn das, was
gerade geschah, war zu grausam, als dass ich es noch länger

hätte aushalten können. Ich wünschte mir den Tod herbei, doch das Leben hielt mich unbarmherzig in seinem Griff.

Leute kamen herein, schauten mich verschämt an und gingen auf die Toilette. Danach wuschen sie sich hastig die Hände, und während sie noch schnell einen neugierigen Blick auf mich warfen, verschwanden sie eilig wieder nach draußen. Hilfe suchend sah ich einer Frau hinterher. Unsere Blicke trafen sich kurz, und ich flehte sie in Gedanken an. »Bitte … bitte mach, dass es aufhört!« Der Raum erhellte sich für ein paar Sekunden, als sie die Tür öffnete und ein Licht-strahl hereindrang. Dann wurde es wieder dunkel. Die Tür klickte hinter ihr ins Schloss und ließ den Raum in qualvol-lem Grau zurück. Nur ein schwacher Schein fiel durch die vergitterte Luke am oberen Rand einer Wand und verwan-delte diesen Ort in eine trübe Gruft.

Ich weiß nicht mehr, wie lange ich dort hockte, in der aus-sichtslosen Hoffnung, ein Wunder möge geschehen und die letzten Stunden einfach auslöschen.

Irgendwann trat ich zitternd vor die Tür. Gleißendes Sonnenlicht stach mir ins Gesicht, und mein Kopf pochte schmerzhaft. Benommen zog ich mein Fahrrad aus dem Blu-menbeet, dann setzten sich meine Beine kraftlos in Bewe-gung. Immer einen Fuß vor den anderen, schob ich das Rad neben mir her. Alles erschien mir unwirklich, in meinem Kopf drehte es sich. Irgendwann stand ich draußen vor unse-rer Wohnung. Die Straße war menschenleer. Alles war ruhig, wie an einem ganz gewöhnlichen Sonntagmittag. So als wäre nichts geschehen. Mein Herz setzte mehrere Schläge aus. Vielleicht war es ja doch nur ein fürchterlicher Albtraum. Ich klammerte mich an diesen Gedanken und versuchte fieber-haft, meine Mutter hinter den Gardinen zu erkennen, doch vergebens. Der grüne Golf am Straßenrand forderte uner-bittlich nach Beachtung. Es war Mamis Auto. Zögernd trat ich einen Schritt näher. An den Reifen hafteten dicke Klumpen von Matsch und Erde. Die Polizei musste den Wagen bereits aus dem Wald hierhergebracht haben. Mit stockendem Atem trat ich einen weiteren Schritt auf Mamis Golf zu und starrte auf den langen dicken Schlauch, der durch die Heckscheibe des Kofferraums die schreckliche Wahrheit offenbarte.

Plötzlich stand Onkel Dieter neben mir. Ich wollte weglaufen, aber mir fehlte die Kraft. Er nahm meinen Kopf und drückte mein Gesicht an seine Brust. Ich schnappte nach Luft.

»Ist schon gut«, sagte mein Pflegevater. »Ist schon gut.« Dann zog er mich hinter sich her zu seinem Auto und brachte mich zurück zu Tante Renate. Die Fahrt lief seltsam unwirklich an mir vorbei.

Tante Renate machte meinem Pflegevater heftige Vorwürfe, weil er mir eigenmächtig alles erzählt und mich dann auch noch hatte weglaufen lassen. Onkel Dieter verteidigte sich trotzig.

»Ihr Vater hält es ja offenbar nicht für nötig, herzukommen und es ihr selbst zu sagen. Wie lange wolltet ihr sie denn noch hinhalten?«

»Das könnt ihr später besprechen«, mahnte Frau Woltersheim und wandte sich mir zu. »Komm mal mit mir«, sagte sie und zog mich beiseite, in Richtung Küche. Ich ließ es geschehen. Alles um mich herum war wie in einem verschwommenen Film, dessen Inhalt ich einfach nicht verstand. Mir war schlecht, und ich konnte mich kaum auf den Beinen halten. Frau Woltersheim merkte nichts von alledem.

»Was hältst du davon, wenn du uns nächste Woche einmal besuchst? Hannes ist auch da, ihr könnt Kricket im Garten spielen!«

Mein Kopf drohte zu zerplatzen. Was erzählte die Frau

da? Kricket? Benommen starrte ich sie an. Zu meinem Schmerz gesellte sich ein stummes Entsetzen über ihr Geschwätz. Ich wollte weg, nichts mehr hören müssen, doch ich war unfähig, irgendetwas aus eigener Kraft zu tun. Widerstandslos ließ ich mich von Frau Woltersheim weiter in die Küche ziehen, wo sich ein schier endloser Schwall unerträglicher Banalitäten über mich ergoss. Das bedeutungslose Geschwafel dieser Frau erschien mir wie höhnende Fußtritte gegen die Würde meiner Mutter. Die Minuten quälten sich an mir vorbei, doch ich blieb zurück und verharrte in meinem Schock. Irgendwann verstand ich, dass diese Frau fest entschlossen war, mich erst dann gehen zu lassen, wenn sie mir ein Lächeln abgerungen hatte. Es war der letzte Hauch von Respekt, der zerquetscht wurde, dieser Zwang, meine Mundwinkel zu einem Lächeln auseinanderzuzerren. Ein Lächeln angesichts des Todes meiner Mutter. Innerlich starb ich, doch danach durfte ich endlich in mein Zimmer verschwinden.

Am nächsten Tag bekam ich meinen Vater dann doch zu Gesicht. Er wollte, dass ich bei ihm übernachtete. Niemand sollte später sagen können, er habe mich im Stich gelassen. Noch immer befand ich mich im Schockzustand, aber das interessierte keinen. Abends in Papas Haus las Frau Schickert im Beisein aller einen Abschiedsbrief von meiner Mutter und Ralf vor und drückte dabei ein paar Krokodilstränen hervor.

Damals wusste ich noch nicht, warum auch Ralf sich das Leben genommen hatte, wenngleich ich spürte, dass meine Mutter und er diese furchtbare Entscheidung aus ganz unterschiedlichen Gründen getroffen hatten. Erst Jahre später erfuhr ich die Wahrheit: Frau Schickert hatte es tatsächlich geschafft, dass ihr Exmann zu einer Gefängnisstrafe verurteilt worden war, was Ralf endgültig den Boden unter den Füßen weggerissen hatte. Das jedoch verheimlichte sie bei ihrem

Schmierentheater vor uns Kindern, und hätten es mir meine Pflegeeltern nicht irgendwann erzählt, hätte wohl auch keiner von uns je davon erfahren. An diesem Abend aber war ich viel zu verzweifelt, um mir über Ralfs Beweggründe Gedanken zu machen.

Der furchtbare Film ging weiter, Minute für Minute und Stunde für Stunde, daran sollte auch der nächste Morgen nichts ändern.

Papa fuhr mit meinem Bruder und mir in die Kapelle, in der man Mami und Ralf aufgebahrt hatte, doch wir waren nicht alleine. Vielleicht wollte Papa denselben Weg nicht zweimal fahren, jedenfalls kamen Frau Schickert und ihre Töchter gleich mit. Das Ganze geriet zu einer Art Gruppenabfertigungsabschied. Es gab keinen stillen Moment, um Lebewohl zu sagen. Keine letzten liebevollen Gedanken, die ich alleine mit meiner Mutter haben durfte. Dieser private Augenblick wurde Frau Schickert preisgegeben, jener Person, die ich von allen Menschen auf der Welt in dieser Situation zweifellos am wenigsten dabeihaben wollte. Zum Glück spürte ich, dass die leblosen Körper in den geöffneten Särgen nur mehr verlassene Hüllen waren. Und trotzdem war es mir unerträglich, wie Frau Schickert auf meine Mutter herabgaffte – jetzt, wo Mami so völlig wehrlos dalag. Tränen schossen mir in die Augen, und ich konnte mich kaum auf den Beinen halten, so unerträglich weh tat es. Doch niemand hielt mich fest. Niemand kam zu mir. Papa ließ mich völlig alleine da stehen, während die Tränen unaufhörlich über mein Gesicht liefen. Niemand, der mich auffing, kein Mensch nahm meine Hand, nicht einmal ein Streicheln über den Kopf. Und da spürte ich es klar und unwiderruflich: Von nun an war ich ganz und gar allein auf dieser Welt.

৶৶৶

Zur Beerdigung versammelte sich das halbe Dorf. Sämtliche Verwandten und Bekannten, die ich seit Jahren nicht gesehen hatte, reisten an, und etliche Neugierige kamen auch. Die Kapelle platzte aus allen Fugen, sodass sich eine riesige Menschenmenge, die nicht mehr in die kleine Kirche passte, auf dem Platz davor scharte. Die meisten kannte ich nicht einmal. Nur Inas Mutter drückte meine Hand.

»Herzliches Beileid«, sagte sie. »Es tut mir schrecklich leid!«

Ich war froh, sie unter den vielen fremden Menschen zu sehen, doch meine Pflegeeltern zogen mich barsch von ihr weg und schoben mich durch die Menge in die Kapelle. Es war ein fürchterliches Gedränge und Geraune. Vorne standen die beiden Särge, umgeben von einem Meer aus Blumen und Kränzen. Stockenden Schrittes bewegte ich mich darauf zu. Wieder krampfte sich in mir alles zusammen, und der grauenhafte Schmerz, der mich seit Tagen wie ein Schatten begleitete, durchfuhr mich. Die Menschenmasse versperrte mir den weiteren Weg nach vorne. Ich blieb stehen und blickte zwischen den Leuten hindurch auf die hölzernen Särge. Mein Gesicht war verschmiert von Tränen und meine Augen so verquollen, dass ich alles nur verschwommen sehen konnte. Plötzlich nahm mich jemand hektisch beiseite und wies mir einen Platz irgendwo in der dritten Reihe zu. Als der Pfarrer die Kanzel bestieg, wurde es leiser, nur mein Schluchzen und das eines anderen hallten durch den Raum.

❦❦❦

Einmal noch durfte ich in unsere Wohnung – ein letztes Mal nach Hause kommen. Papa wollte sich einen Überblick über unsere Sachen verschaffen, doch weil er als Exmann nichts in unserer Wohnung zu suchen hatte, wurde beschlossen, dass Onkel Dieter und ich ihn begleiten sollten.

Nach all der Trauer und Verzweiflung begrüßte meine Insel mich mit einem warmen Licht, das durch die Fenster fiel. Zarte Sonnenstrahlen streichelten über mein Gesicht, als wollten sie meine Tränen trocknen und sagen: »Ich bin bei dir, mein Käferchen.«

Tief sog ich den vertrauten Geruch in mich auf und blickte mich um. Es sah aus, als wäre meine Mutter nur kurz zum Einkaufen gegangen, als würde sie jeden Moment zur Tür hereinkommen und mich in ihre Arme nehmen. Ich versuchte diesen Gedanken festzuhalten. Mein Blick schweifte durch das Zimmer und blieb an dem Ölgemälde an der Wand hängen. Es zeigte ein efeubewachsenes Burgschloss aus Bruchstein, das an einen geheimnisvoll wirkenden Park grenzte. Majestätisch ragte der gezackte Eckturm über dem von Balustraden und Pechnasen verzierten Hauptgebäude auf. Über eine Abzweigung des schilfgesäumten Teichs in der Mitte des Bildes führte eine alte Steinbrücke. Verschwommen spiegelten sich die Stufengiebel des Schlosses im Wasser. Die Reste eines gotischen Eisenzäunchens ließen den Park wie den verwunschenen Garten in einer anderen Welt erscheinen.

Meine Gedanken gingen auf die Reise. Ich sah meine Mutter, wie sie vor der Staffelei stand, ganz vertieft in ihre Malerei. Wieder konnte ich den Duft des frisch gemähten Rasens riechen. Das aufgeregte Zirpen der Grillen klang in meinen Ohren, als wären wir erst gestern dort gewesen.

»Wir müssen gehen!«, drängte sich Papas Stimme in meine Gedanken, doch ich reagierte nicht. Fest klammerte ich mich an meine Erinnerung, die in diesem Augenblick so klar und lebendig war, als wolle sie mir ein Fenster öffnen, durch welches ich für immer in sie hineinschlüpfen konnte.

»Na komm schon!«, forderte die Stimme noch einmal, doch wieder machte ich keine Anstalten zu gehen. Papa wurde ungeduldig. »Los jetzt, es wird Zeit!«, sagte er und machte dabei eine Geste, als wolle er eine Herde Schafe antreiben.

Schlagartig hatte mich die grauenhafte Realität wieder. Ich blickte mich um und versuchte mir den Raum für alle Ewigkeit einzuprägen. Wie der Stuhl vor dem Schreibtisch stand, wie die Bücher im Regal aufgereiht waren, wie die Decke zur Hälfte von der Schlafcouch heruntergeglitten war …

Auf dem Sofa lag wie sorgfältig dorthin drapiert Mamas kleines besticktes Stoffbeutelchen. Es befanden sich ein paar Schmuckstücke und ein zusammengefalteter Zettel darin. *Für dich, liebe Svenja. Deine Mami*, stand darauf zu lesen – das Abschiedsgeschenk meiner Mutter.

»Jetzt komm endlich!«, drängte Papa ein weiteres Mal, und im nächsten Augenblick legte Onkel Dieter die Hände auf meine Schultern und schob mich zur Tür hinaus.

Es war das letzte Mal, dass ich in unserer Wohnung sein durfte. Ein paar Tage später verschacherte mein Vater unsere Einrichtung und Besitztümer an den Meistbietenden und mit ihnen die Reste meines bisherigen Lebens. Von dem Geld aus den Erlösen sahen weder mein Bruder noch ich jemals einen Pfennig. Einzig die Abfindung von unserem Haus hatte meine Mutter noch rechtzeitig für Lasse und mich in Sicherheit bringen können. Bis zu unserer Volljährigkeit würde ein Notar das Geld für uns verwahren. Als hätte sie es geahnt, tauchte mein Vater kurz nach ihrem Tod genau deswegen bei ihm auf. Mama jedoch hatte vorgesorgt, und was immer mein Vater auch hatte anstellen wollen, es gelang ihm nicht, sich das Geld anzueignen. Lauthals beschwerte er sich darüber, dass er wegen Mama und Ralf doch glatt seinen Urlaub um drei Wochen habe verschieben müssen. Die Kaltschnäuzigkeit dieser Aussage schien ihm gar nicht bewusst.

Ich war dermaßen in meiner Trauer gefangen, dass ich mir kaum Gedanken gemacht hatte, was mit mir passieren würde. Das Gefühl von Verlust war so übermächtig, es ließ alles andere in sich untergehen. Lasse sollte bei meinem Vater bleiben, und es wunderte mich kaum, dass für mich dort auch jetzt kein Platz sein würde. Ich musste weiterhin bei meinen Pflegeeltern wohnen, andere Möglichkeiten gab es für mich nicht, wie mir erklärt wurde. Es war ein Schock für mich, aber da es ohnehin keinen Ausweg gab, wagte ich es nicht, mich zu widersetzen und damit die Leute zu verärgern, die in den nächsten sechs Jahren über mein Schicksal zu bestimmen hatten.

Nachdem alles geregelt war, fuhr mein Vater mit seiner Familie in den verspäteten Urlaub. Mich, seine einzige leibliche Tochter, zählte er nicht zu seiner Familie. Stattdessen wurde mir von meinen Pflegeeltern im Schnellverfahren beigebracht, wie ich als Waisenkind von nun an zu funktionieren hatte. Meine Weigerung, sie »Mama« und »Papa« zu nennen, brachte mir großen Ärger ein, und was meine Mutter anbelangte, so sollte ich von ihr am besten überhaupt nicht mehr reden. Sie war fortan tabu.

Mir dämmerte, dass sich meine Situation ohne den Schutz meiner Mutter weiter verschlechtern würde, und so gesellte sich zu meinem Gefühl von Verlorenheit das des Ausgeliefertseins hinzu.

Meine Mutter war zerstört worden – gewaltsam, unerbittlich und systematisch. Jetzt war sie tot … und ich musste bleiben.

7

Bis acht zählen

Damals, auf meiner Sommerwiese, war ich mir so sicher gewesen, dass kein Kind mehr geliebt werden könnte als ich. Nun aber war alle Geborgenheit davongeweht, als wäre ein Sturm über der Wiese niedergegangen und hätte die Blumen mit sich gerissen, die Blumen und die Wärme. In der Zukunft würde ich von dem zehren müssen, was meine Mutter mir in der kurzen gemeinsamen Zeit geschenkt hatte: bedingungslose Liebe.

Es war schwer zu begreifen, dass ich Mami nie mehr wiedersehen würde. Und noch etwas anderes war schwer: dass mit einem Mal niemand mehr da war, der mich behüten und auffangen würde. Dabei fiel ich so tief von unserer Insel hinab in einen Abgrund der Einsamkeit und Schutzlosigkeit.

Die ersten Wochen bei den Pflegeeltern hatte ich ausgehalten, weil ich fest daran geglaubt hatte, es sei nur vorübergehend. Dann hatte ich durchgehalten, um meiner Mutter nicht noch mehr Sorgen zu bereiten. Doch ich hatte immer gewusst, dass sie mich im Notfall dort wegholen würde. Nun aber gab es keinen mehr, der für mich einstehen würde. Bestimmt nicht mein Vater – und auch meine anderen Verwandten nicht.

Eines Tages, kurz nach dem Tod meiner Mutter, stand Tante Issa plötzlich bei den Pflegeeltern vor der Tür. Sie war Mamas Schwester und hatte ihre Mutter mitgebracht – meine andere Oma –, doch zu beiden hatte ich in den vergangenen Jahren kaum Kontakt gehabt. Gerade hatte ich die

Haustür geöffnet und sie begrüßt, da kam Tante Renate angelaufen. Keine drei Worte durfte ich mit meinen Verwandten reden, geschweige denn ein Eis mit ihnen essen gehen, wie Tante Issa vorschlug. Insgeheim hoffte ich, meine Tante und meine Oma würden mich mitnehmen, aber meine Pflegemutter ließ sie nicht einmal zur Tür herein.

»Geh bitte auf dein Zimmer!«, schickte sie mich fort, und als ich nicht gleich gehorchen wollte, sah sie mich zornig an und sagte: »Jetzt sofort!«

Ich war furchtbar traurig, weil ich so gerne jemanden von meiner richtigen Familie getroffen hätte – jemanden, zu dem ich wirklich gehörte und der Mami nahe gewesen war.

Statt auf mein Zimmer zu gehen, versteckte ich mich hinter der Flurtreppe und lauschte.

»Svenja ist jetzt hier bei uns zu Hause«, hörte ich meine Pflegemutter sagen, und dass Oma und Tante Issa besser gleich wieder gehen sollten. Es gab eine kurze Diskussion, und wenig später klackte die Haustür ins Schloss. Heimlich lief ich zum Küchenfenster und sah ihnen hinterher, sah, wie sie wegfuhren und mich zurückließen. Danach kam niemand mehr.

Vielleicht hätte ich Tante Issa schreiben können – heimlich, denn Tante Renate kontrollierte meine Briefe. Aber das traute ich mich nicht, diese Hürde war zu groß. Vermutlich hätte ich es nicht einmal gewagt, ihr von Onkel Dieters Übergriffen zu erzählen – es auch noch aufzuschreiben war für mich undenkbar. Seit Mamas Tod gab es niemanden mehr, dem ich vertrauen konnte. Keinem Verwandten, keinem Lehrer, keinem Vertreter des Jugendamts und schon gar nicht meinem Vater oder den Pflegeeltern. Ich war ihnen allen gleichgültig, und ich musste die Erfahrung machen, dass es Menschen gab, die meine Schutzlosigkeit rücksichtslos ausnutzten: um ihre Schuld zu vertuschen, um den eigenen

Lebensentwurf zu realisieren oder um ihre Macht über mich zu demonstrieren, ihre Gewalt ungestraft auszuüben und ihre sexuellen Gelüste zu stillen.

❧❧❧❧

Meine Situation bei den Pflegeeltern hatte sich seit Mamas Tod drastisch verschlechtert. Und obwohl Papa mir des Öfteren zu verstehen gab, dass er überhaupt nichts von ihnen hielt, brachte er zu meinem Schreck einmal das Wort »Adoption« auf den Tisch. Aber zum Glück zeigten meine Pflegeeltern kein großes Interesse daran – nicht, was mich betraf. Meine Pflegeeltern wünschten sich ein jüngeres Kind, nicht eines, das sie zwingen mussten, sie »Mama« und »Papa« zu nennen. Am liebsten ein Baby, so Tante Renate, aber weil Onkel Dieter schon älter sei, mache das Jugendamt in dieser Hinsicht Probleme. Glücklicherweise wollte Papa mich nicht wirklich zur Adoption freigeben, was meine Pflegeeltern wiederum als Beleidigung empfanden.

»Bei sich haben will er dich nicht, dein toller Vater, aber alles bestimmen, das will er schon«, sagte Onkel Dieter eines Abends, und Tante Renate fügte hinzu:

»Denkt der etwa, wir könnten nicht mit Kindern umgehen? Hält sich wohl für was Besseres, der Herr Lehrer!«

Meine Pflegeeltern ärgerten sich darüber, dass sie ab jetzt ständig nach Papas Pfeife tanzen mussten, wie Tante Renate es nannte, aber schließlich besannen sie sich auf das Praktische.

»Das mit deiner Mutter war halt eine glückliche Fügung«, rutschte es Tante Renate einmal heraus, und für einen kurzen Moment erstarrte ich. »Wer weiß, ob wir sonst überhaupt noch ein Kind bekommen hätten.«

Wohl oder übel nahmen sie meinen Vater deshalb in Kauf,

und schließlich, so Tante Renate, könne ich ja nichts dafür, dass mein Vater »ein arroganter Kotzbrocken« sei.

Ganz aufgegeben hatte meine Pflegemutter die Hoffnung auf ein kleines Adoptivkind aber noch nicht, weshalb ich für dieses fiktive Kind sogar schon mein Zimmer hatte räumen müssen. Seit Kurzem wohnte ich im Keller neben dem Bad, was zumindest für Onkel Dieter recht komfortabel war. Seit Mamas Tod hatte das Gegrapsche und Geküsse schlagartig zugenommen, und hier unten konnte ich meinem Pflegevater kaum noch entkommen. Der einzige Weg von meinem Zimmer nach oben führte durch den Partykeller, sodass Onkel Dieter einfach nur an der Bar stehen und abwarten musste. Früher oder später erwischte er mich immer, und das Schlimmste daran war, dass ich jetzt nicht einmal mehr auf ein Ende hoffen konnte. »Ist ja bald vorbei«, hatte ich mir die ganzen letzten Monate gesagt. »Die paar Wochen hältst du noch aus!« Jeden Tag hatte ich mit der Nachricht gerechnet, dass Mami endlich nach Hause käme. Was auch immer passierte, es konnte nicht mehr lange dauern, hatte ich mich getröstet, und fast hatte ich mich dadurch ein bisschen immun gegen Onkel Dieter gefühlt. Von nun an aber war alles anders. Ich war weder immun, noch war ein Ende in Sicht. Wenn ich meinem Pflegevater jetzt in die Hände fiel, war da nur noch das bleierne Gefühl des Ausgeliefertseins.

Manchmal presste Onkel Dieter mich so fest an sich, dass ich dabei sein hartes Ding in der Hose spürte. Das erste Mal war ich heftig erschrocken und hatte ihn wegdrücken wollen, was ihm natürlich gar nicht gefiel. Tagelang hatte er mich anschließend dafür büßen lassen, weshalb ich fortan darauf bedacht war, ihn besser nicht zu verärgern. Irgendwann zwang ich mich, nichts mehr zu fühlen, was mir aber nur schlecht gelang. Ich versuchte mich an dem Gedanken festzuklammern, dass es unmöglich noch schlimmer werden könnte, doch wie sich herausstellen sollte, war das ein großer Irrtum.

Ich kam gerade aus meinem Zimmer und wollte mich unbemerkt ins Bad stehlen, als plötzlich wie aus dem Nichts Onkel Dieter vor mir im Halbdunkel auftauchte.

»Na, bekommt man dich auch mal wieder zu Gesicht?«, fragte er vorwurfsvoll. »Was verkriechst du dich eigentlich den ganzen Tag in deinem Zimmer, hä?«

»Ich lerne … für die Schule!«, antwortete ich wie aus der Pistole geschossen. Das war natürlich gelogen, aber es klang zumindest nach einer logischen Erklärung.

Onkel Dieter kam noch einen Schritt näher, griff nach meinem Arm und zog mich zu sich heran.

»Na, dann hast du dir ja jetzt eine kleine Pause verdient, was?«

Ich fühlte mich wie in der Falle. Um Onkel Dieters fauligem Atem auszuweichen, drehte ich mich etwas zur Seite, doch mein Pflegevater hatte mich fest im Griff.

»Na, was is'? Bekomme ich ein Küsschen von meinem kleinen Mädchen?«

Nur mit Mühe konnte ich meine Abscheu verbergen. Möglichst unauffällig, um Onkel Dieter nicht schon wieder gegen mich aufzubringen, versuchte ich millimeterweise Abstand zu gewinnen.

»Jetzt hab dich mal nicht so«, sagte er verärgert. »Du tust ja gerade so, als hätte ich sonst was von dir verlangt!«

»Ich … ich muss doch für die Schule lernen«, sagte ich, aber mein Pflegevater wehrte argwöhnisch ab.

»Jaja, für die Schule … Biste auf einmal unter die Streber gegangen?« Dann huschte ein verschmitztes Grinsen über sein Gesicht. »Mir brauchste doch nichts vorzumachen!« Seine Stimme nahm einen verschwörerischen Tonfall an, ganz so, als wären wir zwei Verbündete, die einen geheimen Plan ausheckten. Ich war erleichtert, dass Onkel Dieters Laune noch einmal gerettet war, und täuschte ein kleines Lächeln vor.

Mein Pflegevater schien zufrieden. »Na, jetzt komm schon, ein kleines Küsschen«, drängte er, und um seine Laune nicht doch noch kippen zu lassen, gab ich ihm einen schnellen Kuss auf die Wange.

»War das alles?«, brummte Onkel Dieter enttäuscht, und dann drückte er seinen Mund auf meinen. So fest ich konnte, presste ich die Lippen zusammen, aber Onkel Dieters Zunge bohrte sich einen Weg zwischen ihnen hindurch. Kalter Ekel durchfuhr mich, und ich hatte ihm nichts entgegenzusetzen als die Hilflosigkeit eines abhängigen Kindes. Speichel sammelte sich in meinem Mund, und ich versuchte, nicht zu schlucken. Mir wurde schlecht von Onkel Dieters Mundgeruch. Er schloss die Arme um meinen kleinen Körper und ließ eine Hand zu meinem Hintern wandern, dann packte er mich fest und drängte sich noch dichter an mich. Um es auszuhalten, fing ich in Gedanken an zu zählen. »Eins – zwei – drei – vier …« Bei »acht« ließ er heftig atmend von mir ab. Wegen der Spucke in meinem Mund konnte ich nicht reden, aber das erwartete Onkel Dieter auch gar nicht. Beschwingt klopfte er mir auf den Hintern.

»Na, jetzt mal los – lern schön für die Schule«, sagte er mit heiserer Stimme.

Ich war entlassen. Eilig lief ich ins Badezimmer und schloss ab. Endlich konnte ich ausspucken. Ich musste würgen, und schließlich erbrach ich mein Mittagessen ins Waschbecken. Schaudernd spülte ich den Mund aus und wusch mir übers Gesicht. Meine Gedanken fuhren Achterbahn. Was sollte ich jetzt tun?! Was konnte ich überhaupt tun?! Wer würde mir das glauben? Mein Vater jedenfalls nicht. Ich versuchte, einen klaren Gedanken zu fassen. Die

Frauen vom Jugendamt? Meine Tante Issa, die ich in meinem ganzen Leben viermal gesehen hatte – die Beerdigung und den Besuch bei den Pflegeeltern schon mit eingerechnet? Irgendeine meiner Lehrerinnen, von denen ich mir sicher war, dass mich keine von ihnen wirklich leiden konnte? Keinesfalls! Es war, als prallten meine Gedanken allesamt gegen eine Wand. Und dann durchfuhr mich auch noch ein Gedanke, der weit schlimmer war als das Gefühl des Ausgeliefertseins: Was, wenn ich jemandem davon erzählte und derjenige meinen Pflegeeltern davon berichtete, anstatt mich hier rauszuholen? Dann wäre ich völlig verloren. Augenblicklich sah ich klar. Es gab niemanden, mit dem ich hierüber reden konnte, absolut niemanden.

Zudem wäre ich vor lauter Scham ohnehin lieber gestorben, als dass ich jemandem von diesen Schweinereien erzählt hätte. Allein schon der Gedanke an solch ein Gespräch ließ mich innerlich erstarren, und in diesem Moment wünschte ich mir aus vollem Herzen, meine Mutter hätte mich einfach mit in den Tod genommen.

❧❧❧

Ich war froh, als die Sommerferien endlich vorbei waren. Eigentlich mochte ich die Schule nicht besonders, doch als ich zuletzt dort gewesen war, hatte mein altes Leben noch existiert. Irgendwie hoffte ich, in der Schule könnte es einfach dort weitergehen, wo es am letzten Schultag aufgehört hatte – vor sechs Wochen, als Mama noch da gewesen war. Aber nichts dergleichen passierte. Meine Klassenkameraden erzählten in den Pausen von tollen Urlaubsreisen mit ihren Eltern, und meine Mutter war immer noch tot. Irgendwann hielt ich es nicht mehr aus und schloss mich in den restlichen Pausen auf der Toilette ein. Niemand an meiner Schule wusste, was in den Sommerferien passiert war, nicht die Lehrer und auch nicht meine Schulfreundin Susanne. Ich erzählte es keiner Menschenseele, ich konnte nicht darüber reden, es war viel zu schmerzhaft. Damals hörte ich damit auf, Dinge zu erzählen – vor allem, wenn es um mein Zuhause ging. Ich hatte jetzt kein Zuhause mehr. Da waren nur noch die Pflegeeltern, und was dort vor sich ging, sollte bloß niemand erfahren.

Jeden Tag kam Onkel Dieter bereits mittags von der Arbeit, und wenn er von Tante Renate nach dem Essen nicht gerade zum Aufräumen der Garage oder ähnlichen Arbeiten verdonnert wurde, verbrachte er viel Zeit mit Rauchen unten an der Bar. Nie konnte ich einfach mal rasch durch den Keller in mein Zimmer oder von dort auch nur ins Bad gehen. Ständig musste ich aufpassen, wo Onkel Dieter sich gerade aufhielt. Aber so vorsichtig ich auch war, bestimmt einmal am Tag fiel ich ihm trotzdem in die Hände, und dann presste er mir wieder seine glitschige, nach faulen Eiern stinkende Zunge in den Mund und stocherte in mir herum. Er legte seine wulstigen Hände auf meinen Hintern, drückte mich fest an seinen Körper und rieb röchelnd seinen steifen Penis an mir. Manchmal konnte ich dabei kaum meinen Würgereflex unterdrücken. Aber auch wenn ich oft selbst nicht wusste, wie ich es überstehen sollte, mit Luftanhalten und Zählen schaffte ich es dann doch immer irgendwie. Wenn ich stillhielt und mich nicht wehrte, war es mit etwas Glück bei »acht« vorbei. Aber wenn ich mich sehr dagegen sträubte, dauerte es länger, und ich musste Luft holen. Ich hatte dabei immer Angst, irgendetwas von Onkel Dieter einzuatmen, etwas, das für immer in mir drinnen bliebe, so wie es bereits seine Spucke tat. Lieber brachte ich das Ganze schnell hinter mich, denn selbst ohne Einatmen fühlte ich mich innerlich schon völlig verseucht von Onkel Dieter.

Meinen Klassenkameraden und Freunden gegenüber fühlte ich mich wie eine Betrügerin. Ich spielte ihnen vor, ich sei ein normales Mädchen, aber das war ich nicht mehr. Ich war zu etwas anderem geworden – etwas Abstoßendem, Ekeligem, Minderwertigem.

In meinem tiefsten Innern wusste ich wohl, dass Onkel Dieters Übergriffe nicht meine Schuld waren – wäre es einem anderen Kind passiert, hätte ich keine Sekunde gezögert, ihm das in seinen Kopf zu hämmern. Hier aber ging es nicht um irgendein anderes Kind, hier ging es um mich. Und obwohl ich es ständig am eigenen Leib zu spüren bekam, war die Vorstellung, dass es tatsächlich Missbrauch war, was mir tagtäglich passierte, noch immer nicht fassbar für mich.

Seit Mama nicht mehr da war, änderte sich vieles zum Schlechten. Wegen meiner Skoliose sollte ich zweimal wöchentlich zur Krankengymnastik gehen, worauf meine Mutter sehr viel Wert gelegt hatte. »Das ist ganz wichtig, damit du später keine Probleme mit dem Rücken bekommst«, hatte sie immer gesagt, aber Tante Renate sah das anders. Ihr war »das ständige Theater mit den Rezepten und Terminen« zu viel, und nachdem sie befunden hatte, ich sei ja gar nicht so schief, beendete sie kurzerhand meine Therapie. Im Vergleich zu dem, was sonst passierte, war das keine große Sache, doch es war symptomatisch: Es ging ganz einfach nicht um mich. Nicht um meine Gesundheit, nicht um meine Gefühle und nicht um meine Sicherheit.

Gelegentlich kamen Frau Gabriel und Frau Ahrens vom Jugendamt vorbei, um nach dem Rechten zu sehen. Für gewöhnlich hörten sie sich aber nur die Beschwerden meiner Pflegeeltern an, gaben ein paar kluge Ratschläge und gingen wieder. Gebessert hatte sich durch ihre Besuche noch nie etwas – jedenfalls nicht für mich. Meistens durfte ich bei den

Gesprächen nicht einmal dabei sein, und auch später erfuhr ich nicht, was hinter verschlossener Tür beredet worden war. Einmal hatte ich Frau Gabriel erzählt, dass ich von Onkel Dieter geschlagen wurde, aber darauf war sie gar nicht groß eingegangen.

Frau Gabriel und Frau Ahrens führten eine kleine Pflegekindergruppe. Das waren um die fünf Mädchen aus Pflegefamilien, mit denen sie alle paar Wochen etwas unternahmen. Ich gehörte eigentlich auch dazu, aber Tante Renate sah es nicht gern, wenn ich dort hinging.

»Das brauchen nur Kinder, bei denen es zu Hause nicht stimmt, aber das ist bei dir ja nicht der Fall«, entschied sie. Es war deshalb erst das zweite Treffen für mich, als wir eines Nachmittags alle zusammen ins Schwimmbad gingen. Es wurde ein richtig schöner Tag, vor allem, weil meine neue Freundin Caro auch dabei war. Wir hatten jede Menge Spaß, alberten mit Frau Gabriel herum und sprachen über Mädchenkram und solche Sachen. Frau Gabriel wirkte an diesem Tag auf mich wie eine große Freundin, mit der man über fast alles reden konnte. In der Umkleidekabine erzählten Franzi und Silvia ihr sogar, dass sie schon einmal einen Jungen geküsst hatten. Frau Gabriel zwinkerte den beiden grinsend zu, und Frau Ahrens meinte, man solle das aber nicht so oft tun, weil es sonst nicht mehr schön sei. Die anderen kicherten, weil Frau Ahrens immer so spröde war, doch mich beschäftigte in diesem Moment etwas ganz anderes.

Ich überlegte fieberhaft, ob ich Frau Gabriel die Sache mit Onkel Dieter erzählen könnte. Vielleicht würde mir ja doch jemand helfen, diese Sabberei, wie ich es im Stillen nannte, zu beenden! Ich hatte Angst, Frau Gabriel würde mir nicht glauben oder, noch schlimmer, es meinen Pflegeeltern weitererzählen – aber ich wusste mir keinen anderen Rat, und irgendwas musste ich ja tun.

Als die Rede aufs Küssen gekommen war, hatte ich mich im Umkleideraum extra neben Frau Gabriel gesetzt, und während alle einen Augenblick lang mit anderen Dingen beschäftigt waren, holte ich tief Luft. Es kostete mich eine Menge Kraft, mich zu überwinden.

»Onkel Dieter, der … der macht das auch mit mir«, flüsterte ich ihr unbeholfen zu. Schlagartig schoss mein Puls in die Höhe, und ich spürte, wie ich vor Scham rot wurde. Frau Gabriel sah mich kurz an und lächelte. Mein Hals war wie zugeschnürt, doch bevor meine Stimme komplett versagte, fügte ich schnell hinzu: »Ich meine, das mit dem Küssen und so.« Mein Herz klopfte wie wild, und ich wartete ängstlich auf eine Reaktion. Aber nichts passierte. Frau Gabriel sah mich noch einmal an, schüttelte ihr Handtuch aus und faltete es zusammen.

»Bist du so weit?«, fragte sie mich. »Zack, zack, wir müssen uns beeilen!« Dann wandte sie sich den anderen zu. »Seid ihr alle fertig? Hopp, ein bisschen Beeilung, meine Damen! Sonst müssen wir Nachschlag bezahlen!«

Hastig rollte ich meinen nassen Bikini in das Handtuch und stopfte es in die Tasche. Glaubte Frau Gabriel mir nicht, oder hatte sie mich nicht verstanden? Meine Knie waren wie Gummi, und ich schämte mich in Grund und Boden. Vielleicht hielt sie mich jetzt für einen schlechten Menschen, weil ich so über Onkel Dieter geredet hatte. Womöglich war ich sogar ein schlechter Mensch, weil ich Böses dachte, während andere die Sache mit Onkel Dieter vielleicht völlig bedeutungslos fanden. Mit einem Schlag war es wieder da, dieses bleierne Gefühl des Ausgeliefertseins. Einen Moment hatte ich es in Schach halten können durch die vage Zuversicht, Frau Gabriel würde mir helfen. Doch jetzt war es zurückgekehrt – größer und hoffnungsloser als je zuvor.

Danach waren die Gruppentreffen für mich erledigt, und das nicht nur, weil keine mehr stattfanden, wie Tante Renate plötzlich behauptete. Wie ich Jahre später erfuhr, war das gelogen gewesen, aber ich wäre wohl auch sonst nicht mehr hingegangen. Dort half mir ja auch keiner, so viel wusste ich jetzt. Das Jugendamt war nicht mein Freund – vielleicht war es sogar mein Feind? Auf jeden Fall war es die Instanz, die allen anderen ein Alibi verlieh: Man würde sich von Amts wegen schon darum kümmern, wenn etwas schieflief. Solange das Jugendamt signalisierte, dass alles in Ordnung sei, dann war das auch so.

Ich bereute zutiefst, dass ich mich Frau Gabriel anvertraut hatte, doch der allergrößte Schreck sollte erst noch kommen.

Zwei Tage später, beim Mittagessen, rutschte mir fast das Herz in die Hose. Onkel Dieter erzählte von einem Kollegen aus der Fabrik, der sich an seiner Tochter vergriffen hatte.

»An seiner eigenen Tochter«, wiederholte Onkel Dieter inbrünstig, »das muss man sich einmal vorstellen!« Er war außer sich vor Entrüstung. »Das ist unterste Schublade!«, schimpfte er. »So was könnte ich niemals tun. Solche Dreckschweine sollte man an die Wand stellen!«

Mein Magen krampfte sich zusammen. Hatte Frau Gabriel am Ende mit meinen Pflegeeltern gesprochen, und Onkel Dieter hatte alles abgestritten? Warum sonst sollte er ausgerechnet jetzt auf dieses Thema kommen?

Angestrengt starrte ich auf mein Essen und stopfte mir hastig den letzten Bissen in den Mund.

»Darf ich aufstehen?«, fragte ich schüchtern und gab mir Mühe, dabei nicht in Onkel Dieters Richtung zu sehen.

»Warte noch, bis wir alle fertig sind«, antwortete Tante Renate. Mit gesenktem Kopf setzte ich mich wieder hin und kratzte mit der Gabel nervös die Soße auf meinem Teller zusammen. Ich spürte, wie Onkel Dieters durchdringender Blick mich löcherte, und wagte kaum zu atmen.

Bloß nicht aufschauen!, dachte ich. Bloß nicht aufschauen!

So wie er mich beobachtete, war ich mir sicher, dass Frau Gabriel meinen Pflegeeltern irgendetwas von meiner Bemerkung erzählt hatte. Ich konnte es mir genau vorstellen, wie Onkel Dieter alles abgestritten hatte, und jetzt hielten Frau Gabriel und Tante Renate mich bestimmt für eine gemeine Lügnerin. Plötzlich fühlte ich mich nicht mehr nur hilflos und ausgeliefert, sondern auch noch verraten. Womöglich hatte Frau Gabriel zusammen mit meinen Pflegeeltern sogar beratschlagt, wie man einem missratenen Kind wie mir derart verkommene Ideen austreiben könnte. Am Ende dachte sie ja, ich sei ein ekliges Kind, das gerne solche Schmuddeldinge erzählte. Mir wurde schlecht. Unwillkürlich stellte ich mir vor, wie das Jugendamt meine Akte mit einem dicken roten Stempel versehen hatte, auf dem in Großbuchstaben die Worte VERDORBEN und LÜGNERIN standen, damit jeder gleich wusste, wie missraten ich war.

Es wurde das längste Mittagessen meines Lebens, und danach wusste ich ohne jeden Zweifel, dass ich keiner Menschenseele jemals wieder auch nur ein Sterbenswörtchen anvertrauen würde. Alles, was ich tun konnte, war, weiterhin die Luft anzuhalten und bis acht zu zählen.

❦❦❦❦

Fünf Monate nach dem Tod meiner Mutter stand das erste Weihnachten ohne sie vor der Tür – ohne Mama und ohne Familie. Das erste Weihnachten allein bei fremden Leuten, in einem fremden Haus. Fast jede Nacht hatte ich von meiner Mutter geträumt, und die Erinnerung an unser letztes gemeinsames Weihnachtsfest ließ den ganzen Schmerz wieder hochkommen. Meine Pflegeeltern bemerkten von alledem nichts. Sie waren viel zu sehr damit beschäftigt, sämtlichen Verwandten und Bekannten vorzuspielen, was für eine glückliche Familie wir doch wären. Stolz erzählte Onkel Dieter jedem, dass ich ganz von alleine angefangen hätte, sie »Mama« und »Papa« zu nennen, weshalb meine Weigerung, ebendies zu tun, nun nicht länger geduldet wurde. Respektlos und beleidigend sei mein Verhalten, so Onkel Dieter, und dass man mir mal »ein paar Manieren an den Arsch prügeln« müsse. Seitdem waren die Familientreffen für mich der reinste Spießrutenlauf. Zum Glück blieb ich wenigstens an Heiligabend davon verschont. An diesem Tag feierten wir alleine bei meinen Pflegeeltern, und ich machte mir große Hoffnungen, mich früh auf mein Zimmer verdrücken zu dürfen. Doch leider wurde nichts daraus. Vor dem Weihnachtsessen hatte Onkel Dieter wie jeden Tag mal wieder gründlich an mir herumgegrapscht, seinen Penis an mir gerieben und mir durch meine zusammengepressten Lippen seine Zunge in den Mund gebohrt. Danach hatte ich mir, ebenfalls wie jeden Tag, unter Würgen den Mund ausgewaschen, dann wurde gegessen, und anschließend schenkte Tante Renate uns zur Feier des Tages weihevoll ein Glas Sekt ein. Onkel Dieter, als ehemaliger Alkoholiker, bekam ein Glas Orangensaft.

»Jetzt sind wir endlich vollständig!«, verkündete Tante Renate pathetisch. »Unser erstes Weihnachten als richtige, komplette Familie! Ist das nicht schön?«

Ihre Worte trafen mich wie ein Hammerschlag. Bilder vom letzten Weihnachten bei Mami trieben mir Tränen in die Augen, aber auch davon bekamen meine Pflegeeltern nichts mit. Freudestrahlend standen sie da und forderten mit ihren erhobenen Gläsern meine Zustimmung ein. Bevor mein Blick verschwamm, stieß ich mit ihnen an, dann kippte ich hastig den Sekt hinunter und mit ihm meine Tränen.

Als der ganze Weihnachtshorror endlich vorbei war, wollte ich nur noch raus zu meinen Freunden. Es folgten lange Diskussionen mit Tante Renate, weil sie mich nicht gehen lassen wollte.

»Weihnachten verbringt man bei der Familie«, meinte sie, »da treibt man sich nicht draußen rum. Nur Obdachlose sieht man da auf der Straße!«

Ich entgegnete trotzig, dass Weihnachten mit dem zweiten Feiertag doch endgültig vorbei sei und es keinen einzigen Grund mehr gäbe, mich nicht zu meinen Freunden zu lassen. Dagegen konnte Tante Renate nichts einwenden, und schließlich ließ sie mich widerwillig ziehen.

Eilig machte ich mich auf den Weg ins Freizeitzentrum, wo wir uns wie immer in dem hölzernen Indianerzelt trafen. Schon von Weitem sah ich die Ansammlung wild herumliegender Fahrräder. Ich schmiss meins zu den anderen in den Sand und lugte um die Ecke ins Zelt.

»Hey, hast du dich losreißen können von deinen Pflegealten!«, rief Kiki mir zu.

Zerknirscht verzog ich den Mund und sah mich auf der Holzbank nach einem freien Platz um. Mein Blick fiel auf Nils, der prompt ein Stück zur Seite rutschte.

»Setz dich her«, forderte er mich auf, »wir machen unsere eigene Weihnachtsfeier.«

Mit einem Schlag wurde meine Laune besser. Nils war der süßeste Junge aus dem Viertel, und heimlich schwärmte ich für ihn, was ich natürlich niemals zugegeben hätte. Nils war mindestens vier Jahre älter als ich, und bis heute hatte er mich noch nie richtig beachtet. Alles, was Nils interessierte, war sein Geländerad, und meistens sah man ihn nur, wenn er sich mittags mit seinem Fahrrad auf den Weg in den Wald machte oder abends voller Matsch wieder zurückkehrte. Er war ein richtiger Naturbursche mit struppigen dunkelblonden Haaren und einem leicht verschmitzten Grinsen im Gesicht. Dass er mit uns abhing, war eine echte Ausnahme und wohl seinem Arm geschuldet, der wegen eines Bruchs in Gips lag.

Julia klebte gerade einen Kerzenstummel mit Wachs auf den Holztisch und versuchte ihn anzuzünden, während Kiki mir eine Zigarette hinhielt. »Hier! Kannst du brauchen!« Ich lehnte ab und warf ihr einen bösen Blick zu. Kiki wusste genau, dass ich nicht rauchte, und wollte mich nur wieder aufziehen.

Die meisten meiner Freundinnen waren etwas älter als ich. Sie rauchten und hatten auch alle schon einen Freund gehabt. Im Vergleich zu ihnen fühlte ich mich ziemlich langweilig, aber ich wollte meine ersten Rauchversuche ganz bestimmt nicht hier vor Nils und den anderen zum Besten geben.

Da ich seit einer guten Woche nicht mehr in meinem alten Viertel gewesen war, berichtete Kiki mir heute ausführlich von den neuesten Ereignissen – wer mit wem ging, wer Schluss gemacht hatte und vor allem, warum. Es tut sich eine ganze Menge in einer Woche, wenn man zwölf Jahre alt ist, und die Zeit bis zum Abend verging wie im Flug. Nils hatte mich ein paar Mal etwas gefragt, aber wie immer war ich zu schüchtern gewesen, ein richtiges Gespräch daraus entstehen zu lassen. Ich hatte mich nicht einmal getraut, ihm in die Augen zu sehen, und sicher bereute er längst, mir den Platz neben sich angeboten zu haben. Am liebsten hätte ich mir selbst in den Hintern getreten, aber jetzt war es ohnehin zu spät. Draußen fing es an zu dämmern, und für mich war es allerhöchste Zeit, mich auf den Weg zu machen. Insgeheim hatte ich mir schon drei Mal weitere fünf Minuten zugestanden, aber inzwischen war es zehn vor sechs und damit unmöglich, noch pünktlich zu kommen.

»Ich hau ab, sonst spinnt mein Pflegevater wieder rum!«, warf ich in die Runde und gab mir Mühe, dabei möglichst lässig zu wirken. Immer war ich die Erste, die gehen musste, weshalb ich mir schon ziemlich blöd vorkam – ganz besonders heute, wo Nils dabei war.

»Der soll nicht so 'nen Wind machen, der is' doch nicht mal dein richtiger Alter«, witzelte Tina. »Warum lässt du dich von dem überhaupt rumkommandieren?«

Missmutig kniff ich die Lippen zusammen und registrierte erleichtert, dass auch Kiki und Julia sich auf den Weg machten. Aus dem Zelt raunte uns ein kollektives »Ciao«, »Bis morgen« und »Lasst euch nicht stressen« entgegen, dann schwangen wir uns auf die Fahrräder. An dem kleinen Berg vor dem Waldweg stiegen wir ab und schoben die Räder über die Holzstufen. Kiki zog ihre Zigaretten aus der Jackentasche, steckte sich eine davon in den Mund und bot Julia und mir ebenfalls eine an. Diesmal griff auch ich zu. Doch während Julia gekonnt zu rauchen begann, hielt ich meine Zigarette unbeholfen in der Hand. Kiki beobachtete mich, dann reichte sie mir ihre bereits angezündete Zigarette.

»Da, nimm!«, sagte sie und erklärte mir, wie man raucht. »Du musst dran ziehen, dann feste einatmen und dabei ›Papa kommt‹ sagen.« Anschließend machte sie es mir vor. Ich nahm ihre Zigarette, zog daran, bis die Glut hell aufflammte, und sog den Rauch unter einem erstickten ›Papa kommt‹ in meine Lungen. Im nächsten Moment wurde ich von heftigen Hustenattacken gebeutelt. Kiki und Julia kicherten.

»Das dauert 'ne Weile, bis man es richtig kann«, meinte Julia, und während wir unseren Weg fortsetzten, gab sie mir noch ein paar nützliche Tipps zum Thema Rauchen.

Zu Hause angekommen, bemerkte Tante Renate natürlich sofort, dass ich geraucht hatte, was mir drei Tage Hausarrest einbrachte, und weiß der Kuckuck warum, erfuhr es auch noch Pastor Döring. Seit vier Monaten musste ich seinen Konfirmandenunterricht besuchen, was auch ohne Standpauke übers Rauchen wirklich keine Freude war. Ich konnte dem Ganzen beim besten Willen nichts Gutes mehr abgewinnen, seit der Pfarrer eine komplette Unterrichtsstunde davon gepredigt hatte, welche Qualen im Fegefeuer auf Selbstmörder warteten – jene Kreaturen, die dem Allmächtigen so undankbar ihr Leben vor die Füße warfen. Wie versteinert hatte ich auf meinem Stuhl ausgeharrt, während mich immer wieder sein strafender Blick traf.

Döring war derselbe Pfarrer, der nach dem Tod meiner Mutter hatte verhindern wollen, dass sie und Ralf ein christliches Begräbnis bekamen. Er habe sie nicht einmal auf seinem Friedhof bei all den Rechtschaffenen gewollt, wie Papa mir erzählte, denn die verlorenen Seelen von Selbstmördern hätten nun mal die Gnade Gottes verwirkt. Nur dank des katholischen Pfarrers sei ihnen letztendlich doch noch eine christliche Beerdigung zuteilgeworden, so mein Vater.

Kurz danach war ich dann ausgerechnet bei Pastor Döring zum Konfirmandenunterricht angemeldet worden – vielleicht hatte Papa ja gedacht, ich sei noch nicht ausreichend traumatisiert.

Unnachsichtig maßregelte der Prediger seitdem jede meiner Verfehlungen und bekräftigte das Ganze stets mit entsprechenden Bibelpassagen. »Dazu ist erschienen der Sohn Gottes«, intonierte er, nachdem er von der Raucherei erfahren hatte, »dass er die Werke des Teufels zerstöre. Des Menschen Sohn wird seine Engel aussenden, und sie werden aus seinem Reiche sammeln alle Ärgernisse und die da Unrecht tun und werden sie in den Feuerofen werfen; dort wird das Heulen und das Zähneknirschen sein.«

So wie der Pastor mich dabei anblitzte, fürchtete ich glatt, er wolle mich im nächsten Moment höchstpersönlich in den

Feuerofen werfen, um meine verdorbene Seele den Schergen Satans zu entreißen. Doch zum Leidwesen Dörings veranlassten mich auch seine Mahnungen nicht, sonntags im Gottesdienst zu erscheinen, was den Pastor nur noch mehr darin bestätigte, dass es mir deutlich an Gottesfurcht und Zucht fehle. Und tatsächlich war mein Glaube an den Rauschebart nicht sonderlich ausgeprägt. Sollte ich aber jemals fromme Anwandlungen in mir verspürt haben, so wurden sie mir von diesem Schwarzrock endgültig ausgetrieben.

8

Ausgeliefert

Es war einer dieser verregneten Samstagnachmittage, als ich mich vorsichtig aus meinem Zimmer stahl. Lange hatte ich an der Tür gehorcht und war überzeugt gewesen, dass Onkel Dieter nicht in der Nähe war. Meist verriet er sich ja durch sein Geröchel, doch dieses Mal hatte ich die Lage falsch eingeschätzt.

»Da bist du ja«, sagte er grinsend, und als ich an ihm vorbei zur Treppe huschen wollte, schnappte er mich am Handgelenk.

»Na, na«, brummte er, drängte sich näher an mich und versuchte sich an mir zu reiben. Doch gerade, als er mir seine Zunge in den Mund pressen wollte, kam Tante Renate die Treppe hinuntergepoltert. Onkel Dieter schreckte zurück wie ein verstörter Kugelfisch.

»Was geht denn hier vor sich?!«, schimpfte meine Pflegemutter. Für einen Augenblick hoffte ich, jetzt würde es mit der Sabberei endlich ein Ende haben. Wenn jemand meinem Pflegevater Einhalt gebieten konnte, dann schließlich sie.

Onkel Dieter stammelte unbeholfen vor sich hin, was Tante Renate erst recht misstrauisch machte.

»Was ist los? Was treibt ihr beiden hier?«

Sie beachtete ihren Mann gar nicht, sondern blitzte mich an. Statt meinen Pflegevater zur Rede zu stellen, schien sie mich zu verdächtigen – gerade so, als sei alles meine Schuld und nicht Onkel Dieters.

Erschrocken sah ich meine Pflegemutter an. »Hilf mir!«,

hallte es durch meinen Kopf, aber tief in mir drinnen wusste ich längst, dass sie alles tun würde, um ihren Mann zu decken.

Wie immer, wenn Onkel Dieter etwas angestellt hatte, versuchte er seine Frau in Babysprache und mit dümmlichem Grinsen zu beschwichtigen, aber das war gar nicht nötig. Indirekt schien Tante Renate *mir* Vorwürfe zu machen, und insgeheim fühlte ich mich dadurch tatsächlich ein bisschen schuldig. Jetzt schämte ich mich noch mehr als zuvor, und der winzige Hoffnungsschimmer auf Rettung erlosch.

Damals war es nur ein Gefühl, aber heute ist mir klar, dass meine Pflegemutter es wusste. Sie muss darüber im Bilde gewesen sein, dass ihr Mann mich missbrauchte. Es war wohl bequemer für sie gewesen, so zu tun, als hätte sie nichts von all dem mitbekommen. Nicht auszudenken, was man im Dorf über sie getuschelt hätte. Sie hatte sich so viel Mühe gegeben, den Schein einer normalen Familie nach außen zu tragen. Hatte als lesbische Frau sogar einen Mann geheiratet, was ihr Abend für Abend im Schlafzimmer sicher eine Menge abverlangte. Vielleicht war sie geradezu froh, wenn er seine Gelüste an mir abreagierte und sie anschließend in Ruhe ließ. Wozu ihren Mann von mir abhalten, wenn es ihr doch gelegentlich eine Schonzeit verschaffte. Und indem sie mich beschuldigte, konnte sie es auch mit ihrem Gewissen vereinbaren, dass sie es zuließ. Hauptsache, der Schein nach außen wurde gewahrt. Wie sehr sie meine Seele, meine Kindheit und mein zukünftiges Leben damit zerstörte, interessierte meine Pflegemutter nicht.

Onkel Dieters Sabberei ging weiter wie bisher, und so verhielt es sich auch mit seinen Launen, wenn ich versuchte, mich ihm ein wenig zu entziehen.

Nach dem Mittagessen erst war ich nur um Haaresbreite

seinem Pantoffel ausgewichen, und seitdem versuchte ich angestrengt, ihm nicht mehr über den Weg zu laufen. Leider durfte ich wegen des schlechten Wetters nicht raus zu meinen Freunden, weshalb ich für den Rest des Tages in meinem Zimmer Musik hörte. Am Abend jedoch trieb mich der Hunger aus meinem Asyl. Wenigstens stand mein Pflegevater diesmal nicht an der Bar, sodass ich unbemerkt durch den Keller schleichen konnte und ungeschoren bis zur Kellertreppe gelangte. Kaum aber hatte ich die ersten Stufen genommen, erschien Onkel Dieter oben im Türrahmen und verdunkelte den Aufgang wie bei einer Sonnenfinsternis. Als er mich sah, stapfte er die Stufen hinunter, und prompt kassierte ich einen Rempler.

»Aua!«, schrie ich erbost auf. »Welcher Floh hat dich denn gebissen?« Demonstrativ rieb ich mir den kleinen Finger, den Onkel Dieter mir bei dem Stoß umgeknickt hatte.

Drohend hob mein Pflegevater die Hand. »Nicht in diesem Ton, Fräuleinchen!«, raunzte er mich an und holte zum Schlag aus. Ich aber war die Treppe schon wieder hinuntergesprungen und außerhalb seiner Reichweite. Schwer atmend kam Onkel Dieter mir hinterher. Diesmal jedoch ließ ich mich nicht einschüchtern, sondern stellte mich ihm trotzig entgegen.

»Willst du mich schlagen? Ist das alles, was du kannst? Denkst du, so darfst du mit mir umgehen?«

Im nächsten Moment klatschte seine Hand in mein Gesicht. »Ich kann mit dir machen, was ich will. Du gehörst jetzt uns!«, donnerte er und holte zu einem weiteren Schlag aus. Reflexartig hielt ich mir die Arme vors Gesicht, weshalb Onkel Dieter meinen harten Ellenbogen traf.

»Au!«, fluchte er, zog wütend einen seiner Pantoffeln aus und fing an, damit auf mich einzuschlagen.

»Lass mich in Ruhe!«, schrie ich und wollte weglaufen,

doch ein heftiger Ruck an meinen Haaren riss mich zu Boden.

»Du bleibst hier, mein Fräulein!«, donnerte er, dann prasselten zornige Fußtritte auf mich ein. Ich zog den Kopf zwischen die Schultern und versuchte mich so gut wie möglich zu schützen.

Wegen der Schreierei waren inzwischen auch Tante Renate und ihre Mutter herbeigeeilt.

»Um Gottes willen, Dieter! Versündige dich nicht an dem Kind!«, stieß die Oma hervor und hielt sich entsetzt die Hände vor den Mund.

Tante Renate rief irgendetwas von »Ärger mit dem Jugendamt«, und als mein Pflegevater auch darauf nicht reagierte, bereitete sie mit einem energischen »Schluss jetzt!« dem Ganzen ein Ende. Noch einmal trat Onkel Dieter zu, doch nach einer weiteren scharfen Ermahnung von Tante Renate suchte er schließlich das Weite. Langsam löste ich mich aus meiner Schutzhaltung und rappelte mich auf. Mein Kopf war heiß von den Tritten, und meine Hände zitterten. Ich versuchte einen Schritt zu gehen, aber weil ich bei dem Sturz auf meine Hüfte gefallen war, knickte ich kurz ein. Tante Renate wollte etwas sagen, doch ich warf ihr einen zornigen Blick zu und fuhr ihr über den Mund.

»Das werde ich Frau Gabriel erzählen!«, zischte ich voller Verachtung und humpelte, ohne meine Pflegemutter und die Oma eines weiteren Blickes zu würdigen, in mein Zimmer. Krachend warf ich die Tür ins Schloss und drehte den Schlüssel um. Wütende Tränen schossen mir in die Augen. Ich fühlte mich nicht länger nur ausgeliefert – ich war es! Onkel Dieter hatte recht: Ich gehörte jetzt ihm, und er konnte mit mir machen, was er wollte.

Schnell legte ich eine Schallplatte auf, damit keiner hören konnte, wie ich weinte. Wenigstens war Tante Renate ganz schön zusammengezuckt, als ich mit Frau Gabriel gedroht hatte. Doch wenn ich ehrlich war, machte ich mir keine großen Hoffnungen mehr, dass die Sozialarbeiterin mir helfen würde. Es war, so fürchtete ich, nicht mehr als eine leere Drohung. Aber sie schien zu wirken: Etwa eine Stunde später klopfte Onkel Dieter an meine Tür.

»Svenja?«, rief er versöhnlich, doch ich antwortete nicht. »Svenja, mach bitte auf, ich will mit dir reden!« Seine Stimme klang fast ein bisschen reumütig, aber das war mir egal.

»Geh weg und lass mich in Ruhe!«, fauchte ich.

Onkel Dieter gab jedoch nicht auf. »Das, äh, ich wollte … tut mir leid!« Er stotterte herum wie ein dummer Schuljunge. Bestimmt hatte Tante Renate ihn zu dieser Entschuldigung gezwungen, dachte ich, weshalb ich nicht besonders viel auf seine Worte gab. Eine kleine Genugtuung war es aber dennoch, und um seine Niederlage in allen Zügen zu genießen, öffnete ich schließlich die Tür. Wortlos blitzte ich ihn an, während er mich mit dümmlich grinsender Miene friedlich zu stimmen versuchte. Als das nicht funktionierte, zündete er sich erst mal eine Zigarette an und bekam sogleich eine Hustenattacke.

»Tante Renate will mit dir reden«, stieß er, unterbrochen von keuchendem Husten, hervor. »Du sollst mal zu ihr gehen!« Viel mehr brachte er wegen seines Geröchels nicht hervor. Er trat einen Schritt zur Seite, um mir den Weg frei zu geben. Einen Augenblick zögerte ich, doch dann stolzierte ich siegessicher, so weit das bei der Humpelei möglich war, an Onkel Dieter vorbei und versuchte, ihn all meine Verachtung spüren zu lassen.

Als ich in die Küche kam, saß Tante Renate bereits am Tisch und wartete auf mich. Mit verschränkten Armen blieb ich im Türrahmen stehen und warf ihr einen vernichtenden Blick zu. »Na, setz dich mal zu mir«, forderte sie mich mit gespielter Mütterlichkeit auf. Trotzig zog ich mir einen Stuhl heran und ließ mich darauf fallen. Onkel Dieter, der mir hinterhergekommen war, setzte sich ans Kopfende des Tisches, und ein paar Sekunden herrschte unbehagliches Schweigen. Unvermittelt zog Tante Renate eine Zigarette aus ihrer Schachtel und bot sie mir mit einem beschwichtigenden Lächeln an. Irritiert sah ich auf die Zigarette, dann wieder zu Tante Renate.

»Was soll das?«, fragte ich mit finsterer Miene und bemühte mich, mir meine Verunsicherung nicht anmerken zu lassen. »Du kannst sie ruhig nehmen«, entgegnete sie. »Wir wissen doch sowieso, dass du rauchst.« Und nach einer kurzen Pause fügte sie verschwörerisch hinzu: »Besser, du tust es in unserem Beisein als heimlich.«

Ich war unschlüssig. Tante Renate hatte mich ganz schön durcheinandergebracht, und ich vergaß darüber völlig, wie wütend ich eben noch gewesen war. Vielleicht soll das ja eine Art Neuanfang sein, ging es mir durch den Kopf. Eine Geste, mit der sie mir sagen wollte, dass von jetzt an alles besser würde. Eine Art Friedenspfeife vielleicht. In meiner kindlichen Naivität hoffte ich, die Zigarette sei ein Zeichen, gerade so, als sähen meine Pflegeeltern von jetzt an nicht länger das unmündige Kind in mir, sondern einen vollwertigen Menschen mit eigenen Rechten und Gefühlen. Wie dumm ich doch war!

Unter ihren neugierigen Blicken nahm ich die Zigarette und zündete sie an. Dann saßen wir gemeinsam am Tisch und rauchten. Die letzten Reste meines Zorns verflogen, als mich der angenehme Schwindel vom Nikotin einlullte. So also fühlte sich das Erwachsensein an.

Gleich am nächsten Tag war es dann aber schon wieder vorbei mit dem Erwachsensein. Tante Renate meinte, dass ich mit meinen zwölf Jahren eigentlich noch überhaupt nicht rauchen dürfe, weshalb das mit der Zigarette tags zuvor auch gar nicht wirklich passiert sei. Dennoch lief es in den folgenden Tagen um einiges besser, und sogar den Hamster, den ich mir so sehr gewünscht hatte, durfte ich mir plötzlich kaufen. Nachdem ich Sweety damals hatte abgeben müssen, weil Tante Renate sich vor Mäusen ekelte, freute ich mich nun riesig. Ich gab ihm den Namen »Krümel«, und damit alles seine Richtigkeit hatte, träufelte ich ihm zur Taufe etwas Wasser auf den Kopf. Damit war es besiegelt – Krümel gehörte zu mir. Eine größere Freude hätten meine Pflegeeltern mir kaum machen können.

Vielleicht lag Frau Gabriel ja doch nicht so falsch, wenn sie behauptete, die beiden wollten nur das Beste für mich. Womöglich musste ich ihnen einfach eine Chance geben. Als Onkel Dieter mich an diesem Abend an sich zog, versuchte ich alle schlechten Gedanken aus meinem Kopf zu vertreiben. Wenn das, was er tat, gar nichts Schlimmes war, hatte ich auch keinen Grund, mich ausgeliefert zu fühlen. Hartnäckig ignorierte ich jeden Gedanken, der mir etwas anderes sagte, und als Onkel Dieter mir diesmal seine Zunge in den Mund drückte, waren nur noch die Zahlen in meinem Kopf, die ich wie ein Gebet stumm vor mich hinsagte. Anschließend nahm mein Pflegevater ein paar Zigaretten aus seinem Etui und hielt sie mir hin.

»Da, nimm! Aber erzähl Tante Renate nichts davon.« Ich griff nach den Zigaretten und wollte mich ins Badezimmer verdrücken, doch Onkel Dieter hielt mich fest.

»Wie heißt das?«

»Danke!«, antwortete ich artig, dann war ich entlassen. Ich rannte ins Bad, spülte mir den Mund aus, putzte mir die Zähne, wusch meine Lippen, und dann stellte ich mich komplett unter die Dusche. Plötzlich schossen mir Tränen in die Augen. Das also war jetzt meine Realität.

Ich heulte wie ein Schlosshund und konnte mich kaum noch beruhigen. Das Wasser der Brause vermischte sich mit meinen Tränen und zog sie in den Abfluss. Es fühlte sich an wie mein Leben, das da durch das Ablaufsieb in der Kloake unter unserem Dorf verschwand.

Irgendwann fiel mein Blick auf Onkel Dieters Zahnbürste. Wut kochte in mir hoch. Ich zögerte nur kurz, dann griff ich entschlossen nach der Zahnbürste und hielt sie in die Toilette. Ich erschrak fast ein bisschen vor mir selbst, als ich mit dem Bürstenkopf genüsslich über die von Urinspritzern überzogene Keramik des Toilettenrandes fuhr. Anschließend legte ich die Zahnbürste zurück an ihren Platz und fühlte mich ein ganz kleines bisschen weniger hilflos.

∽∽∽

Regen – schon wieder –, und das, obwohl doch gerade die Sommerferien begannen. Das schlechte Wetter machte meiner miesen Stimmung beinahe Konkurrenz. Seit meinem dreizehnten Geburtstag vor gut zwei Monaten gab es fast täglich Streit zu Hause. Wegen meiner angeblichen Respektlosigkeit, behauptete Onkel Dieter, obwohl ich eigentlich immer nur versuchte, mich ihm irgendwie zu entziehen. Nicht selten kassierte ich Schläge, und wenn sich die Lage später wieder beruhigt hatte, holte sich mein Pflegevater doch noch, was er wollte.

Das Freibad hatte wegen des kühlen Wetters dieses Jahr erst spät die Saison eröffnet, und weil es selbst jetzt nur mäßig besucht war, blieb der Dreiersprungturm weiterhin geschlossen. Onkel Dieter hatte sich ein paar Wochen Urlaub genommen, um Zeit mit seiner Familie zu verbringen, wie er sagte, und klebte an mir wie ein Schwarm Schmeißfliegen.

Fast jeden Nachmittag nahm ich Reißaus in mein altes

Viertel, wie auch an diesem regnerischen Dienstag Mitte Juli. Seit der Eröffnung war kaum ein Tag vergangen, an dem ich Kiki und Julia nicht im Freibad getroffen hatte, und ich hoffte, dass es auch heute so wäre. Wie jedes Mal versetzte es mir einen schmerzhaften Stich, wenn ich mit dem Fahrrad an unserer früheren Wohnung vorbeifuhr und ich auf dem Balkon einen Fremden mit dunklen Haaren und Schnauzbart sitzen sah. Irgendwie gehörte ich gar nicht mehr in dieses Viertel, das spürte ich an jeder Straßenecke. Ina, meine ehemalige Zimmergenossin bei den Pflegeeltern, grüßte mich nicht einmal mehr, und selbst Kiki und Julia waren komisch seit Mamas Tod. All das versuchte ich jedoch zu ignorieren, denn aufgeben wollte ich mein Viertel trotzdem nicht, fast so, als gäbe es noch irgendeinen Weg zurück.

Normalerweise konnte man unseren Stammplatz im Freibad unter der alten Erle schon von Weitem erkennen. Er sah aus wie ein großer Flickenteppich, weil jeder, der sich dazugesellte, sein Handtuch irgendwo an das eines anderen legte. Nur heute war der Platz völlig leer. Eigentlich hätte ich es mir denken können, denn es war immer noch bewölkt, und ab und zu ging ein leichter Nieselschauer nieder. Dennoch breitete ich mein Handtuch an der gewohnten Stelle aus und hoffte, dass sich später vielleicht noch der ein oder andere zu mir gesellen würde. Ich schlüpfte in meinen Bikini, knüllte meine Kleidung wie ein Kopfkissen zusammen und machte es mir mit einer Zigarette gemütlich. Zehn Minuten später hörte ich ein »Hi!« neben mir. Blinzelnd sah ich nach oben. Es war Nils! Mein Herz machte einen kleinen Hüpfer. Wie immer sah er toll aus, aber nachdem er mich letztes Mal im Freibad kaum beachtet hatte, wollte ich ihm ebenfalls die kalte Schulter zeigen. Noch bevor ich mein Desinteresse jedoch gebührend demonstrieren konnte, ließ Nils sein

Handtuch neben mir aufs Gras fallen. »Wo sind denn die anderen?«, erkundigte er sich und zog sein T-Shirt aus. Es ärgerte mich ein bisschen, dass Nils nicht einmal fragte, ob er sich neben mich legen durfte, ganz so, als wisse er genau, wie sehr ich mich darüber freute.

»Weiß nicht«, murmelte ich betont gleichgültig, »denen ist wohl zu kalt.«

Nils zupfte sein Handtuch zurecht. »Memmen!«, schimpfte er zum Spaß. »Und was ist mit dir? Hast es wohl nicht mehr ausgehalten bei deinen komischen Pflegeeltern, was?«

»Wieso?« Fragend sah ich ihn an, aber Nils machte eine wegwerfende Handbewegung.

»Ach, so halt – wollte nur ein Gespräch anfangen«, und dabei grinste er mich verschmitzt an. Unwillkürlich lächelte ich zurück, und Nils warf mir sein T-Shirt entgegen. »Siehst du! Hat geklappt!« Wir lieferten uns eine kleine T-Shirt-Schlacht, und danach war es zu spät zum Kalte-Schulter-Zeigen. Mit einem Mal war ich richtig froh, dass von den anderen heute keiner gekommen war, und ich hoffte insgeheim, dass es auch so blieb.

Als es wieder zu nieseln begann, legte Nils sich seine Lederjacke zur Hälfte über die Schultern und hielt die andere Hälfte so, dass noch jemand darunter Platz finden konnte.

»Was is' – oder wirst du lieber nass?«, fragte er frech, und ich spürte, wie ich rot wurde. Verlegen blickte ich zu Boden, damit Nils nichts davon bemerkte.

»Nee, hab ja mein T-Shirt!«, stammelte ich und hätte mir dafür im nächsten Augenblick am liebsten einen Fußtritt verpasst. Doch Nils gab zum Glück nicht so schnell auf.

»Keine Angst, ich beiße nicht«, witzelte er, und als ich unschlüssig ein paar Millimeter zu ihm hin rutschte, legte er die Jacke mitsamt seinem Arm um meine Schultern. Es war wie ein Feuerwerk, das in meiner Brust explodierte, und ich wagte mich kaum zu bewegen. Eine ganze Weile saßen wir nur da, sprachen kein Wort und blickten in den Regen. Ich fühlte mich wie im siebten Himmel und merkte dabei gar nicht, wie das Freibad um uns herum immer leerer wurde. Plötzlich drehte Nils den Kopf zu mir und sah mich an.

»Tut mir echt leid, das mit deiner Mutter. Warum hat sie das denn getan?«

Mit einem Schlag war das Feuerwerk erloschen, und ich war zurück in der kalten Realität. Regentropfen prasselten trostlos auf die Wasseroberfläche des Pools und bildeten kleine traurige Ringe. Ohne auf Nils' Frage zu antworten, griff ich nach seinem Tabak und fing an, mir eine Zigarette zu drehen.

»Woher weißt du davon?«, hakte ich nach, doch Nils, der die Stimmung retten wollte, wehrte ab.

»Ach, vergiss es!« Aber dazu war es jetzt zu spät. Als Nils realisierte, was seine Worte angerichtet hatten, drehte er sich ebenfalls eine Zigarette. »Was glaubst du wohl? Die Leute reden halt!«

Verunsichert sah ich ihn an. »Welche Leute?«

Inzwischen schien Nils seine Frage zu bereuen. »Na ja«, druckste er herum, »wir wohnen hier in einem Dorf. Wenn so was passiert, zerreißt sich halt jeder das Maul.«

Innerlich fuhr ich zusammen, aber nach außen hin versuchte ich, mir nichts anmerken zu lassen.

»Kiki oder Julia?«, fragte ich.

Nils sagte bloß: »Die auch.«

Schweigend zündete ich meine Zigarette an und sah auf die Wasseroberfläche. Einen Moment lang wurde mir schlecht bei der Vorstellung, wie sich all diejenigen, die ich für meine Freunde gehalten hatte, hinter meinem Rücken das

Maul über Mama und mich zerrissen. Ich konnte es mir genau vorstellen, wie sie sich ein »Pst! Sie kommt!« zutuschelten und dann schnell das Thema wechselten, sobald ich irgendwo auftauchte.

Erneut legte Nils seinen Arm um mich, aber diesmal gab es kein Feuerwerk. »Ist sicher hart für dich – das mit deiner Mutter«, sagte er leise, und ohne es zu wollen, schossen mir plötzlich Tränen in die Augen. Unauffällig wischte ich mir übers Gesicht, aber Nils hatte es schon bemerkt. »Is' doch nicht schlimm«, flüsterte er, »kann ich gut verstehen.« Da brach ein wahrer Wasserfall an Tränen aus mir hervor. So sehr ich mich auch bemühte, es wollte einfach nicht aufhören. Tröstend streichelte Nils mir über die Schulter. »Ist schon gut – lass es raus.«

Es dauerte lange, bis ich mich wieder beruhigen konnte. Die ganze Zeit hielt Nils mich im Arm, und in meine Traurigkeit mischte sich ein vorsichtiges Gefühl von Vertrauen. Der Regen hatte inzwischen aufgehört, aber es war kühler geworden. Fürsorglich zog Nils mir seine Jacke weiter über die Schultern und klappte den Kragen hoch.

»Alles wieder okay?« Mittlerweile waren auch die letzten Badegäste verschwunden, nur ein paar Jugendliche standen noch am Flipperautomaten neben den Umkleidekabinen. Ich schniefte und nickte zaghaft – da fuhr Nils mit seiner Hand in meine Bikinihose. Schockiert stieß ich ihn zurück und starrte ihn mit aufgerissenen Augen an.

»Was ist?«, fluchte Nils. »Erst macht ihr einen scharf, und dann läuft nichts!« Er war mit einem Mal wie ausgewechselt, während ich noch immer keinen Pieps hervorbrachte. Hastig schlüpfte ich in meine Kleidung und packte meine Sachen zusammen. Ohne ein weiteres Wort rauschte ich zum Ausgang, während Nils mir ein vorwurfsvolles »Danke schön!« hinterherzischte. Verbittert zog ich mein Fahrrad aus dem

Ständer und trat in die Pedale. Nils hatte mich reingelegt, und jetzt fühlte ich mich noch verlorener als zuvor. Er hatte mich verraten, so wie alle anderen auch.

An diesem Abend fuhr ich das letzte Mal mit meinem Fahrrad an unserer Wohnung vorbei, die einmal unsere Insel war. Danach verkroch ich mich in meinem Zimmer, und wenn mich jemand anrief, ließ ich mich verleugnen. Ich hatte keine Freunde mehr und wollte auch keine haben. Sie alle konnten mir gestohlen bleiben, ganz besonders Kiki und Julia.

In diesen Tagen verschwand auch der letzte Rest meines früheren Lebens. Nichts auf dieser Welt gehörte noch zu mir, ich fühlte mich wie ein Außerirdischer von einem fremden Stern. Aber selbst der war irgendwo im Universum zu Hause – ich dagegen gehörte nirgendwohin.

Zweieinhalb Wochen wollte ich niemanden treffen, doch dann lernte ich Nele kennen, die in der Nähe meiner Pflegeeltern wohnte. Wir hatten uns schon ein paar Mal nach der Schule gesehen, und jetzt kamen wir durch Zufall ins Gespräch. Nele zeigte mir, wie man aus einem Kaugummiautomaten ohne Geld Kaugummis herausholen konnte, was ich ziemlich beeindruckend fand. Am nächsten Tag gingen wir zusammen in den Rollpalast, der kürzlich in unserem Dorf aufgemacht hatte, und von da an immer öfter. Nele und ich hatten am selben Tag Geburtstag, was Grund genug für uns war, mit einem feierlichen Eid unsere Blutsschwesternschaft zu geloben. Wir ritzten uns beide in den Finger, legten die Wunden aufeinander und sagten gleichzeitig: »Schwestern für immer!« Von da an waren wir wie Pech und Schwefel, oder, wie Tante Renate es nannte, »wie Arsch und Eimer«. Doch das meinte sie nicht böse. Tante Renate mochte Nele, was allerdings nicht verwunderlich war. Meine Pflegemutter war auf alles eifersüchtig, was an mein früheres Leben erinnerte. Nele hatte einfach das Glück, nicht aus meinem alten Viertel zu stammen.

Meine neue beste Freundin hatte manchmal die verrücktesten Ideen. Eines Abends gab Tante Renate Nele und mir ein kleines Glas Sekt. Nele kippte das Glas hinunter und blinzelte mir verschwörerisch zu. Dann fing sie plötzlich an zu lallen.

»Alsooooo ... das war ja lecker!« Sie hickste und klang tatsächlich so, als wäre sie betrunken. Ich musste mir ein Lachen verkneifen.

»Dieser ... dieser Sekt ... hicks ... der hat's ganz schön in sich!«, grölte sie und stieß auf.

Tante Renate warf Onkel Dieter einen erschrockenen Blick zu.

»Was hast du dem Kind denn gegeben?«, fragte er irritiert.

»Nur ein kleines Glas Sekt!«, zischte sie zurück.

Nele versuchte aufzustehen und geriet ins Taumeln. Inzwischen war ich mir gar nicht mehr so sicher, ob das wirklich gespielt war. Fast wäre sie umgefallen.

»Setz dich besser wieder hin!«, rief Tante Renate panisch.

Nele hielt sich die Hand vor den Mund und machte würgende Geräusche. Dann lief sie taumelnd ins Bad und meine Pflegeeltern und ich hinterher. Tante Renate drückte die Türklinke, aber es war abgeschlossen. Von drinnen hörten wir Würgegeräusche. Tante Renate war entsetzt und Onkel Dieter sah ziemlich dumm aus der Wäsche.

»Hoffentlich erzählt die das nicht ihren Eltern«, stammelte er.

Tante Renate antwortete ihm nicht. Es hörte sich an, als kotze Nele sich im Bad die Seele aus dem Leib. Wieder drückte meine Pflegemutter die Türklinke runter. »Nele! Mach bitte auf!«, sagte sie, doch weil Nele noch immer nicht reagierte, bat sie mich in ihrer Verzweiflung, es auch einmal zu versuchen. Ich klopfte an die Tür.

»Nele!«, rief ich. »Lass mich rein! Ich will dir bloß helfen!«

Endlich öffnete Nele die Tür. Ich drängte mich durch einen kleinen Spalt ins Bad, und sofort schlossen wir wieder hinter uns ab. Nele grinste mich an und reckte den Daumen. Dann machte sie schon wieder täuschend echte Würgegeräusche, und ich goss schnell einen Zahnputzbecher voll Wasser ins Klo, sodass es noch glaubwürdiger klang. Nele und ich mussten uns mächtig zusammenreißen, um nicht lauthals loszulachen. Als wir schließlich aus dem Bad kamen, war Tante Renate mit den Nerven völlig am Ende. So vieles hatte sie vor den Nachbarn, dem Jugendamt und allen anderen verheimlichen können, und nun sollte sie wegen eines winzigen Glases Sekt Schwierigkeiten bekommen? Die Befürchtungen waren ihr ins Gesicht geschrieben, und mir tat das richtig gut.

Einige Wochen lang wurde Nele von Tante Renate in den höchsten Tönen gelobt, doch dann sah sie uns rauchend bei einer Gruppe von Punks mit Irokesenschnitt und Nietenjacke hinterm Rollpalast stehen, und die Begeisterung war vorbei. Ich bekam Hausarrest, und »dieses Flittchen«, womit Nele gemeint war, sollte sich ja nicht mehr bei uns blicken lassen. Es gab ein Riesentheater, denn ich wollte mir den Umgang mit Nele keinesfalls verbieten lassen. Doch bevor ich abends ins Bett ging, passte Onkel Dieter mich im Keller ab – um sich mit mir zu versöhnen, wie er es nannte. Er zog mich fest an sich heran, drückte mir seine Zunge in den Mund und rieb sein Ding an mir, bis er schwitzte. Anschließend steckte er mir mit den Worten »Ich red noch mal mit Tante Renate« ein paar Zigaretten zu, und siehe da, am nächsten Tag kam alles wieder in Ordnung.

Onkel Dieters Übergriffe hatten beständig zugenommen, seit ich elf Jahre alt war, doch wirklich begreifen konnte ich noch immer nicht, was da überhaupt passierte. Wäre er ein Fremder gewesen, der sich mir im Park auf diese Weise genähert hätte, so hätte ich aus Leibeskräften geschrien und mich gewehrt. Bei einem Fremden wäre sofort klar gewesen, dass er Böses mit mir vorhatte, aber bei einem Pflegevater war die Sache ganz anders. Das Jugendamt hatte Onkel Dieter damit beauftragt, mich zu erziehen. Er sollte meinen Vater ersetzen, dafür war er von Amts wegen geprüft und für gut befunden worden. Wie könnte er da solche Dinge tun, und vor allem, wer würde mir so etwas je glauben, wo ich das alles doch selbst kaum glauben konnte? Noch dazu hatte es so schleichend angefangen, dass ich gar nicht genau sagen konnte, wann er zum ersten Mal eine Grenze überschritten hatte – und jetzt steckte ich mittendrin. Die Leute, so dachte ich, würden sich fragen, warum ich mich nicht schon früher jemandem anvertraut hätte. Sie wussten ja nichts von meiner ausweglosen Situation und meinen vergeblichen Versuchen, mich ans Jugendamt zu wenden. Vielleicht würden sie sogar denken, es gefiele mir. Nur ich wusste, wie es wirklich war. Niemand außer mir kannte den Drahtseilakt, den ich tagtäglich vollzog: meine unentwegten Bemühungen, mich meinem Pflegevater zumindest teilweise zu entziehen, aber bloß nicht zu viel, um ihn nicht zu verärgern.

Damals handelte ich intuitiv, heute bin ich überzeugt, dass ich es nur meinem ungebrochenen, wenn auch unterschwelligen Widerstand zu verdanken habe, dass es zu jener Zeit nicht noch viel schlimmer gekommen ist. Natürlich trat ich bei den Versuchen, mich zu schützen, immer wieder über die Stränge, und Onkel Dieters Laune sank in den Keller. Von da an war es meist dasselbe: Es kam zum Streit, mein Pflegevater warf mir Respektlosigkeit vor, und am Ende demonstrierte er mir auf sehr handfeste Weise, dass ihm mein Verhalten missfiel.

Ich stand unter ständiger Anspannung, taxierte laufend seine Stimmung und suchte nach Möglichkeiten, ihm zu entkommen. Doch mein Widerstand war geringer geworden, und weil es ohnehin keinen Ausweg gab, ließ ich die täglichen Übergriffe oft einfach nur über mich ergehen. Ich versuchte mich selbst zu retten, indem ich immer noch bis acht zählte und all meine Gefühle ausblendete. Mein Körper und meine Seele waren längst keine Einheit mehr. Mein Körper gehörte Onkel Dieter, nur meine Seele konnte er mir nicht nehmen.

Keiner wusste von meiner Verzweiflung. Keiner ahnte, dass es mir den letzten Rest an Würde raubte, an Selbstwertgefühl, an Hoffnung.

❦❦❦

Einzig im Rollpalast fühlte ich mich sicher. Die Rollerdisco lief vom Tag ihrer Eröffnung an wie die Hölle. Sämtliche Jugendliche schienen plötzlich von einem Virus befallen, und auch Nele und ich waren schnell infiziert. Wann immer möglich, standen wir vor den Toren zu den heiligen Hallen und warteten auf Einlass. Nach kurzer Zeit konnten wir bereits recht passabel auf unseren Discorollern laufen und beherrschten bald darauf die ersten kleinen Sprünge. Der mit Abstand größte Spaß aber war, wenn die Leute am Abend ihre Rollschuhe beiseitelegten und in einem Pogokreis neben der Fahrbahn zu »Eisgekühlter Bommerlunder« aus den Lautsprecherboxen ihre Füße in die Menge warfen – und Nele und ich mittendrin!

Meine Pflegeeltern waren weniger begeistert von dieser Drogenhöhle, wie Tante Renate den Rollpalast nannte. Dort würde ich zum Rauchen verführt, so meine Pflegemutter, und Onkel Dieter erklärte mir unentwegt, dass die Jungs doch alle nur »das eine« wollten. Überhaupt war »das eine« für Onkel Dieter ein mächtig großes Thema. Ich hatte noch nicht einmal einen Freund, aber wenn es nach ihm ging, drehte sich in meinem Alter bereits die ganze Welt um Sex.

»Mooment Fräuleinchen!«, rief mein Pflegevater mir einmal hinterher, als ich mit den Rollschuhen unterm Arm gerade im Begriff war, das Haus zu verlassen. »Hast du nicht etwas vergessen?«

Zähneknirschend schob ich die Tür wieder zu und ging in die Küche. Onkel Dieter stopfte gerade Zigaretten für den Abend, und Tante Renate war mit ihren Eltern in der Stadt. Ich glaube, es war das einzige Mal, dass ich mit Onkel Dieter allein zu Hause war, und ich fühlte mich plötzlich wie gefangen.

»Ich will in den Rollpalast«, antwortete ich, und noch ehe Onkel Dieter danach fragen konnte, fügte ich schnell hinzu: »Tante Renate hat es mir erlaubt!«

Mein Pflegevater schob die Stopfmaschine beiseite, warf sich in die Brust und kam auf mich zu.

»So? Hat sie das? Und wenn ich es dir nicht erlaube?«

Verunsichert sah ich ihn an. Wäre meine Pflegemutter hier, hätte er es nicht gewagt, sich so wichtigzumachen. Um aber am Ende nicht doch noch Hausarrest zu bekommen, spielte ich mit.

»Darf ich bitte in den Rollpalast?«, fragte ich artig, und prompt hellten sich Onkel Dieters Gesichtszüge auf.

»Na komm mal her«, brummte er zufrieden. »Ich will dir ja nicht den Spaß verderben!« Er zog mich am Arm näher an sich heran, legte seine Hände auf meinen Hintern und drückte mich an sich. Widerwillig ließ ich es über mich ergehen und hoffte, dass mir wenigstens seine Zunge erspart bliebe. Auf einmal wurde Onkel Dieter ernst. Er packte mich an den Schultern und sah mir eindringlich in die Augen.

»Kann ich dir vertrauen?«, fragte er und legte dabei seine Stirn in Falten. »Kann ich dir wirklich vertrauen?«

Ich verstand nicht recht, worauf er hinauswollte, und verspürte einen Anflug von Panik in der Magengegend. Als ich nach ein paar Sekunden immer noch nicht geantwortet hatte, rüttelte mein Pflegevater mich kurz an den Schultern. »Versprich mir, dass du dich nicht mit Jungs triffst! Versprichst du mir das?«

Erleichtert atmete ich auf. »Nein, ich treffe mich nur mit Nele«, versicherte ich brav und blickte sehnsüchtig Richtung Haustür. Onkel Dieters Gesichtszüge verzogen sich zu einem schelmischen Grinsen.

»Du weißt ja, als Pflegevater bin ich verpflichtet zu kontrollieren, ob du noch Jungfrau bist!« Vor Schreck wurde ich kreidebleich, aber ich versuchte, mich schnell wieder zu fangen.

»Sehr witzig!«, schnaubte ich mit gespielter Selbstsicherheit und schob seine Hände von meinen Schultern.

»Das ist kein Witz, das gehört zu meinen Pflichten«, sagte Onkel Dieter, und dabei pikste er mir mit seinen dicken Fingern in die Seite. »Hä! Was meinst du? Muss ich das mal kontrollieren? Hä?«

Reflexartig stieß ich seine Hände weg. »Kann ich jetzt bitte gehen? Nele wartet schon!«

Ohne auf meine Frage zu antworten, fing Onkel Dieter an, mich zu kitzeln.

»Hä!? Na sag schon!? Muss ich? Muss ich?«

Wieder stieß ich seine Hände beiseite, aber weil ich ziemlich kitzelig war, konnte ich mir ein kurzes Aufquieken nicht verkneifen. Onkel Dieter hielt das scheinbar für ein Zeichen meiner Freude und lachte auf.

»Jahahaha! Ich muss das mal kontrollieren! Hä?« Plötzlich machte er sich an meiner Hose zu schaffen.

Ich geriet in Panik. »Lass das! Hör auf!«, schrie ich, wobei es zu einer kleinen Rangelei kam, doch mein Pflegevater schien auch das noch immer für einen Spaß zu halten. Schließlich gelang es ihm, meinen Hosenknopf zu öffnen und den Reißverschluss ein Stück herunterzuziehen.

»Hör auf! Hör auf! Hör auf!«, schrie ich hysterisch, während ich Onkel Dieter bei jedem »Hör auf!« mit aller Kraft auf die Arme schlug. Erst da ließ mein Pflegevater endlich von mir ab, und ich war mit einem Satz im Flur. Völlig verstört starrte ich Onkel Dieter an. Ich wollte ihm etwas entgegenschleudern, aber so schockiert wie ich war, wollten mir einfach nicht die richtigen Worte einfallen.

»Ich mach doch nur Spaß!«, stammelte mein Pflegevater, doch ich war schon an der Haustür. Mit zittrigen Händen schloss ich meine Hose und stellte mich in die geöffnete Tür, sodass ich jeden Moment flüchten konnte.

»Ich geh dann jetzt, okay?«, rief ich, denn trotz des Vorfalls traute ich mich nicht, ohne Erlaubnis zu verschwinden. Einen Augenblick horchte ich in den Flur, und als ich keine Antwort bekam, zog ich die Tür hinter mir zu und machte mich auf und davon. Meine Beine waren wie Gummi, als ich die Treppen vor der Haustür hinunterlief. Bis zur nächsten Straßenkreuzung rannte ich, erst dann wurde ich langsamer. Schlimme Gedanken drängten sich in meinen Kopf. Gedanken wie eine graue Rauchwolke, die mir irgendetwas zu sagen versuchte, aber ich hatte Angst hinzuhören.

Ich wusste nicht im Geringsten, wie ich mich aus all dem befreien sollte. Mir wurde ganz anders, als es mir einen kurzen Moment lang dämmerte, dass er noch weitergehen könnte als bisher. Wohin sollte ich mich in Sicherheit bringen? Keiner half mir, und mein Vater blockte jedes Mal ab, wenn ich von

Onkel Dieter erzählen wollte. Er hatte mir deutlich zu verstehen gegeben, dass er mir nicht helfen würde, und erst recht würde er mich nicht hier wegholen. Obwohl er selbst meine Pflegeeltern einmal »Asoziale« genannt hatte, waren sie für ihn ganz offenbar das Umfeld, wo ich nun mal hingehörte. War ich doch selbst nichts wert.

Ich hielt an, zwang mich, tief durchzuatmen, und schob die Gedanken mit aller Macht beiseite. Es war besser, nichts zu denken. Denken machte, dass ich mich noch ausgelieferter fühlte, und ändern konnte ich daran ja doch nichts.

Als ich am Rollpalast ankam, wartete Nele schon. »Hey, Mann, wo bleibst du denn?«, fragte sie vorwurfsvoll.

Schuldbewusst senkte ich den Blick. »'tschuldigung, Onkel Dieter wollte mich nicht gehen lassen.«

»Hm!«, brummte Nele grimmig. Ich aber war nur froh, dass sie nicht weiterfragte.

9

Ausgedient

Nach langem Warten und nachdem das Thema schon so gut wie vom Tisch war, hatten meine Pflegeeltern in diesem Sommer plötzlich die freudige Nachricht erhalten, nun doch noch ein Kind adoptieren zu dürfen. Offensichtlich war es mit mir so gut gelaufen, dass man beim Jugendamt keine Bedenken mehr hatte. Tante Renate war ganz aus dem Häuschen gewesen vor Freude, und ich hegte die leise Hoffnung, Onkel Dieter käme dadurch nun endlich auf andere Gedanken.

Eine Woche nachdem ich davon erfahren hatte, war das neue Kind da gewesen. Ich fand es ziemlich erstaunlich, wie schnell so etwas vonstattenging. Fast, als würde man eine Couch kaufen – angucken, Vertrag unterschreiben, mitnehmen.

Wie auch immer, nun waren wir um ein verängstigtes fünfjähriges Mädchen namens Nina im Haus reicher.

Tante Renate erzählte mir, dass Nina viel herumgeschoben worden war und nie ihr eigenes Bett besessen habe. Deshalb freute ich mich für sie, dass es ihr nun wenigstens in dieser Hinsicht besser ging. Am Anfang hatte Nina so gut wie gar nicht gesprochen, und noch immer redete sie nicht gerade viel. Aber wie es aussah, war das für meine Pflegeeltern zweitrangig. Viel wichtiger war ihnen offenbar, dass Nina sie »Mama« und »Papa« nannte. Und damit das nicht genauso in die Hose ging wie bei mir, hatten sie sich dem Kind auch gleich als »die neue Mama« und »der neue Papa« vorgestellt.

Mir kam das irgendwie falsch vor, und insgeheim fragte ich mich, ob nicht genau das der Grund dafür sein mochte, weshalb Nina nicht reden wollte. Tags zuvor noch war die eine Frau ihre Mama gewesen, und jetzt sollte es plötzlich eine ganz andere sein. Onkel Dieter fand jedoch schnell eine Lösung für das Problem, dass Nina nicht sprechen wollte. Sie war noch nicht lange bei uns, da überraschte ich ihn dabei, wie er sich zu Nina hinuntergebeugt hatte, seine Nase dicht vor ihrer, und sie an den Schultern festhielt.

»Wenn du nicht reden willst«, feixte er, »dann geben wir dich zurück und nehmen uns ein anderes Kind. Will die Nina das? Ja? Dann darf ein anderes Kind in deinem Bett schlafen.«

Mit tränenerstickter Stimme wimmerte Nina ein langgezogenes »Neiiiiiin!«.

Onkel Dieters Augen glänzten aufgeregt, und er sah Beifall heischend zu Tante Renate, die wie immer tatenlos danebenstand. Ninas T-Shirt war ganz nass von den vielen Tränen, und ich vermutete, dass Onkel Dieter schon eine Weile mit ihr zugange war. Und er hörte einfach nicht auf.

»Doch, doch, das machen wir«, sagte er. »Wenn du nicht lieb bist, geben wir dein Bett einem anderen Kind!«

Ninas Gesicht war rot und die Augen bereits ganz verquollen. »Ahaber … ihich … will … ja lieb sein!«, schluchzte sie. Vorwurfsvoll sah ich zu meiner Pflegemutter, und als die noch immer nichts unternahm, blitzte ich Onkel Dieter an.

»Weißt du, was du bist?«, platzte es zornig aus mir heraus. »Ein richtiger Sadist!« Noch während ich sprach, wurde mir klar, dass dieser Vorwurf böse Konsequenzen für mich haben könnte, und ich wich instinktiv einen Schritt zurück. Aber nichts passierte – keine Ohrfeige, kein mir hinterherfliegender Pantoffel, nicht einmal die üblichen Drohgebärden. Onkel Dieter starrte mich einfach nur dümmlich-grinsend an, bevor sein Blick zu Tante Renate wanderte.

»Was guckst du mich so an, ich hab damit nichts zu tun!«, wehrte meine Pflegemutter ab. Und als hätte sie nicht die ganze Zeit untätig zugeschaut, setzte sie ihren erhaben-mütterlichen Blick auf und fügte hinzu: »Da muss ich Svenja im Übrigen voll und ganz recht geben.«

Schlagartig wich Onkel Dieter das Grinsen aus dem Gesicht. »Abba ich hab doch nur Spaß gemacht!«, verteidigte er sich, und wie immer, wenn er meine Pflegemutter gnädig stimmen wollte, nahm seine Stimme dabei den Tonfall eines Kleinkinds an. Schweigend sah Tante Renate auf ihren Mann herab, der wegen seiner schlimmen Bandscheibe eine Weile brauchte, um sich aufzurichten. Er gab ein ziemlich jämmerliches Bild ab und hätte einem fast leidtun können. »Abba Nina böse«, schob er den lächerlichen Versuch hinterher, sich in Babysprache zu rechtfertigen. Doch auch das konnte Tante Renate nicht erweichen, und so machte er sich schließlich wie ein begossener Pudel davon.

Für den Moment fühlte ich mich gut, weil ich Nina hatte helfen können, wenngleich ihre Anwesenheit mir bewusst machte, dass ich meinen eigenen Bruder kaum sehen, geschweige denn beschützen konnte. Zudem war Nina ein süßes kleines Mädchen, mit hübschen wasserblauen Augen, und mir wurde ganz schwindlig bei dem Gedanken, was ihr in diesem Haus noch blühen könnte.

Wie zu erwarten, ließ Onkel Dieter mich dafür büßen, dass ich Nina in Schutz genommen hatte und ihm in den Rücken gefallen war. Seine Laune war auf dem Tiefpunkt, doch viel zu bald besann er sich eines Besseren, und die Sabberei und das Herumgegrapsche gingen weiter wie vor Ninas Einzug.

Meine ursprüngliche Hoffnung, ein kleines Adoptivkind würde Onkel Dieter an seine Pflichten und die Verantwortung als Pflegevater erinnern, war schnell dahin. Alles, was sich änderte, war, dass Onkel Dieter nun beides hatte – ein Kind, das er belehren und an dessen Tränen er sich ergötzen konnte, und ein anderes, an dem er seine sexuellen Gelüste stillen und seine Launen auslassen konnte, wenn es sich dagegen zu wehren versuchte.

∞∞∞

Als Onkel Dieter mir wieder einmal schwungvoll hinterhertreten wollte, gelang es mir gerade noch, ihm im letzten Moment auszuweichen. Um Haaresbreite hätte er das Gleichgewicht verloren und wäre mit einem schmerzhaften Platscher auf dem harten Kellerboden gelandet. Ungewollt musste ich bei der Vorstellung grinsen, was Onkel Dieter zusätzlich in Rage versetzte.

»Mal sehn, ob du das auch noch witzig findest!«, schnaubte er und kam mit erhobener Hand auf mich zugerauscht.

»Was hab ich denn getan?«, rief ich, aber da hatte ich bereits eine Backpfeife sitzen.

»Was du getan hast, willst du wissen? Was du getan hast?«, fluchte Onkel Dieter, und dabei prasselten die Schläge nur so auf mich ein. »Ich zeige dir, was du getan hast!«

Ich versuchte mich in mein Zimmer zu retten, doch Onkel Dieter griff nach meinen Haaren und riss mich zu Boden. Ich schrie laut auf, als ich auf den harten Zement knallte, doch anstatt von mir abzulassen, trat er wahllos auf mich ein. Schutz suchend vergrub ich mein Gesicht in den Armen, da kam Tante Renate die Treppe hinuntergestapft.

»Mach dir nicht die Füße schmutzig, hat doch keinen Wert mit der!«, lamentierte sie, was Onkel Dieter umso mehr anfeuerte. Noch einmal gab er sein Bestes, dann ging ihm die Puste aus. Erschöpft ließ er von mir ab und stützte sich schwer atmend auf seine Oberschenkel.

»Drecksstück!«, keuchte er abfällig und sah Tante Renate um Zustimmung heischend an. Ohne zu wissen, was vorgefallen war, pflichtete sie ihm bei.

»Lass es! Bringt doch nichts mit der!«, sagte sie, dann wurde es still. Reglos lag ich auf dem Boden und rührte mich nicht. Meine zerzausten Haare verdeckten mein Gesicht. Vorsichtig stupste Onkel Dieter mir mit dem Fuß gegen den Oberschenkel, wie einer, der prüfen will, ob die angefahrene Katze am Straßenrand noch lebt. Als ich seinen Fuß wütend zurückstieß, waren meine Pflegeeltern beruhigt.

»Komm, lass ma' gut sein!«, forderte Tante Renate ihren Mann auf. »Soll sie doch da liegen bleiben!« Dann stapfte sie wieder nach oben, und Onkel Dieter folgte ihr, nachdem er mir einen letzten Tritt verpasst hatte. Als das Licht im Keller ausging und die Tür zufiel, zog ich zitternd meine Knie heran und umklammerte sie. Bis jetzt hatte ich meine Tränen zurückhalten können, doch nun schossen sie mir ungebremst in die Augen. Niemals hätte meine Mutter so etwas zugelassen. Sie hätte alles getan, um mich zu beschützen. Ich war ein Wunschkind gewesen – ich wurde einmal geliebt! Jetzt aber schien ich nur noch Abfall zu sein. Grenzenlose Hoffnungslosigkeit machte sich in mir breit. Verzweiflung, die mich wie ein Strudel in sich hineinsog. Draußen schien die Sonne, und dennoch fing ich an zu frieren.

Als Onkel Dieters alter Granada im Hof aufheulte, lag ich noch immer zusammengekauert auf dem Fußboden. Ich hörte, wie das Auto langsam die Einfahrt hinunterrollte und davonfuhr. Entschlossen sprang ich auf und lief ins Badezimmer. Alles drehte sich vor meinen Augen, und mir war schlecht, doch ich wollte keine Zeit verlieren. Zitternd wusch ich mir im Badezimmer das rot geschwollene Gesicht und brachte meine zerzausten Haare in Ordnung. Bei jedem Bürstenstrich spürte ich meine Kopfhaut, dort, wo Onkel

Dieter dagegengetreten hatte. Schnell überdeckte ich die roten Stellen im Gesicht mit etwas Schminke und schlich die Treppe hinauf. Tante Renate saß mit einer Tasse Tee am Küchentisch, weshalb ich leise durch den Flur huschte und in meine Schuhe schlüpfte. Von der Haustür aus warf ich meiner Pflegemutter ein flüchtiges »Tschüss!« zu und machte mich davon, ehe sie mich zurückbeordern konnte. Hastig holte ich mein Fahrrad aus dem Hof, stieg auf und trat in die Pedale.

Wie meistens, wenn es mir schlecht ging, fand ich mich kurze Zeit später auf dem Friedhof am Grab meiner Mutter wieder. Es hatte noch immer keinen Grabstein, trotz des Versprechens meiner Pflegeeltern. Es war einfach ein namenloses Grab, als wolle man jede Erinnerung an Mami auslöschen. Etwa fünfzig Meter vom Grab entfernt stand die Kapelle, in der Mama und Ralf damals aufgebahrt worden waren. Tränen liefen mir über die Wangen. Ich sah wieder genau vor mir, wie sich die Menschenmassen bei der Beerdigung vor der Kapelle drängten. Inas Mutter war die einzige aus der Nachbarschaft gewesen, die den Versuch unternommen hatte, mich zu trösten. Die anderen hatten einfach nur dagestanden – gaffend, tuschelnd –, niemand war zu mir gekommen. Inas Mutter … Das war es! Wenn mir jemand helfen würde, dann sie.

Ich pflückte ein paar Gänseblümchen, legte sie auf Mamas Grab und bog wenig später in meine alte Straße ein. Es war lange her, dass ich zuletzt hier gewesen war, aber alles sah noch immer aus wie früher. In der Küche von Inas Wohnung bemerkte ich eine Bewegung. Zum Glück war jemand zu Hause! Während ich klingelte, versuchte ich die Worte in meinem Kopf zu sortieren, doch als Inas Mutter mir öffnete, konnte ich bloß weinen.

»Ach du meine Güte, Svenja, was ist denn passiert?«,

fragte Inas Mutter erschrocken, und im nächsten Augenblick tauchte Ina hinter ihr auf und sah mich mit großen Augen an. Schniefend entschuldigte ich mich für die Störung.

»Jetzt komm erst mal rein, du Arme!«, unterbrach Inas Mutter mein tränenersticktes Gestammel und schickte Ina nach draußen.

»I…hich …«, begann ich erneut, da legte Inas Mutter eine Hand auf meine Schulter.

»Ich mache dir jetzt erst mal eine heiße Schokolade, und dann erzählst du mir ganz in Ruhe, was passiert ist!«

Nach etwa einer Stunde hatte Inas Mutter genug gehört. Sie wusste von den Schlägen, den Fußtritten, und beinahe hätte ich ihr sogar von der Sabberei und dem Rumgegrapsche erzählt, aber das war gar nicht mehr nötig.

»Alles wird gut«, sagte Inas Mutter. »Ich helfe dir. Bei den Leuten hatte ich von Anfang an ein ungutes Gefühl.«

Dann griff sie zum Telefon und rief das Jugendamt an.

Eine Stunde später war ich wieder bei meinen Pflegeeltern, und Frau Gabriel rieb Onkel Dieter und Tante Renate haarklein unter die Nase, was ich zuvor Inas Mutter erzählt hatte.

Onkel Dieter geriet dermaßen in Rage, dass er mir noch im Beisein der Sozialarbeiterin eine zimmern wollte. Tante Renate war das ziemlich peinlich, und Frau Gabriel sprang im letzten Moment auf und stellte sich schützend vor mich.

»So etwas will ich nie wieder erleben!«, herrschte sie meinen Pflegevater an. »Haben Sie mich verstanden, Herr Lohmann? So etwas dulde ich nicht!« Und tatsächlich – danach schlug Onkel Dieter mich nur noch, wenn keiner vom Jugendamt dabei war. Tante Renate spielte große Betroffenheit vor und zündete sich eine Zigarette an.

»Wir tun wirklich, was wir können«, sagte sie scheinheilig, »aber langsam wissen wir einfach nicht mehr weiter mit dem

Kind.« Dann lamentierte sie ausgiebig darüber, wie schwierig es mit mir sei, während sie gleichzeitig ein Loblied auf sich und Onkel Dieter sang. Die Schläge und die Fußtritte stritt sie natürlich ab, und Frau Gabriel ging nicht weiter darauf ein.

»Wir werden es nicht akzeptieren, dass ein Kind geschlagen wird« – das war alles, was sie zu den Pflegeeltern sagte, und von dem Punkt an drehte es sich nur noch um meine angebliche Aufsässigkeit und meine vermeintlich schlechten Freunde. Ich verstand die Welt nicht mehr. Dachte Frau Gabriel tatsächlich, Onkel Dieter würde mich in Ruhe lassen, nur weil sie es »nicht akzeptierte«?

»Onkel Dieter hat auf mich eingetreten, als ich am Boden lag. Das macht er ständig!«, schob ich den verzweifelten Versuch hinterher, Frau Gabriel doch noch klarzumachen, wie schlimm es um mich stand. Es hatte mich meinen ganzen Mut gekostet, das vor meinen Pflegeeltern zu sagen, denn sollte man mich trotz allem nicht hier herausholen, wusste ich schon jetzt, dass ich allein für diese Sätze mächtig würde büßen müssen.

Onkel Dieters Schlaghand fing schon wieder an zu zucken, aber bevor Schlimmeres passieren konnte, fiel Tante Renate mir barsch ins Wort. »Jetzt ist aber Schluss!«, schalt sie mich und wandte sich entschieden an Frau Gabriel: »Svenja ist von alleine hingefallen – mein Mann würde so etwas niemals tun!«

Einen Moment lang kam Frau Gabriel ins Stocken, dann wandte sie sich zu mir.

»Schuldzuweisungen sind immer der falsche Weg … überlegen wir stattdessen besser, was passieren müsste, um ein schönes Zusammenleben herzustellen.«

Je länger das Gespräch dauerte, umso verlorener fühlte ich mich. Niemanden kümmerte, was Onkel Dieter mit mir

Meine Mutter als Baby mit meinem Großvater.

Meine Großmutter hatte dasselbe strahlende Lächeln
wie später meine Mutter.

Meine Mutter mit neun Jahren Jahren –
als Kinder sahen wir uns sehr ähnlich.

Ich liebe dieses Foto von meiner Mutter als Studentin.

Glücklich als junge Lehrerin –
es war ihr Traumberuf.

Das von meinem Vater zerstörte Foto (s. S. 226).
Hier ist meine Mutter etwa 28 Jahre alt.

Künstlerfaschingsball in Zürich –
meine Mutter mit einem Bekannten.

Wenn ich dieses Foto ansehe, stelle ich mir vor, was für eine glückliche junge Frau sie vor der Ehe mit meinem Vater war.

Mit Mama beim Picknick …

… und auf Wanderschaft.

Zeit zum Kuscheln.

In meinem Kinderzimmer in unserem ehemaligen Haus.

Familienurlaub an der Ostsee –
hier bin ich etwa sechs Jahre alt.

Ein nachdenklicher Moment.

Als ich elf war, verbrachte ich einen letzten Urlaub mit meiner
Mutter und Lasse in Italien. Ralf war auch dabei.

Eine Schulaufnahme von mir –
noch vor der großen Katastrophe.

Meine Mutter mit 39 Jahren, etwa 8 Monate vor ihrem Tod.

Mit Chrissi (s. S. 174 ff) im Alter von 14 Jahren
am Strand von Sussex.

machte, Frau Gabriel schien mir gar nicht helfen zu wollen, ich zählte einfach nicht.

Man wurde sich einig, dass die Probleme mit den Pflege-eltern wohl an meinen Freunden und dem Rollpalast liegen müssten, weshalb es am nächsten Tag ein weiteres Gespräch mit meinem Vater, dem Jugendamt und meinen Pflegeeltern gab.

»Jaja, wir haben ihr zu viele Freiheiten gelassen!«, pflich-tete Onkel Dieter meinem Vater lauthals bei. »Ab jetzt wer-den wir andere Seiten aufziehen!«

Papa und Onkel Dieter lieferten sich einen regelrechten Wettstreit, bei dem es offenbar nur darum ging, mich zu bre-chen. Am Ende beschlossen sie, mich ab jetzt an die Kette zu legen und bei jeglichem Widerstand rigoros zu bestrafen. Die Mitarbeiter vom Jugendamt wurden völlig überrumpelt von der Aggressivität »meiner Väter« gegen mich. Doch auch diesmal unternahmen sie nichts, weder, um mich hier weg-zuholen, als ich darum bat, noch, um mich zu schützen. Aber das war ich ja schon gewohnt.

Als erste Erziehungsmaßnahme wurde meine Ausgangs-zeit am Wochenende von acht auf sieben Uhr verkürzt, wäh-rend ich unter der Woche gar nicht mehr raus durfte. Inner-lich zerriss es mich fast vor Zorn, und ich spürte den bitteren Geschmack der Ungerechtigkeit auf der Zunge. Das kam also dabei heraus, wenn man sich jemandem anvertraute! Inas Mutter hatte es gut gemeint, und genau das machte mich umso verzweifelter. Wenn nicht einmal eine Erwachsene es schaffte, mir zu helfen, wie sollte ich da als Kind etwas aus-richten können? Tiefe Resignation breitete sich in mir aus, und ich brachte kein Wort mehr über die Lippen.

»Jetzt ist sie auch noch bockig!«, meinte Tante Renate, aber eigentlich schien es ihr nur recht zu sein, dass man mich endlich zum Schweigen gebracht hatte.

Außer für mich gab es am Ende mal wieder keine Konsequenzen, für niemanden, nicht einmal für Onkel Dieter wegen der Schläge.

Als ich nach dem ganzen Theater schließlich doch noch für eine Stunde raus durfte, war ich fix und fertig. Eigentlich lohnte es sich gar nicht, in den Rollpalast zu gehen, aber dahin wollte ich sowieso nicht. Zu viele Leute mit guter Laune, während mir nur zum Heulen zumute war. Ziellos lief ich die Straße hinunter, bis ich kurz vor dem Kriegerehrenmal plötzlich eine bekannte Stimme hinter mir hörte.

»Hey Svenja!« Ich blieb stehen und drehte mich um. Es war Maike, die ich im Rollpalast kennengelernt hatte. Mit ihren neuen grünen Haaren hätte ich sie fast nicht erkannt.

»Wo willste denn hin?«, fragte sie, nachdem sie mich mit ein paar schnellen Schritten eingeholt hatte. Kurz betrachtete sie mein Gesicht. »Geht's dir gut? Du siehst nämlich echt scheiße aus!«

»Pah!«, wiegelte ich ab, ohne weiter auf ihre Frage einzugehen. »Am liebsten würde ich abhauen!«

Maike grinste. »Da komm ich mit – hab auch schon wieder Stress mit meinen Alten!«

Eigentlich war ich mit Maike gar nicht befreundet, aber zum Dampf-Ablassen war sie genau die Richtige. Sie war nur ein Jahr älter als ich, aber so, wie sie fluchte, kam sie mir ziemlich erwachsen vor. Ohne uns groß abzusprechen, nahmen wir Kurs auf den Parkplatz hinterm Rollpalast, doch er war wie ausgestorben. Wir setzten uns auf die kleine Mauer und kauten mangels Zigaretten Kaugummi.

»Ehrlich, ich mein's ernst«, grollte ich verbittert. »Ich halte das nicht mehr aus bei den Pflegeeltern.«

Maike machte eine riesige Kaugummiblase und ließ sie

platzen. »Dann lass uns doch zur Marine gehn, da kannste 'ne Menge Geld verdienen!«

Skeptisch sah ich Maike an. »Klar! Da warten sie schon auf uns!«

Maike zupfte sich die Reste des Kaugummis aus dem Gesicht. »Sag ich ja!«, und dann blickten wir beide in die Richtung, aus der gerade ein Auto um die Kurve schoss. Es steuerte direkt auf uns zu und kam nach einer rasanten Vierteldrehung mit quietschenden Reifen vor uns zum Stehen. Es waren Helge, Basti und ein Typ, den ich nicht kannte.

»Hey Ladys, was läuft?«, grinste Helge aus dem Fenster und stieß dabei mit seinem Irokesenschnitt fast an den Rahmen. »Sie haut ab«, erwiderte Maike kühn und deutete auf mich, »und ich geh zur Marine!«

Helge lachte. »Kommt lieber mit uns, wir sind auf dem Weg in die Stadt!«

Die Stadt – damit war der nächstgrößere Ort gemeint. Eigentlich war er gar keine richtige Stadt, doch im Vergleich zu unserem Dorf eine wahre Metropole. Maike sah mich fragend an, und ich zuckte mit den Schultern.

»Habt ihr Zigarretten?«, entgegnete ich und bemühte mich, dabei möglichst cool zu wirken. Wie auf Kommando hielten uns die Jungs ihre Schachteln entgegen. Maike und ich mussten grinsen, und wenig später waren wir auf dem Weg in die Stadt. Kurz vor dem gelben Ortseingangsschild bog Helge in eine schmale Seitengasse ein. Basti zog einen kleinen Beutel mit Gras aus der Tasche und klebte Zigarettenpapier aneinander. Nach etwa einer Minute präsentierte er uns einen trichterförmigen Joint.

»Na, wenn der nicht perfekt ist!«, lobte er sich selbst.

»Genial«, frotzelte Helge. »Und jetzt steck die Tüte an!«

Basti hielt die Flamme des Feuerzeugs an das zugedrehte Ende des Joints, paffte ein paar Mal, und als sich die Glut durch das Papier gearbeitet hatte, nahm er einen kräftigen Zug.

»Der prallt nicht schlecht – wartet's ab!«, presste er mit angehaltener Luft hervor und reichte den Joint weiter. Maike und ich waren als Letzte dran, doch während Maike schon ziemlich genau wusste, was zu tun war, zögerte ich.

»Is' wohl dein Erster, was?«, entlarvte mich Basti. Ich nickte, und er fing an zu erklären. »Zieh einfach wie an einer normalen Zigarette, und dann halt 'ne Weile die Luft an.« Unsicher nahm ich den Joint und machte es den anderen nach. Bereits nach der zweiten Runde spürte ich die Wirkung. Ganz plötzlich schien die Zeit einen kleinen Sprung zu machen. Nicht nach vorne oder nach hinten, sondern irgendwie zur Seite. Ein angenehmer Schwindel setzte ein, und der ganze Streit und Ärger mit meinen Pflegeeltern waren auf einmal wie weggeblasen. Grinsend beobachtete ich, wie der Joint eine weitere Runde machte. Die anderen kicherten, während ich erstaunt feststellte, dass ich mich wie in Zeitlupe zu bewegen schien. Aufmerksam musterte ich meine Hände.

»Das ist normal«, sagte Maike, woraufhin ich meine Hand vor ihrem Gesicht hin und her bewegte, um sicherzugehen, dass wir beide dasselbe meinten. Mit zusammengekniffenen Augen versuchte Maike meinen Bewegungen zu folgen. »Sieht aus wie … wie …«, dann prustete sie los, und weil auch wir anderen das Marihuana spürten, steckte sie uns alle damit an. Angestrengt versuchte Maike den Lachanfall zu unterdrücken und ihren Satz zu beenden. »Sieht aus … hihi …« Sie riss sich zusammen. »Sieht aus wie …«, doch dann konnten wir nicht mehr an uns halten und brachen in schallendes Gelächter aus. Keiner von uns wusste, worüber wir eigentlich lachten, aber was es auch war, es war zum Brüllen komisch. Jedes Mal, wenn wir uns halbwegs beruhigt hatten, fing einer wieder an zu lachen, und dann gab es auch für die anderen kein Halten mehr.

Ich wusste nicht, wie viel Zeit auf diese Weise verstrich, denn jede Sekunde schien unterschiedlich lang, aber irgendwann tat mir der Bauch vom Lachen weh, und außerdem bekam ich einen Mordshunger. »Kifferhunger«, wie Helge es nannte, und weil es den anderen genauso erging, suchten wir den einzigen Schnellimbiss der Stadt auf.

Die Kellnerin wusste gar nicht, wie ihr geschah, als unsere alberne Truppe in den kleinen Laden einfiel. Sie war wirklich sehr geduldig, doch am Ende warf sie uns raus, was ich ihr nicht verdenken konnte. Da standen wir nun vor dem Imbiss, und der Duft nach Currywurst und Pommes machte unseren Hunger nur noch schlimmer.

Basti drehte sich eine Zigarette und blickte dabei verschwörerisch in die Runde. »Mein Alter hat 'ne Hütte im Wald«, sagte er schließlich, »der hat immer Raviolidosen da und vielleicht sogar noch 'ne Tüte Gras.«

Helge gab Basti zum Spaß eine Kopfnuss. »Und wieso fällt dir das erst jetzt ein?!«

Etwa eine halbe Stunde später hatte Helge sein Auto auf einem abgelegenen Waldweg geparkt, und Basti dirigierte uns auf einem kaum erkennbaren Trampelpfad durchs Dickicht. »Ich hab mal zwei Wochen in der Hütte gepennt«, erzählte er, während wir über einen umgekippten Baumstamm kraxelten, »und keiner hat's gemerkt.« Als hätte er meine Gedanken gelesen, stupste er mir mit dem Ellenbogen in die Seite. »Wenn du immer noch abhauen willst – fühl dich eingeladen!«

Ich war noch völlig bekifft, und die Idee hörte sich traumhaft an. »Echt?! Is' ja klasse! Und wie lange?«

»Scheißegal, so lange du willst! Hauptsache, du rauchst meinem Alten nicht sein Gras weg!«

»Wow! Danke!«, sagte ich und lächelte selig. Alles wirkte plötzlich so einfach und leicht, auch wenn ich mir kaum vorstellen konnte, wo hier in diesem Gestrüpp eine Hütte sein sollte. Nach etwa einem halben Kilometer jedoch hatten wir unser Ziel erreicht, und tatsächlich – da stand sie zwischen zwei Buchen. Mit einem »Tadaa!« öffnete Basti das Vorhängeschloss und ließ uns hinein. Wir fanden uns in einem überraschend ordentlichen Raum mit zwei Stühlen wieder, einer Holzkiste als Tisch, einer Hängematte und einem großen Kerzenständer, der aussah, als wäre er früher mal eine Straßenlaterne gewesen. Im einzigen Regal an der Wand standen verschiedene Wasserpfeifen, und auf dem Boden unter einem kleinen Sprossenfenster befanden sich – sorgfältig gestapelt – die versprochenen Dosen Ravioli.

Es waren die besten Ravioli meines Lebens, auch wenn wir sie mangels funktionstüchtigem Gaskocher kalt aus der Dose aßen. Innerhalb weniger Minuten waren zwei Konserven leer, und ganz allmählich wurde ich wieder klarer im Kopf. So traumhaft sich Bastis Angebot eben noch angehört hatte, kam nun der leise Verdacht in mir auf, dass Weglaufen doch keine so gute Idee war. Ganze vier Jahre waren es noch bis zu meiner Volljährigkeit, die konnte ich schließlich unmöglich im Wald verbringen. Die restlichen Raviolidosen würden jedenfalls höchstens noch bis übermorgen reichen – und dann musste ich auch noch an Krümel denken.

Mit mächtig Verspätung stand ich um zehn Uhr abends vor der Tür meiner Pflegeeltern. Ich war auf einiges gefasst und gab mir Mühe, möglichst reumütig zu wirken. Tante Renate öffnete mir, ohne die Miene zu verziehen.

»'tschuldigung, ich hab …«

Meine Pflegemutter fiel mir ins Wort. »Is' mir egal, was du

hast, pack deine Zahnbürste ein und etwas zum Schlafen – du kommst weg!«

Irritiert sah ich Tante Renate an. »Jetzt gleich? Wohin denn?« Doch ich bekam keine Antwort.

»Los!«, drängte meine Pflegemutter. »Das hast du dir selbst zuzuschreiben!«

Wenige Minuten später saß ich auf der Rückbank von Onkel Dieters Granada.

»Wir bringen dich ins Kinderheim«, brummte er und sah mich dabei kurz im Rückspiegel an. »Is' schon alles mit deinem Vater geklärt.«

Für den Rest der Fahrt herrschte Schweigen. Nach etwa fünfzehn Minuten waren wir da. Onkel Dieter parkte das Auto in der Hofeinfahrt eines großen Hauses und stieg aus. Wortlos drückte er mir meine Tasche in die Hand, während Tante Renate an der Tür klingelte. Eine Frau mittleren Alters ließ uns herein, und ich wurde ohne viele Worte über einen kahlen Gang zu einem Zimmer gebracht.

»Pst, du musst leise sein, Frieda schläft schon«, flüsterte die Frau und schob mich, ohne das Licht anzuschalten, in den Raum. Im Schein der Leuchtstoffröhren, die im Flur brannten, erkannte ich ein Etagenbett. »Hast du was zum Schlafen dabei?«, fragte die Frau. Ich nickte. »Gut, dann zieh dich gleich um und leg dich hin. Du schläfst dort!«, und dabei deutete sie auf die untere der beiden Liegen. »Gute Nacht!«, sagte sie noch, dann schloss sie die Tür, und weg war sie.

Unsicher blickte ich in die Dunkelheit. Im Zimmer roch es nach PVC-Boden und Zitronenreiniger, und im Bett über mir hörte ich den Atem meiner Zimmergenossin. Mit der Zeit gewöhnten sich meine Augen an das spärliche Licht, das durch die Schlitze der Rollos von der Straße hereinfiel. Links an der Wand machte ich die Umrisse eines Kleiderschranks aus, und vor dem Fenster stand offenbar ein Schreibtisch. Die restlichen Möbel waren in das fahle Grau der Nacht gehüllt.

Dies ist nun also mein neues Zuhause, dachte ich. Alles war so schnell gegangen, dass ich noch gar nicht wusste, ob ich es gut oder schlecht finden sollte. Ich war jedoch viel zu müde, um darüber nachzudenken, und auch wenn die Umstände es kaum hätten vermuten lassen: In dieser Nacht schlief ich tief und fest wie zuletzt auf unserer Insel.

Am nächsten Morgen war keine Schule, und obwohl die Sonne vom strahlend blauen Himmel schien, war es kalt. Vor dem Frühstück machte ich mich mit Frieda, meiner Zimmergenossin, bekannt. Meine plötzliche Anwesenheit schien sie nicht sonderlich zu überraschen.

»Komm, ich zeig dir den Speiseraum«, sagte sie, und ich folgte ihr. Nach einer Tasse Kakao erkundete ich mein neues Zuhause. In einer Ecke im Hof standen ein paar Mädchen und Jungs im Kreis und rauchten, die meisten waren in meinem Alter. Etwas unsicher ging ich auf die Gruppe zu und wurde schon von Weitem begrüßt.

»Hey! Du bist also der Neuzugang!«

Wir stellten einander vor, und ich wurde im Schnellverfahren über die Gepflogenheiten und Vorschriften des Heimlebens aufgeklärt. Für jedes Alter gab es bestimmte Regeln, und in meinem Fall stellten diese in jeder Hinsicht eine Verbesserung dar: Mehr Taschengeld, längere Ausgangszeiten, und als ich fragte, ob die Betreuer einen schlugen, sahen die anderen mich an, als käme ich vom Mond. Hier würde ich es aushalten können! Und das Allerbeste war: Ab sofort keine Sabberzunge mehr! Ich fühlte mich wie im Paradies, und das erst recht, als Ela, ein Mädchen aus der Raucherecke, mir erzählte, dass sogar Haustiere erlaubt seien.

Wenige Minuten später rief ich bei meinen Pflegeeltern an. Tante Renate hob ab.

»Hallo ich bin's, wie geht's Krümel?«, sprudelte es aus mir heraus.

Ich hatte Tante Renate gar nicht zu Wort kommen lassen, weshalb sie reichlich verwirrt schien. »Was? Krümel? Gut! Wieso? Wie geht es dir denn?«

»Alles in Ordnung!«, zwitscherte ich ins Telefon. »Weißt du, man darf hier auch Haustiere …«, doch Tante Renate unterbrach mich.

»Na, jetzt erzähl mal, wie ist es denn da im Kinderheim?«

»Richtig gut«, antwortete ich, »aber könntest du mir Krümel …« Wieder wurde ich unterbrochen.

»Weißt du, Svenja, das hast du dir alles selbst zuzuschreiben.«

Ich wiegelte ab. »Kein Problem – darf ich Krümel …«

Tante Renate wurde ärgerlich. »Du musst jetzt nicht so tun als ob! Du kannst ruhig sagen, wenn es dir nicht gefällt!«

Langsam wurde ich nervös. »Aber es gefällt mir hier! Ich ruf doch nur an wegen Krümel! Wenn ihr keine Zeit habt, ihn zu bringen, hole ich ihn gerne ab!«

Tante Renate schwieg einen Augenblick. »Wir kommen vorbei«, schnaubte sie schließlich ins Telefon und legte auf. Verunsichert ging ich zurück zu den anderen. So, wie Tante Renate geklungen hatte, ahnte ich nichts Gutes.

Nach etwa einer Stunde wurde ich ins Büro gerufen. Als ich die Tür öffnete, waren meine Pflegeeltern schon da. Suchend wanderte mein Blick durch den Raum.

»Wo ist Krümel?«, fragte ich, und ein mulmiges Gefühl stieg in mir auf.

Tante Renate warf mir ein gequältes Lächeln zu. »Ist ja gut. Wir kommen, um dich abzuholen.«

Ich erschrak. »Was?! Nein! Wieso mich abholen? Ich möchte hierbleiben!«

Tante Renate sah die verdutzte Betreuerin an. »Das sagt

sie jetzt nur, weil sie trotzig ist!«, beeilte sie sich zu erklären. »Vorhin am Telefon hat sie gebettelt, dass wir sie abholen.«

»Was?!«, platzte es aus mir heraus. »Ich wollte doch nur Krümel haben!« Panik ergriff mich, und am liebsten wäre ich weggelaufen. Die Betreuerin wusste gar nicht, wie sie reagieren sollte, und blickte unsicher von einem zum anderen.

»Svenja!«, schimpfte Tante Renate. »Du kannst jetzt mit dem Theater aufhören! Du hast mich angerufen, weil du nach Hause wolltest!«

Unwillkürlich wich ich einen Schritt zurück. »Nein, das stimmt doch gar nicht! Ich wollte nur meinen Hamster!« Es war mir unerklärlich, wie Tante Renate derart lügen konnte. Fragend sah die Betreuerin erst Tante Renate, dann Onkel Dieter und schließlich mich an.

»Ja also …«, doch weiter kam sie nicht.

»Svenja will nach Hause«, unterbrach Tante Renate die Frau, »das können Sie mir ruhig glauben! Sie ist einfach nur bockig.«

Ich fühlte mich, als wohnte ich meiner eigenen Hinrichtung bei. »Nein!«, protestierte ich und warf der Betreuerin einen Hilfe suchenden Blick zu. »Ich will hierbleiben!«

Tante Renate wurde lauter. »Quatsch! Jetzt red keinen Unsinn! Der Hamster war doch bloß ein Vorwand!« Ohne mich weiter zu beachten, wandte sie sich an die Betreuerin. »Ist dann so weit alles geklärt?!«

Die Frau schien nach wie vor verunsichert. »Ja, also … ich denke schon.«

Dann wurde ich trotz meines Protests von Tante Renate zur Tür hinausgeschoben und kurzerhand ins Auto verfrachtet.

Das Jugendamt erfuhr erst im Nachhinein von der ganzen Sache und war ziemlich verärgert. Von da an schienen Papa und meine Pflegeeltern mit dem Jugendamt auf Kriegsfuß zu stehen.

»Das hat man nun davon, dass man sich um fremde Bälger kümmert«, schimpfte Tante Renate. »Jetzt muss man sich auch noch vor den Amtsfuzzis rechtfertigen.«

Zum ersten Mal waren meine Pflegeeltern ganz auf der Seite meines Vaters, vor allem, nachdem sie erfuhren, dass auch er offenbar Probleme mit dem Jugendamt bekommen hatte. Die Vorkommnisse der letzten Tage würden Konsequenzen haben, und mit einem Mal war nicht mehr nur ich für Papa und meine Pflegeeltern die Böse – jetzt war es auch noch das Jugendamt. Diesem erklärten sie kurzerhand, dass sie keine weitere Unterstützung wünschten, da alles wieder in Ordnung sei. Natürlich glaubte das Jugendamt das nicht und teilte Papa und meinen Pflegeeltern mit, dass es weitere Gespräche geben müsse und sie im Interesse des Kindes nicht bereit wären, eine derartige Haltung zu akzeptieren. Dennoch haben sie letztendlich genau das getan, und ich habe nie wieder etwas von ihnen gehört. Kein einziger Mitarbeiter vom Jugendamt stattete meinen Pflegeeltern mehr einen Kontrollbesuch ab. Niemand fragte mich jemals, wie es mir weiterhin erging. Das Jugendamt schien sich komplett zurückzuziehen, fast als habe man Angst vor dem, was man wohl noch erfahren könnte.

Zurück bei meinen Pflegeeltern, ging alles weiter wie bisher. Mir war unbegreiflich, wieso sie mich überhaupt aus dem Heim geholt hatten, bei dem ständigen Streit, und nach einer Weile beschloss ich, Tante Renate genau diese Frage zu stellen. Es war eine gute Gelegenheit, weil Onkel Dieter mit Nina im Garten war. Ich goss mir einen Becher von dem Gebräu aus der Kaffeemaschine ein und setzte mich zu ihr an den Küchentisch. Meine Pflegemutter war gerade dabei, das gute Besteck aus dem Wohnzimmer auf Hochglanz zu polieren, und kaum saß ich, putzte sie, als gäbe es einen Pokal zu gewinnen. Schweigend blickte ich auf die kleinen Schaumbläschen in meinem Kaffee, während ich nach den richtigen Worten suchte.

»Wieso habt ihr mich nicht dagelassen?«, fragte ich schließlich geradeheraus, und als Tante Renate nicht antwortete, fügte ich hinzu: »Mir hat es wirklich gut in dem Kinderheim gefallen.«

Mit leisem Stöhnen legte Tante Renate das Poliertuch und den Löffel beiseite, mit dem sie gerade beschäftigt war. »Wieso tust du mir das an?« Ihre Stimme klang niedergeschlagen. »Wieso musst du mich so verletzen?«

Ich war überrascht, wie gekränkt Tante Renate war. Ich selbst hielt es für unvorstellbar, dass sie auch nur eine Sekunde hatte glauben können, mir könnte es bei ihr und Onkel Dieter gefallen, so wie es bei uns lief. Ich spürte einen Anflug von schlechtem Gewissen, aber gleichzeitig kam eine vage Hoffnung in mir auf, wieder ins Heim zu dürfen.

»Ich will dich nicht verletzen«, antwortete ich mit gesenktem Kopf. »Ich verstehe nur nicht, warum ihr mich aus dem Heim geholt habt.«

Tante Renate taxierte mich mit einer Mischung aus gespieltem Mitgefühl und offener Wut. »Du willst wissen, warum!?« Und als ich ihren Blick standhaft erwiderte, schleuderte sie mir ein trotziges »Aus Mitleid!« entgegen. Einen Moment lang verschlug es mir die Sprache. Man hätte glatt denken können, sie wäre nicht selbst dabei gewesen, als ich energisch dagegen protestiert hatte, abgeholt zu werden.

»Aus Mitleid?«, wiederholte ich fassungslos und musste mich in diesem Moment arg beherrschen, nicht loszuschreien. »Ich habe doch gesagt, ich will dort bleiben!«

Tante Renates Gesichtsausdruck wurde grimmig. »Kannst du es immer noch nicht lassen!?«, fuhr sie mich an. »Was soll das?! Willst du mich fertigmachen? In so einem Heim kann es einem ja gar nicht gefallen!«

Fieberhaft dachte ich nach. Das Kinderheim war für mich ein wahrer Hoffnungsschimmer gewesen, eine Chance auf ein Leben ohne Onkel Dieters Übergriffe. Eine Chance, wieder mir zu gehören und nicht meinem Pflegevater, der mit mir machen konnte, was er wollte. An dieser Hoffnung klammerte ich mich fest. Sie hatten jetzt immerhin Nina, vielleicht ließen sie mich ja gehen …

»Doch«, entgegnete ich bestimmt. »Da hat es mir gefallen, und ich möchte wieder dorthin.«

Einen Augenblick sah es aus, als hüpften die Gedanken wie Gummibälle durch Tante Renates Kopf, dann wurde sie böse. »Darüber haben aber nicht wir zu bestimmen!«, blaffte sie mich an. »Das entscheidet schließlich dein Vater! Oder glaubst du ernsthaft, der würde das Heim bezahlen?«

Ich schluckte. Der Gedanke, Papa könnte hinter alledem stecken, war mir neu.

»Und warum habt ihr mich dann überhaupt erst ins Heim gebracht, wenn Papa es sowieso nicht bezahlen will?«, fragte ich entmutigt.

Tante Renate griff wieder nach dem Poliertuch und fing hektisch an, den Löffel zu putzen. »Das kannst du deinen Vater ja mal selbst fragen!« Und dann folgte eine üble Schimpfkanonade auf Papa, weil der alle Entscheidungen treffe und sie sich wie Eltern zweiter Klasse vorkämen. Am Ende war ich genauso schlau wie vorher.

»Aber wenn er das Heim sowieso nicht bezahlen wollte«, fragte ich noch einmal, »warum habt ihr mich dann überhaupt dorthin gebracht?«

Tante Renate war ziemlich in Rage, und der Gedanke an meinen Vater brachte sie nur noch mehr in Fahrt. »Dein Vater wollte dir einen Schock versetzen«, blaffte sie. »Du solltest mal sehen, wie es in so einem Heim zugeht, damit du keinen Ärger mehr machst! So, jetzt weißt du es! Dein toller Vater hat sich das alles ausgedacht! Dieser Mann ist wirklich unglaublich!« Es hörte sich an, als verabscheue Tante Renate das ganze Vorgehen zutiefst, und ich vergaß darüber beinahe, dass sie bei alledem selbst mitgemacht hatte. Als sie etwas ruhiger geworden war, holte sie tief Luft und sah mir eindringlich in die Augen.

»Jetzt sag mal ehrlich, da hat es dir doch nicht wirklich besser gefallen, oder?« Ich senkte den Kopf, denn ich wollte sie nicht zusätzlich mit meinen Blicken provozieren.

»Doch«, erwiderte ich, »und ich wünschte, ihr hättet mich dort gelassen.«

❧❧❧

Gute zwei Wochen waren seit meinem Heimaufenthalt vergangen, als die Ferien anfingen. Ich war inzwischen vierzehn Jahre alt, und auch wenn Mamis Todestag sich nun zum zweiten Mal jährte, spürte ich noch immer diesen abgrundtiefen Schmerz in mir.

Um mich von meinen Freunden aus dem Rollpalast fernzuhalten, die mein Vater allesamt als Abschaum und Drogensüchtige bezeichnete, wurde beschlossen, mich für zwei Wochen nach England auf eine Sprachreise zu schicken. Wenn ich die ganzen Ferien nichts zu tun hätte, käme ich nur auf dumme Gedanken, behauptete Papa, und so verordnete man mir Schulunterricht. Eigentlich sollte das Ganze eine Strafe darstellen, aber ich freute mir fast ein Loch in den Bauch, als es endlich losging.

In Sussex angekommen, wurden wir jeweils zu zweit auf Gastfamilien verteilt, wobei ich ausgerechnet mit Antonia, einer von Papas Schülerinnen, zusammenkam. Ich erfuhr

174

schnell, dass mein Vater nicht gerade Tonis Lieblingslehrer war, und eigentlich hatte sie ihren ganzen Frust auf Papa an mir ablassen wollen. Dann aber lernten wir uns kennen und verstanden uns vom ersten Augenblick an bombig. Sogar der Schulunterricht am Morgen machte mit Toni Spaß, und wir lernten dabei viel über England und seine lustigen Bräuche. Es gibt schon ein ulkiges Bild ab, wenn man sich vorstellt, wie eine Horde Menschen mit einem Riesenkäse um die Wette läuft, und auch Knallbonbons zu Weihnachten fand ich eher witzig als besinnlich.

Es wurden die besten zwei Wochen seit Langem, auch wenn ich beim Baden im Ärmelkanal einmal fast ertrunken wäre. Die Lifeguards zogen mich keine Sekunde zu früh aus dem Wasser. Das Aufregendste aber war ein Ausflug nach London. In der Carnaby Street kaufte ich mir einen Nietengürtel und eine Platte von David Bowie, und später stach Chrissi, ein Mädchen aus unserer Gruppe, mir je ein weiteres Loch in die Ohrläppchen.

Am Morgen vor der Abreise gab es eine große Heulerei, weil einige von uns sich verliebt hatten und der Abschied vermutlich für immer sein würde. Im Bus saßen wir deshalb alle manierlich auf unseren Plätzen, anstatt uns mit Papierkügelchen zu bewerfen wie auf der Hinfahrt. Schweigend blickte ich durch das schlierenüberzogene Fenster in die Morgensonne und hing meinen Gedanken nach. Die letzten zwei Wochen erschienen mir wie das Leben einer anderen. Es war ein großartiges Gefühl gewesen, so ganz ohne Sabberzunge und Fußtritte. Inzwischen war so etwas für mich kaum noch vorstellbar. Ich spürte einen dicken Knoten in meinem Magen, wenn ich an all das dachte, was mich zu Hause erwartete. Die zwei Wochen in England hatten mir ein Stück Normalität vor Augen geführt und mir Mut gemacht. Wenn ich nur lange genug durchhielt, so dachte ich an jenem Morgen, würde auch ich eines Tages frei sein, und nichts und niemand würde mehr über mich und meinen Körper verfügen dürfen.

Nach den Ferien wurde ich in der achten Klasse unserer Dorf-Realschule angemeldet. Mein Vater war ja ohnehin der Ansicht, ich sei zu dumm fürs Gymnasium, und meine Pflegeeltern hatten noch nie einen Sinn darin gesehen, dass ich jeden Tag mit dem Bus in die Stadt fuhr, wenn die Realschule doch gleich nebenan war. Besser wurden meine Noten dort aber auch nicht, zudem war ich jetzt auch noch die Neue in der Klasse.

Und als wäre es eine Art Negativ-Wettbewerb, lief es bei den Pflegeeltern inzwischen sogar noch schlechter. Tante Renate war nach wie vor sauer, weil ich lieber ins Kinderheim gegangen wäre, während Onkel Dieter offenbar die zwei verlorenen Wochen nachholen wollte. Immer häufiger drückte der Widerling sich irgendwo im Keller herum, ganz besonders abends, wenn ich gerade dabei war, mich fürs Bett fertig zu machen. Kaum ging ich ins Badezimmer, hörte ich kurz darauf sein asthmatisches Röcheln durch die Tür, und wenn ich anschließend herauskam, fiel ich ihm oft direkt in die Hände. Meistens wartete ich deshalb im Bad, bis es im Keller wieder leise wurde, aber auch das war keine Garantie. Sobald ich die Tür öffnete, war es jedes Mal ein Spießrutenlauf, bei dem ich nie wusste, ob ich es unbeschadet in mein Zimmer schaffen oder ob Onkel Dieter mich irgendwo abfangen und mir seine Zunge in den Mund drücken würde.

Eines Abends jedoch hörte ich auf, mich ängstlich im Bad herumzudrücken. Seit mindestens einer Viertelstunde drang schon wieder Onkel Dieters Keuchen durch die Tür, und ich hatte einen verstörenden Verdacht. Unauffällig trat ich auf die linke Seite des großen Badezimmers, von wo aus ich lautlos an der Wand entlang bis zur Türklinke schlich. Dann riss ich mit einem schnellen Ruck die Tür auf – und wich im nächsten Moment erschrocken zurück. Direkt vor mir kauerte mein Pflegevater in gebückter Haltung, die Augen auf Höhe des Schlüssellochs. Eben noch war es nur eine ungeheuerliche Vermutung gewesen, doch jetzt hatte ich ihn auf frischer Tat ertappt.

»Was tust du da?!«, schrie ich wütend, während Onkel Dieter sich ächzend in die Senkrechte hievte.

»Ich … äh … ich … ich wollte kontrollieren, ob du heimlich rauchst«, stammelte er. »Tuste aber nicht – Glück gehabt!«

Zornig stemmte ich die Hände in die Hüften. »Willst du mich für dumm verkaufen? Du gibst mir doch selbst immer Zigaretten, was sollte ich denn sonst damit tun, als sie zu rauchen?!«

Onkel Dieter plusterte sich auf. »Jetzt werd mal nicht frech, Fräu…« Doch ehe er zu Ende sprechen konnte, ließ ich ihn stehen und stapfte wutentbrannt zu Tante Renate in die Küche. Diesmal gab es keinen Zweifel an dem, was mein Pflegevater getan hatte, und bei der lauten Schreierei musste auch sie es gehört haben. Endlich würde Onkel Dieter nichts mehr leugnen können, und zum ersten Mal, seit ich bei den Pflegeeltern wohnte, fühlte ich mich stark und gar nicht mehr hilflos.

»Hast du das gehört?«, zischte ich Tante Renate an, aber das war nur eine rhetorische Frage. Meine Pflegemutter saß unbeteiligt am Küchentisch und nahm einen Schluck Kaffee aus ihrer Tasse. »Dein Mann hat durchs Schlüsselloch geguckt!«, sagte ich empört.

Inzwischen hatte es auch Onkel Dieter die Treppe hinaufgeschafft und stand keuchend im Flur. »Ich … hab's doch schon gesagt! Ich hab nur kontrolliert, ob du heimlich

rauchst!«, verteidigte er sich, aber ich ließ mich nicht verun-
sichern.

»Ja klar!«, höhnte ich. »Als ob du nicht …«

Ehe ich fortfahren konnte, fuhr Tante Renate mich an.

»Was, bitte schön, soll er denn sonst da gemacht haben,
hä?«

Ungläubig wandte ich mich um und starrte sie an.

»Wonach soll er denn sonst geguckt haben!?«, fragte sie
drohend.

Ich schluckte. Die Worte lagen mir auf der Zunge, aber so,
wie Tante Renate mich angiftete, wagte ich nicht, sie auszu-
sprechen.

»Na los! Was? Sag schon!«, drängte meine Pflegemutter,
und ihr eisiger Gesichtsausdruck ließ nicht den geringsten
Zweifel daran, dass ich es bitter bereuen würde. In meinem
Kopf drehte es sich wie in einer Waschmaschine. »Was?«,
fauchte Tante Renate noch einmal und knallte lautstark ihre
Kaffeetasse auf den Tisch. Ich fuhr zusammen. Mein ein-
samer Anflug von Selbstsicherheit war verschwunden, und
plötzlich fühlte ich mich wie ein Verbrecher auf der Ankla-
gebank. Nervös kaute ich auf meinen Fingernägeln herum.
Tante Renate wurde ungeduldig.

»Red endlich!«

Und plötzlich platzte wie von selbst ein verbittertes »Was
weiß denn ich!« aus mir heraus, und ich rannte wütend und
verzweifelt in mein Zimmer.

Nach der Schlüssellochsache ging es bei meinen Pflegeeltern rapide bergab, was sicher auch an der Schwangerschaft
lag, von der Tante Renate mir vor einigen Wochen erzählt
hatte. Seit Jahren waren meine Pflegeeltern überzeugt gewesen, niemals eigene Kinder bekommen zu können. So hatten es ihnen offenbar die Ärzte diagnostiziert, und so hatte

es sich in der Vergangenheit bestätigt. Eine Schwangerschaft sei medizinisch unmöglich, hatte Tante Renate gesagt – und jetzt erwartete sie plötzlich doch ein Kind. Vermutlich war für meine Pflegeeltern nun alles perfekt – abgesehen von mir, dem lästigen Übel, welches nicht nur das dringend benötigte Zimmer belegte, sondern auch noch die krampfhaft errichtete Illusion von Friede-Freude-Eierkuchen zu zerstören drohte.

Natürlich konnten meine Pflegeeltern mich nicht einfach wieder zurückgeben, nachdem ich anfangs doch ihre letzte Hoffnung gewesen war. So etwas gehörte sich nicht und hätte beim Jugendamt sicher kein gutes Bild abgegeben. Meine Umtauschfrist war abgelaufen, jetzt mussten gute Gründe her, die meine Rückgabe rechtfertigten. Gründe, die für jeden nachvollziehbar waren und die vor allem nicht diesen fahlen Beigeschmack von Charakterlosigkeit hinterließen.

Die Stimmung mir gegenüber wurde immer feindseliger, und vor allem Onkel Dieter trug mir nach, dass ich ihn wegen der Schlüssellochsache verpetzt hatte. Immer häufiger schlug er zu, und am Ende lag ich nicht selten wieder auf dem Boden, und er trat auf mich ein. Ein »respektloses Drecksstück« nannte er mich, und Tante Renate beklagte sich bei jedem, dass sie wegen mir womöglich noch eine Fehlgeburt erleiden würde.

Von nun an schien jedes Mittel recht, was dazu diente, mich loszuwerden – Hauptsache, man konnte mir anschließend irgendwie die Schuld dafür zuschieben. Meine Pflegeeltern hatten mich jeder auf seine Weise benutzt, nie hatte ich einen Funken Sicherheit in ihrem Haus erlebt, und jetzt wollten sie mich entsorgen wie einen Sack Müll. Mein Selbstwertgefühl war völlig am Boden, und wenn Onkel Dieter mich Drecksstück nannte, fragte ich mich unwillkürlich, ob er nicht vielleicht recht damit hatte. Wer war ich denn schon, wenn man ungestraft so mit mir umgehen konnte.

Mir war klar: Ich hatte ausgedient, und je turbulenter es bei uns zuging, umso leichter war meine Entsorgung zu rechtfertigen. Doch das Allerbeste war für meine Pflegeeltern, dass die Schlüssellochsache bei dem ständigen Theater so ganz nebenbei völlig in Vergessenheit geriet.

Im Dezember brachte Tante Renate schließlich ihr eigenes Kind zur Welt, und drei Wochen später, im darauffolgenden Januar, ließen meine Pflegeeltern mich von meinem Vater abholen. Der machte nicht gerade ein Geheimnis daraus, wie unglücklich er darüber war, denn eigentlich hatte er inzwischen längst beschlossen, mich nun doch zur Adoption freizugeben. Es war mal wieder ums Geld gegangen, wie ich von Tante Renate wusste, und da hörte bei Papa bekanntlich der Spaß auf.

»Verdient einen Arsch voll Kohle, aber für seine Tochter aufkommen will er nicht. So jemandem würde ich sowieso kein Kind überlassen!«, hatte sie geschimpft, aber das war inzwischen vergeben und vergessen. Nach einem weiteren Übergriff von Onkel Dieter war es so weit. Spät am Abend rief Tante Renate Papa an, damit er mich abholte, und ich sagte meinen Pflegeeltern und Nina auf immer Lebewohl.

10

Niemand will dich

Mit vierzehn Jahren kam ich zurück in mein Elternhaus. Es war inzwischen anders eingerichtet, aber es war noch immer dasselbe Haus, welches Mama und Papa nach meiner Geburt gekauft hatten. Es hing voller Erinnerungen, doch zu Hause hatte ich mich hier schon viele Jahre nicht mehr gefühlt. Seit dem Tod meiner Mutter war ich nur noch selten bei meinem Vater zu Besuch gewesen. Vermutlich war ihm klar, dass es nach allem, was ich mit angesehen hatte, kaum einen Weg aufeinander zu gab.

Wieder in unserem Haus zu wohnen, war für mich schmerzhaft. Es erschien mir wie gestern, dass meine Mutter mir abends Gutenachtgeschichten erzählt hatte und wir im Winter auf der großen Wiese hinterm Haus Schneeengel gemacht hatten. Sogar an den Weihnachtsmann konnte ich mich noch erinnern, der, wie ich später herausfand, der Nachbarssohn von gegenüber gewesen war. Und ich erinnerte mich noch genau an den Tag vor fünfeinhalb Jahren, als wir nach all den schlimmen Vorfällen geflüchtet waren. Die Zeit hatte die Bilder verblassen lassen, doch selbst die neuen Tapeten konnten nicht verbergen, was hier geschehen war.

Ich wurde nicht gerade mit offenen Armen empfangen, und es machte auch gar nicht den Eindruck, als sollte ich längere Zeit bleiben. Papa stellte eine klapprige Gartenliege in Manuelas Zimmer und meinte: »Wir sind schließlich kein Hotel.«

Früher – in meinem anderen Leben – hatte dieses Zim

mer einmal mir gehört. Der Fußboden war noch immer genauso buckelig wie damals, und sogar den Limonadenfleck von meinem siebten Kindergeburtstag konnte man noch auf dem Teppich erkennen. Doch das war jetzt lange her, und niemand, ganz besonders nicht meine Stiefmutter, wollte etwas von früher hören.

»Du brauchst deinen Krempel gar nicht erst auspacken«, sagte sie, »in diesem Zimmer ist kein Platz für dich!« Und damit landeten meine Sachen, noch in Kartons verpackt, allesamt im Keller. Nur die nötigste Kleidung durfte ich in ein Eck von Manuelas Schrank hängen. Wenn ich sie wechseln wollte, musste ich etwas aus meinen Kartons herausfriemeln und dafür etwas anderes wieder hineinstopfen. Der Platz für meine Sachen war der Keller, und wäre es nach meiner Stiefmutter gegangen, hätte ich dort vermutlich auch geschlafen.

Es wurde schnell klar, welchen Stellenwert man mir in der Familie meines Vaters zudachte, weshalb ich mich nach der Schule am liebsten in Manuelas Zimmer verkroch. Der Rest des Hauses schien mir Feindesgebiet zu sein, in das ich mich nur wagte, wenn es überhaupt nicht zu vermeiden war. Manuela war wenig begeistert davon, ihr Zimmer teilen zu müssen, auch wenn wir uns oberflächlich gesehen gut verstanden. Es war jedoch ein ungeschriebenes Gesetz, dass ich mich völlig unterordnen musste, denn kaum passte ihr etwas nicht, lief sie schnurstracks zu ihrer Mutter, die dann dafür sorgte, dass Papa mich bestrafte. Oft erfuhr ich nicht einmal, wofür die Strafen waren, oder es hieß kurzum, ich sei frech gewesen oder faul oder beides. Es dauerte lange, bis ich verstand, wie das Ganze lief; dass Manuela diese Ungerechtigkeit nicht im Geringsten störte, bemerkte ich jedoch schnell. Vielleicht glaubte sie ja die Lügen, die ihr über Mama und mich erzählt wurden; vielleicht wollte sie diese aber auch glauben, weil es für sie ein erhebendes Gefühl war, im Vergleich zu mir nun immer als die vernünftige, die gute Tochter hingestellt zu werden.

Tante Olga, wie ich meine Stiefmutter jetzt zu nennen hatte, redete anfangs so gut wie gar nicht mit mir und mein Vater höchstens, um mich zurechtzuweisen oder mir irgendwelche Regeln zu verkünden. Mein Opa hielt sich vermutlich immer noch die meiste Zeit in seinem Dachzimmer auf, und meine Oma schien viel Wert auf ein gutes Verhältnis mit Olga zu legen. Sie hätte den Teufel getan, das meinetwegen aufs Spiel zu setzen, und so war und blieb ich eine unerwünschte Fremde im Haus meiner Kindheit.

Krümel hatte ich bei meinen Pflegeeltern zurücklassen müssen, und ich vermisste ihn sehr. Olga wollte »das Viech« nicht im Haus haben, und Papa machte mir schnell klar, dass es keine Diskussion wegen des Hamsters gäbe.

Trotz allem war ich froh, Onkel Dieter entkommen zu sein, zumindest vor ihm war ich jetzt in Sicherheit. Drei Tage später fuhr mein Vater mit mir zu den Pflegeeltern, um meine restlichen Sachen zu holen, und insgeheim freute ich mich ein bisschen darauf. Ohne Olga, so hoffte ich, bekäme ich vielleicht doch noch ein freundliches Wort von Papa zu hören. Doch als ich in seinem Auto saß, begriff ich schnell, dass da wohl eher die Hölle einfrieren würde.

»Sag mal, wie stellst du dir das eigentlich vor?«, raunzte er mich an, noch bevor wir von der Hofeinfahrt gerollt waren. »Denkst du, ich habe nichts Besseres zu tun, als mich um deine Eskapaden zu kümmern?«

Erschrocken sah ich meinen Vater an. Bei so viel Unmut über meine Anwesenheit hätte ich mich am liebsten in Luft aufgelöst. »Wieso *meine* Eskapaden?«, erwiderte ich schüchtern. »Soll ich dir mal erzählen, was bei den Pflegeeltern alles passiert ist?«

Grimmig starrte mein Vater vor sich auf die Straße. »Nein danke! Das, was sie mir erzählt haben, reicht mir voll und ganz!«

»Ich glaube aber nicht …«, begann ich, doch Papa fiel mir lautstark ins Wort.

»Ich will nichts von dir hören. Hast du mich nicht verstanden!?«

In meinem Kopf machte sich ein großes Fragezeichen breit. Frustriert ließ ich mich in den Autositz zurückfallen. Mir drängte sich der ungeheuerliche Gedanke auf, dass mein Vater mehr von dem wusste oder zumindest ahnte, was bei meinen Pflegeeltern vorgefallen war, als er zugab. Verstört sah ich ihn von der Seite her an. Wenn es sich wirklich so verhielt, dann konnte ich nicht sagen, was schlimmer war: seine Weigerung, mit mir darüber zu sprechen, oder die Tatsache, dass er es gewusst und mich dennoch nicht dort weggeholt hatte.

Den Blick auf die Straße geheftet, zündete mein Vater sich eine Zigarette an. »Denkst du eigentlich, du kannst einfach so bei uns reinplatzen und alles durcheinanderbringen? Ich habe jetzt mein eigenes Leben. Ich will dich nicht, und auch sonst will dich keiner bei uns haben!«

Ich fuhr zusammen. Obwohl Papas Worte im Grunde keine Überraschung für mich waren, tat es weh, die Wahrheit derart ungeschminkt zu hören. Gegen alle Vernunft hoffte ich, dass er es nicht so meinte. Unsicher musterte ich ihn, doch das Einzige, was ich in seiner Miene erkannte, war der Ärger angesichts meiner Existenz. Ich zog den Kopf zwischen die Schultern und machte mich ganz klein.

»Wenn du mich sowieso nicht haben willst, dann lass mich doch wieder ins Heim gehen«, nuschelte ich vor mich hin. Mein Vater warf mir einen schnellen Blick zu.

»Das würde dir so gefallen«, blaffte er, »dass ich für dein Vergnügen auch noch bezahle!«

Unwillkürlich runzelte ich die Stirn. Ich hatte noch nie gehört, dass jemand ein Kinderheim als Vergnügen bezeichnete. Für kurze Zeit herrschte Schweigen, doch dann eröffnete mein Vater erneut das Gespräch.

»Vorerst hast du Hausarrest«, brummte er. »Und du wirst tun, was Olga dir sagt! Ist das klar? Wenn Olga dir etwas vorschreibt, ist das genau so, als hätte ich es gesagt, verstanden?«

Zerknirscht presste ich ein »Ja« hervor. »Aber wieso darf ich denn nicht mehr raus?«, fragte ich und kaute nervös auf meinen Fingernägeln herum.

Über das Gesicht meines Vaters blitzte ein selbstgefälliges Lächeln.

»Ich kann dir nicht vertrauen«, antwortete er schulmeisterhaft. »Zeig mir erst einmal, dass ich dir vertrauen kann, dann darfst du auch wieder raus … aber nur am Wochenende und nur bis sechs Uhr – das reicht!«

»Nur am Wochenende?«, wiederholte ich bestürzt. »Und dann nur bis um sechs? Aber dann lohnt es sich ja gar nicht mehr, in den Rollpalast zu gehen! Der öffnet doch erst um fünf!«

»Umso besser.« Papa grinste triumphierend. »Ich will sowieso nicht, dass du dich da rumtreibst. Da gehen nur Asoziale und Schmarotzer hin!«

Verdutzt sah ich meinen Vater an. Waren Jugendliche für Papa etwa Asoziale und Schmarotzer?

Mein Vater bemerkte, dass ich ihn ansah, und sofort wurde sein Gesichtsausdruck wieder finster.

»Wie auch immer«, sagte er. »So ein Theater wie bei deinen Pflegeeltern gibt es bei uns jedenfalls nicht! Bei uns benimmst du dich, ist das klar?«

Die letzten hundert Meter bis zum Haus von Tante Renate und Onkel Dieter redeten wir nichts mehr, doch kurz bevor wir in ihre Straße einbogen, sah Papa mich noch einmal an. »Es ist ganz allein deine Entscheidung«, sagte er mit einem unheilvollen Unterton. »Verdienst du dir mein Vertrauen, darfst du länger raus – wenn nicht, bleibt alles, wie ich gesagt habe!«

Verbittert starrte ich aus dem Fenster. Ich fragte mich, womit ich Papas Vertrauen überhaupt zerstört haben sollte. Hätte ich mir vielleicht bereitwilliger Onkel Dieters Zunge in den Mund drücken lassen sollen? Oder war es ein Vertrauensbruch, als ich meine Mutter hatte beschützen wollen, wenn Papa wieder einmal dabei war, sie zu verprügeln?

Die erste Zeit bei meinem Vater war ein echter Kulturschock. Sie bestand fast ausschließlich aus Hausarrest und ständigen Maßregelungen. Olga redete wenn überhaupt, dann nur mit einem genervten Unterton mit mir, und auch das waren meist Maßregelungen. Es kam mir vor, als solle ich unentwegt für irgendetwas büßen, von dem ich nicht wusste, was es war. Zudem verfolgten mich die hässlichen Erinnerungen an die Zeit bei den Pflegeeltern, und ich wäre froh gewesen, mit jemandem darüber sprechen zu können. Doch da war ich bei meinem Vater an der völlig falschen Adresse.

»Du weißt schon, was du angestellt hast«, lautete seine Standardantwort, und wenn ich danach immer noch keine Ruhe gab, wurde sein Kopf rot und er bekam einen Wutausbruch. Mit der Zeit gab ich auf, meinem Vater irgendetwas anvertrauen zu wollen. Vermutlich hätte ich ohnehin nur gewagt, über die Schläge und Fußtritte zu reden, und dass gerade Papa so etwas am allerwenigsten beeindruckte, wusste ich nur zu gut.

Das einzig Gute an meinem neuen und zugleich alten Zuhause war, dass ich jetzt wieder mit meinem Bruder zusammenwohnte. Lasse erschien mir wie ein Relikt aus meinem früheren Leben, und ich hoffte, wir könnten irgendwann wieder normale Geschwister werden. Aber leider wurde nichts daraus. Durch die lange Trennung waren Lasse und ich uns fremd geworden, und außerdem schienen mein Vater und Olga ihm nur Schlechtes über mich erzählt zu haben. Jedes Mal, wenn ich mit ihm reden wollte, nahm er Reißaus – fast als habe er Angst, jemand könne ihn dabei erwischen, wie er mit mir sprach.

Lasse hatte sich sehr verändert; er wirkte schüchtern und in sich zurückgezogen, gar nicht mehr wie der freche kleine Junge von früher. Manchmal stotterte er neuerdings sogar, wofür er von Olga dann schon mal ein paar Ohrfeigen kassierte. Von unserer Mutter, so schien es, wusste Lasse nicht mehr viel, und ihre Liebe, so wie ich sie kennengelernt hatte, war für ihn wohl nur mehr eine verblasste Erinnerung. Ich redete mir ein, dass es so besser für ihn sei. Man kann nicht vermissen, woran man sich nicht erinnert. Abgesehen davon war es seiner Unwissenheit zu verdanken, dass er von uns beiden jetzt »das gute Kind« war.

Nach zwei Wochen wurde mein Hausarrest endlich aufgehoben, doch noch immer erlaubte mein Vater mir kaum etwas. Wie angekündigt, durfte ich auch jetzt nur an den Wochenenden bis sechs Uhr raus. Die einzige Möglichkeit, etwas zu unternehmen, war es, sich Manuela anzuschließen. Sie hatte im Vergleich zu mir jede Menge Freiheiten, und wenn ich mit ihr ausging, galten die auch für mich. So verzogen wie ich sei, müsse man mich überwachen, sagte Papa, vielleicht habe Manuela ja einen positiven Einfluss auf mich. Ich wusste zwar nicht, was mein Vater mit verzogen meinte, aber was den »positiven Einfluss« betraf, den hatte Manuela tatsächlich auf mich. Manchmal, wenn Papa und Olga schliefen, stieg sie nachts aus dem Fenster, um sich heimlich mit ihrer Freundin Ute zu treffen. Die beiden fuhren mit dem Taxi in die nächste Stadt und gingen in die Disco. Weil das jetzt aber nicht mehr möglich war, ohne dass ich es bemerkt hätte, nahm Manuela mich kurzerhand mit.

Das erste Mal machte ich mir vor Angst, erwischt zu werden, fast in die Hose, doch die Sorge war völlig unbegründet. Der Typ am Eingang zur Disco flirtete kurz mit uns, kassierte das Eintrittsgeld und ließ uns durch. Von Passkontrolle gar keine Spur. So lustig wie im Rollpalast fand ich es in der Disco zwar nicht, dafür aber gab es Alkohol, und weil zu Hause keiner ahnte, dass wir unterwegs waren, kamen wir auch immer erst früh morgens wieder zurück.

Nele konnte ich wegen meiner Ausgangsregelung fast gar nicht mehr treffen, und schon bald war unsere Freundschaft vorbei, genauso wie die zu meinen anderen Freunden aus dem Rollpalast. Der Umzug zu meinem Vater änderte eine Menge; wer immer mir in den Jahren bei den Pflegeeltern etwas bedeutet und was immer mich über Wasser gehalten hatte, wurde jetzt durch all die Verbote aus meinem Leben verbannt.

Zu gerne hätte ich wenigstens im Kiosk geholfen, so wie meine Stiefschwester. Mein Vater hatte den Laden vor einigen Jahren gepachtet und wohl gehofft, meine Stiefmutter würde darin arbeiten. Meistens aber standen nun Angestellte hinter der Theke und manchmal eben auch Manuela. Im Gegensatz zu mir hatte sie deshalb ständig Geld für Zigaretten und neue Klamotten, aber darum ging es mir gar nicht. Der weitaus größere Anreiz lag für mich darin, ganze Nachmittage nicht zu Hause sein zu müssen.

Ich beschloss, meinen Vater zu bitten, ebenfalls arbeiten zu dürfen. Er korrigierte gerade Schulhefte in seinem Büro, als ich mit meinem Anliegen zu ihm kam.

»So, im Kiosk arbeiten willst du also?«, wiederholte er argwöhnisch. »Das haben wir doch schon besprochen – ich kann dir nicht vertrauen!«

Betreten zupfte ich an einem Faden, der sich aus meinem Pullover löste.

»Aber womit habe ich dein Vertrauen denn überhaupt missbraucht? Das bei den Pflegeeltern war doch nicht meine Schuld. Und seit ich hier bin, muss ich ständig zu Hause sein. Da kann ich dein Vertrauen ja wohl kaum missbraucht haben.«

Mein Vater warf mir einen selbstgerechten Blick zu. »Siehst du? Und so soll es schließlich auch bleiben.« Dann nahm er den letzten Schluck aus seiner Bierdose und steckte die abgerauchte Zigarette hinein.

»Jetzt verdien dir erst mal mein Vertrauen, dann sehen wir weiter.«

Hilflos suchte ich nach Worten. »Aber wie soll das denn gehen, wenn du mir nichts erlaubst?« Meine Worte waren etwas lauter als beabsichtigt.

Mein Vater verengte die Augen und warf mir einen tadelnden Blick zu. »Du wirst schon irgendwann die Gelegenheit bekommen«, knurrte er. »Und jetzt lass mich in Ruhe, du siehst doch, dass ich zu tun habe!«

Ich blieb zerknirscht vor Papas Schreibtisch stehen und hoffte, er würde es sich anders überlegen, doch er war schon wieder ganz in seine Arbeit vertieft. Frustriert ging ich zurück in Manuelas Zimmer und ließ mich auf die Gartenliege fallen.

»Und?«, fragte meine Stiefschwester, die sich gerade für den Kiosk fertig machte. »Wie isses gelaufen?«

Mürrisch verzog ich den Mund, und Manuela wusste Bescheid. »Hm, blöd!«, bedauerte sie mich kurz, puderte sich das Gesicht und ging zur Arbeit.

Verbittert starrte ich aus dem Fenster. Draußen schien die

189

Sonne, und Lasse und Katrin spielten im Garten. Eigentlich wäre ich auch gern in den Garten gegangen, wenn ich schon zu Hause bleiben musste, doch um Olga nicht zu begegnen, verkroch ich mich lieber in Manuelas Zimmer. Durch das gekippte Fenster drangen die Geräusche eines sonnigen Vorfrühlingstages herein – das erste Vogelgezwitscher, Kinderstimmen –, und gelegentlich knatterte ein Moped vor dem Haus vorbei. Wütend ließ ich den Rollladen herunter, bis das Zimmer nur noch durch eine kleine Ritze erhellt wurde. Grimmige Gedanken gingen mir durch den Kopf. Es war einfach ungerecht. Papa hatte so schlimme Dinge getan, und *ich* musste mir jetzt sein Vertrauen erarbeiten. Ich fragte mich, warum manche Leute behaupteten, die Jugend wäre die schönste Zeit im Leben; mir jedenfalls erschien sie wie eine endlose, ungerechte Strafe.

❧❧❧

Etwa eine Woche war seit dem Gespräch mit Papa vergangen, als plötzlich ein Mitarbeiter im Kiosk krank wurde. Mit gerunzelter Stirn sah mein Vater mich an.

»Na gut«, brummte er gnädig. »Morgen darfst du probearbeiten.« Dann nahm er einen Schluck aus seiner Bierdose und fügte mahnend hinzu: »Das ist nur ein Versuch, also enttäusch mich nicht, sonst war es das erste und das letzte Mal!«

Ich strahlte bis über beide Ohren. »Hab ich mir jetzt dein Vertrauen verdient?«, fragte ich voller Freude. Mein Vater warf mir einen geringschätzigen Blick zu.

»Nein, aber dazu hast du ja nun die Möglichkeit.«

Das Probearbeiten lief tadellos, und nach kurzer Zeit wurde ich fest in den Dienstplan aufgenommen. Zwei bis drei Nachmittage die Woche stand ich jetzt im Kiosk, zum Ärger von Manuela, die fürchtete, man könne ihr deswegen einen Tag wegnehmen. Es machte mir Spaß zu arbeiten, und zum ersten Mal war sogar Papa zufrieden mit mir. Dann aber fehlte plötzlich Geld aus meiner Kasse, und mit Papas Zufriedenheit war es schlagartig vorbei.

Jeden Tag kontrollierte meine Stiefmutter die Einnahmentüten aller Angestellten und verglich sie mit den jeweiligen Kassenabrechnungen. Gab es irgendwelche Abweichungen, hatte der Mitarbeiter entweder das Wechselgeld falsch herausgegeben oder etwas aus der Kasse gestohlen – oder, wie in meinem Fall, keines von beidem. Ich hatte das Geld in meiner Kasse nach jeder Schicht zweimal gezählt und die Summe auf die dafür vorgesehene Papiertüte geschrieben. Bisher hatte der Betrag immer mit dem Abrechnungsbeleg übereingestimmt, doch nun waren nach Olgas Kontrolle plötzlich fünfzig Mark weniger in meiner Tüte. Papa war fest davon überzeugt, mir wäre ein Fehler mit dem Wechselgeld unterlaufen, und egal, was ich sagte, er ließ sich nicht davon abbringen. Ich versuchte mich damit zu trösten, dass mein Vater mich wenigstens nicht beschuldigte, das Geld gestohlen zu haben. Doch als wäre es ein schlechter Witz, fehlte kurz darauf wieder etwas – und diesmal bekam ich ziemlichen Ärger.

»Jetzt weißt du, warum ich dir nicht vertraue!«, zischte Papa, und als ich andeutete, dass nach mir auch Olga die Tüte in den Händen gehabt hatte, gab es gleich noch eine Ohrfeige obendrauf.

»Willst du dich jetzt auch noch herausreden?«, donnerte er. »So was sieht dir mal wieder ähnlich! Erst stehlen und es anschließend auch noch auf andere schieben!«

Ich war schrecklich wütend, weil Papa mir partout nicht zuhören wollte. Doch zum Glück konnte er den Dienstplan nicht kurzfristig ändern, und so durfte ich zumindest für die nächsten Tage weiterarbeiten. Ich war überzeugt, dass Olga das Geld gestohlen hatte, um es mir anzuhängen, und das wollte ich keinesfalls auf mir sitzen lassen.

Zum Glück war nach meiner nächsten Schicht nicht meine Stiefmutter, sondern Herr Weber für den Abend eingeteilt. Ich verstand mich gut mit ihm, auch wenn er, wie Papa meinte, ein Versager war. Oft, wenn Herr Weber nach mir arbeitete, blieb ich noch etwas länger, und wir unterhielten uns über alle möglichen Dinge. Heute jedoch war mir nicht nach reden zumute, stattdessen zählte ich wieder und wieder das Geld.

»Stimmt etwas nicht?«, fragte Herr Weber nach meiner x-ten Kontrolle.

»Doch, schon«, erwiderte ich kurz, »ich will nur ganz sichergehen.« Dann erzählte ich ihm von meinem Verdacht wegen Olga und bat ihn, das Geld noch einmal zu zählen. Herr Weber wirkte anfangs nicht gerade begeistert. Er war seit Kurzem Vater, weshalb er diesen Zusatzjob gut gebrauchen konnte. Sollte sich meine Vermutung bestätigen, wollte er ihn keinesfalls aufs Spiel setzen. Unschlüssig wog er den Kopf hin und her, doch schließlich willigte er ein.

»Na gut«, sagte er, »wir zählen das Geld noch einmal zusammen und legen es gemeinsam in den Tresor.« Dann dachte Herr Weber kurz nach, und als wolle er sich selbst beruhigen, fügte er hinzu: »Aber ich bin überzeugt, dass morgen immer noch alles da ist.«

Doch damit irrte er sich gewaltig. Diesmal fehlten nach Olgas Kontrolle sogar ganze hundert Mark. Erbost über seine missratene Tochter, stand mein Vater vor mir und stemmte die Hände in die Hüften.

»Ich lasse mich doch nicht von meinen eigenen Kindern beklauen!«, donnerte er. »Was für eine Ausrede hast du denn diesmal?«

Ich stand um Haaresbreite vor einer gehörigen Tracht

Prügel, und meine Stiefmutter wollte sich das keinesfalls entgehen lassen. Doch gerade als sie ihre Enttäuschung über mich zum Besten geben wollte, um meinen Vater zusätzlich anzustacheln, brachte ich die Sache mit Herrn Weber zur Sprache. Schlagartig verging meiner Stiefmutter ihre Salbaderei.

»Ja, also … äh …«

Mit verschränkten Armen musterte ich Olga und registrierte zufrieden, dass auch mein Vater ihr diesmal nicht zu Hilfe kam. Nach ein paar Sekunden hatte sie sich wieder gefangen.

»Das muss ich erst nachprüfen!«, blaffte sie gewohnt zickig. »Ich rede morgen früh mit Herrn Weber. Du wirst wohl verstehen, dass ich vorher nichts dazu sagen kann!« Danach hatte sie auf einmal furchtbar viel zu tun, und schwupp, war sie weg, während ich mir nur mit Mühe ein triumphierendes Grinsen verkneifen konnte.

Am nächsten Tag war dann erst mal Warten angesagt. Schon seit Stunden war Olga aus dem Kiosk zurück, aber noch immer hüllte sie sich in Schweigen. Kein Sterbenswörtchen zu dem fehlenden Geld, weshalb ich am späten Nachmittag selbst darauf zu sprechen kam.

»Und?«, fragte ich Olga, angestrengt bemüht, nicht sarkastisch zu wirken. »Hast du es jetzt geklärt?« Ich war froh, dass Papa in der Küche saß, wo er durch die geöffnete Tür mit anhören konnte, was wir im Flur redeten. Giftig blitzte meine Stiefmutter mich an.

»Ach ja, da hast du Glück gehabt«, erwiderte sie schnippisch. »Das Geld ist unter den Kasseneinsatz gerutscht.«

Entrüstet sah ich zu meinem Vater. Spätestens jetzt musste ihm doch klar sein, was wirklich passiert war. Aber er vergrub den Kopf hinter der Zeitung, als gehe ihn das alles nichts an.

»Unter den Kasseneinsatz?«, wiederholte ich aufgebracht. »Wie soll es denn dahin gekommen sein? Ich habe das Geld zusammen mit Herrn Weber in den Tresor gelegt.«

Mein Vater stand auf und lief an mir vorbei. »Gut, dann ist das ja jetzt geklärt«, grummelte er und steuerte in Richtung Haustür. Fassungslos sah ich ihm hinterher. Als die Tür hinter Papa ins Schloss fiel, warf meine Stiefmutter mir einen verschlagenen Blick zu.

»Lass es lieber dabei, sonst überprüfe ich alles noch einmal und stelle vielleicht doch noch fest, dass du es gestohlen hast.«

Ich war sprachlos angesichts ihrer Falschheit. Und mindestens genauso erschrocken war ich über Papa, der vermutlich längst wusste, wohin das Geld verschwunden war.

In den folgenden Wochen fühlte ich mich immer verlorener. Die wachsende Ungerechtigkeit war zum Verzweifeln, und gleichzeitig machte sie mich furchtbar wütend. Ständig beklagte sich meine Stiefmutter bei Papa über mich, andauernd wurden mir Unterstellungen gemacht, und mit der Zeit verschob sich meine Wahrnehmung. Es gab niemanden, dem ich vertrauen konnte, und bald vertraute ich nicht einmal mehr mir selbst. Wenn einem fortwährend vermittelt wird, man sei Abschaum, dumm und faul, wenn einem unentwegt Schlechtes unterstellt wird, dann glaubt man irgendwann selbst daran. Lange Jahre hatte ich meine Gefühle unterdrückt; jetzt fing ich an, sie einfach zu ignorieren und abzuspalten. Mein Wunsch nach Wahrheit, nach Gerechtigkeit musste sich unterordnen, wenn ich diese vergiftete Atmosphäre überleben wollte.

Als es Zeit für das Straßenfest wurde, war Papa wieder einmal mächtig sauer auf mich – wieder mal oder immer noch, das war schwer zu unterscheiden. Irgendwie war es ein Dauerzustand, der nur gelegentlich davon unterbrochen wurde, dass er noch saurer auf mich war.

Am Morgen erst hatte Papa eine üble Schimpfkanonade auf mich abgelassen, weshalb ich jetzt nicht gerade in Partylaune war. Eigentlich handelte es sich auch um gar kein richtiges Straßenfest, sondern bloß um das von Papa vor einigen Jahren ins Leben gerufene jährliche Nachbarschaftsbesäufnis in unserer Hofeinfahrt. Man hatte ein großes Partyzelt aufgestellt, dazu Bierbänke und Tische, und es gab tonnenweise Alkohol. Manuela und ich waren für die Bar und das Bedienen der Gäste zuständig, aber das war nicht schwer – jedes Bier kostete eine Mark, alles andere zwei. Manuela war bereits letztes Jahr dabei gewesen und zeigte mir, wie man Bier zapfte.

»Du musst das Glas schräg halten und aufpassen, dass sich nicht zu viel Schaum bildet.«

Mein erstes Bier ging ganz schön daneben, aber nach dem zweiten hatte ich den Dreh raus.

»Dann haben wir jetzt ja endlich was gefunden, wozu man dich brauchen kann«, meinte Olga, und das war vermutlich noch das Freundlichste, was sie je zu mir gesagt hat.

Papa war ziemlich genervt, weil irgendwas mit den Getränken nicht stimmte, doch kaum tauchten die ersten Gäste auf, war er fast nicht mehr wiederzuerkennen. Seine Mundwinkel zeigten wie an Schnüren aufgehängt nach oben, und er wurde zum nettesten Menschen der Welt. Schwer vorstellbar, dass er beim Frühstück schon mal einen Tobsuchtsanfall bekommen konnte, nur weil er sich durch ein freundliches »Guten Morgen« beim Zeitunglesen gestört fühlte. Mein Vater schien der perfekte Gastgeber zu sein – charmant, großzügig, und wann immer er sich zu einer Gruppe gesellte, hörte man diese bald darauf amüsiert lachen. Selbst zu mir war er mit einem Schlag freundlich. So freundlich, dass ich mich beinahe umgedreht hätte, um zu sehen, ob da noch einer hinter mir stand.

»Fünf Bier – die gehen auf mich!«, rief er mir heiter aus einer Gruppe jüngerer Männer zu und genoss dafür deren anerkennende Blicke.

Doch nicht jeden konnte mein Vater an diesem Tag beeindrucken. Im hinteren Teil des Zeltes saß seit einiger Zeit ein älterer Mann vor seinem Bier und beobachtete argwöhnisch das gesellige Treiben. Mir war aufgefallen, dass er ein paar Mal zu mir herübergeschaut hatte, bevor er sich schließlich an der Bar bei mir ein neues Bier bestellte. Ich hielt das Glas schräg unter den Zapfhahn und drehte vorsichtig am Hebel.

»Klappt doch schon ganz gut!«, lächelte der Mann und legte eine Mark auf die Theke. Als ich sein Lächeln erwiderte, wurde er plötzlich ernst. »Sagen Sie mal … oder darf ich noch Du sagen?« Ich nickte, und der Mann fuhr fort. »Du bist doch die Tochter von der früheren Frau deines Vaters, stimmt's? Ich meine die, die zuerst hier gewohnt hat.«

Mein Puls fing plötzlich an zu rasen, und ich sah ihn mit großen Augen an. Der Mann beugte sich näher zu mir.

»Ich habe das damals alles mitbekommen«, sagte er leise, »das mit deiner Mutter, meine ich.« Er machte eine kurze Pause und trank einen Schluck von dem Bier, das ich ihm hingestellt hatte. »Eine Riesensauerei, was die mit deiner Mutter gemacht haben, das kannst du mir glauben. Eine interessante Frau war sie, sehr gebildet und so hübsch … Schlimm war das damals, und deine Mutter war ja ganz alleine …« Das Herz pochte mir bis zum Hals. Dieser Mann war der Erste, der mit mir offen über Mama sprach. Allerdings machte ich mir Sorgen, weil Papa schon ein paar Mal zu uns herübergeschaut hatte.

»Kannten Sie meine Mutter gut?«, fragte ich den Mann aufgeregt, doch er redete weiter, ohne auf mich einzugehen.

»Lass dir eins sagen … Vielleicht denkst du ja, ich bin nur ein alter Mann, aber glaube mir, das hier ist kein guter Ort für dich.« Sein Blick schien direkt in die Vergangenheit zu schweifen.

»Was wissen Sie …« Weiter kam ich nicht, weil Papa plötzlich neben uns stand.

»Drei Bier für dahinten«, beauftragte er mich energisch und deutete auf einen der seitlichen Biertische. Dann wandte er sich an den Mann. »Und du lässt jetzt meine Tochter in Ruhe und verschwindest besser.« Der Mann nahm sein Bier und machte Anstalten, wieder an seinen Tisch zu gehen.

»Schon gut«, erwiderte er ungerührt, »ich habe mich nur mit ihr unterhalten.« Ein paar von den anderen Gästen wurden aufmerksam, und schnell setzte mein Vater sein verloren gegangenes Lächeln wieder auf.

»Ich glaube, du hast jetzt genug getrunken. Besser, du gehst langsam nach Hause!« Papa redete laut genug, dass jeder der neugierigen Zuschauer es hören konnte.

»Ich bin nicht betrunken«, widersprach der Mann gelassen, und tatsächlich wirkte er völlig nüchtern. Doch Papa nahm die Mark von der Theke und hielt sie ihm hin.

»Hier!«, blaffte er ihn an. »Das Geld für dein Bier, und jetzt verlass bitte mein Grundstück.«

Grimmig sah der Mann meinen Vater an. »Anderen machst du vielleicht was vor …« – »Drei Bier!«, erinnerte mein Vater mich gereizt. Schnell zapfte ich das letzte Glas und brachte die Biere an den Tisch. Als ich zurückkam, war der alte Mann verschwunden, und die übrigen Gäste waren wieder in ihre Gespräche vertieft.

»Red nicht so viel mit den Leuten, hast du verstanden!«, zischte Papa mich an und prostete gleichzeitig den drei Männern zu, denen ich eben das Bier gebracht hatte. Missmutig quetschte ich ein »Ja« heraus, aber die Worte des alten Mannes hallten in mir nach wie eine düstere Warnung.

Am nächsten Tag wollte ich meinen Vater vorsichtig nach ihm ausfragen, aber aus Papa war nicht das Geringste herauszubekommen.

»Der war betrunken, auf das Gerede kannst du nichts geben!«, grollte er, und dass ich mich von solchen Leuten gefälligst fernhalten solle.

Eine Zeit lang versuchte ich noch, den Mann ausfindig zu machen, aber ich habe nie erfahren, wer er war und was er wusste.

∽∿∽∿∽∿

Freitagnachmittag – endlich Wochenende! Doch so richtig freuen konnte ich mich darüber nicht. Kaum ein Tag verging, an dem Olga sich nicht bei Papa über mich beschwerte, weshalb ich ständig für irgendetwas bestraft wurde – Schrammen und blaue Flecken inklusive. Autoritäre Erziehung nannte das mein Vater, und bei mir, so sagte er, wäre da noch einiges nachzuholen. Am schlimmsten traf mich dabei die himmelschreiende Ungerechtigkeit. All die schlimmen Dinge, die Papa meiner Mutter angetan hatte, schienen plötzlich keine Rolle mehr zu spielen. Ich hatte nicht vergessen, was damals geschehen war, doch wenn ich die Zeit bei meinem Vater überstehen wollte, war es ein ehernes Gesetz, diese Dinge nie wieder zu erwähnen. Ich war zurück im Haus meiner Kindheitsalbträume, nur meine Mutter war nicht mehr bei mir, und fast schien es, als habe man mir nun ihre Rolle zugedacht. Ich war ganz auf mich gestellt, völlig alleine, und entweder heulte ich mit den Wölfen, oder sie fielen über mich her.

Das war aber heute nicht der Grund, weshalb ich so niedergeschlagen war. Um mir den Tag so richtig zu verderben, reichte schon ein Blick in den Spiegel, denn in meinem Gesicht war die Pickel-Plage ausgebrochen. Natürlich hatte Olga schnell herausgefunden, wie unglücklich ich über die Pickel war, und sie ließ es sich nicht nehmen, mir gegenüber so oft wie möglich abfällige Bemerkungen über mein Äußeres zu machen. Dass sie womöglich aus Eifersucht auf meine Mutter so fies sein konnte, kam mir dabei nicht in den Sinn. Meine Mutter war nicht nur sehr hübsch gewesen, sondern auch eine auffallende Persönlichkeit. Ihre Jugend in München, Hamburg und Brüssel hatte sie geprägt. Sie war gebildet gewesen, fortschrittlich, kreativ und zugleich einfühlsam – eine eigenständige Frau, die unsere Welt zum Besseren verändern wollte. Olgas Ambitionen bestanden mehr darin, einen männlichen Versorger zu finden. Mit Ralf hatte sie aufgrund seiner Alkoholsucht eindeutig aufs falsche Pferd gesetzt, doch mit meinem Vater, einem Lehrer mit Beamtenstatus, glaubte sie offensichtlich, einen Volltreffer gelandet zu haben.

Als ihr Verhältnis zu meiner Mutter noch besser gewesen war, hatte Olga sich einmal bei ihr beklagt, dass sie wegen ihrer frühen Schwangerschaft keinen Beruf habe erlernen können, woraufhin Mama in guter Absicht gemeint hatte, dass sie doch eine Ausbildung nachholen könnte. Das aber war Olga ziemlich sauer aufgestoßen. Wie es aussah, hatte sie nur hören wollen, dass sie keine Schuld träfe, nichts gelernt zu haben. Auf Ratschläge, die sich nach Arbeit anhörten, konnte sie liebend gern verzichten.

Von da an schien Olga meine Mutter voller Missgunst zu betrachten, auch wenn Mama das Thema von sich aus niemals angesprochen hätte. Jetzt war meine Mutter tot, und ich – gewissermaßen als Mamas Nachfolgerin – war Olga ausgeliefert. All ihren Groll und den unterdrückten Neid auf meine Mutter konnte sie nun ungehemmt an mir auslassen und ihre Scham hinter Überheblichkeit verstecken.

Ich litt schrecklich unter den Pickeln, die mein beschädigtes Selbstbild nur noch mehr zerstörten, und Olgas Bemerkungen machten das nicht gerade besser.

Als ich im Badezimmer eine neue Salbe ausprobierte und plötzlich die Tür aufging, wusste ich gleich, dass es nichts Gutes bedeuten konnte. Olga stand im Türrahmen und musterte mich im Spiegel, dann verzog sie angewidert das Gesicht.

»Sieht ja ekelhaft aus! Dein Gesicht ist völlig entstellt!«

Solche Bemerkungen von Olga war ich gewohnt, doch damit, wie offen sie ihre Boshaftigkeit mir gegenüber zur Schau stellte, überrumpelte sie mich jedes Mal wieder aufs Neue.

»Was interessiert's dich«, antwortete ich mit schlecht gespielter Gleichgültigkeit, aber so einfach war meine Stiefmutter nicht abzuschütteln. Selbstgefällig reckte sie ihre lange, spitze Nase in die Luft.

»Es ist wirklich mutig, dass du dich überhaupt noch auf die Straße traust. So wie du aussiehst, gucken dich doch bestimmt alle Leute an.« Gespannt wartete sie auf eine Reaktion, und nachdem ich sie demonstrativ ignorierte, fing sie an, provozierend mit dem Zeigefinger in meinem Gesicht herumzufuchteln. »Da sind ja richtige Beulen«, ereiferte sie sich, »das werden alles mal Narben.«

Ich versuchte ihre Hand wie eine Fliege aus meinem Gesicht zu vertreiben, und obwohl ich wusste, dass Olga anschließend zu Papa rennen würde, konnte ich meinen Mund diesmal einfach nicht halten.

»Die Pickel gehen irgendwann weg«, murmelte ich, »aber wie sieht das mit deiner langen Nase aus?« Dabei gab ich der

Tür einen kleinen Schubs, der jedoch nicht ausreichte, dass sie ganz zufiel. Meine Stiefmutter öffnete die Tür erneut und baute sich vor mir auf.

»Meine liebe Svenja«, sagte sie hämisch und betonte dabei jede einzelne Silbe, »du bist ein hässliches Narbengesicht und wirst es dein Leben lang bleiben!« Dann hielt sie kurz inne, weil jemand von der Kellertreppe hochkam, und im nächsten Augenblick war sie verschwunden.

Ich schloss die Tür und holte tief Luft. Es gab Tage, an denen ich beinahe Mitgefühl mit Olga empfand, weil sie so war, wie sie war, und auch nie anders sein würde, aber heute war kein solcher Tag. Verbittert sah ich in den Spiegel und fing mit einem Mal an zu weinen. Als kleines Kind hatte meine Mutter mich jeden Abend zum Zähneputzen vor genau diesem Spiegel auf einen Hocker gestellt. Ihr »kleines Maikäferchen« hatte sie mich immer genannt, und mir gesagt, wie hübsch ich sei. Jetzt aber schien mir diese Zeit wie aus einem anderen Leben zu stammen.

Angestrengt versuchte ich meine Tränen zu unterdrücken. Den Triumph, mich zum Weinen gebracht zu haben, wollte ich Olga nicht auch noch gönnen. Doch ehe ich mich wieder ganz beruhigen konnte, wurde die Tür plötzlich erneut aufgestoßen.

»Raus aus dem Badezimmer!«, herrschte mein Vater mich an. »Nichts im Haushalt helfen, aber den ganzen Tag vor dem Spiegel stehen und sich schminken! Und wage es ja nicht noch einmal, unverschämt zu Olga zu werden!«

»Unverschämt? Ich?«, wiederholte ich entrüstet. »Das war doch ganz anders! Tante Olga hat …«

Bevor ich zu Ende sprechen konnte, holte mein Vater drohend mit der Hand aus und fiel mir ins Wort. »Willst du etwa Olga für deine Faulheit verantwortlich machen? Ich will nichts mehr von dir hören!«

Aus Erfahrung wusste ich, dass es klüger wäre, jetzt still zu sein, aber vor lauter Wut konnte ich den Mund einfach nicht halten.

»Lass mich doch mal ausreden!«, zischte ich – und Peng!, hatte ich eine Ohrfeige sitzen, dass mir Hören und Sehen verging.

»Was glaubst du eigentlich, mit wem du hier sprichst!«, donnerte mein Vater und zerrte mich an den Haaren bis zur Treppe ins Tiefparterre, wo Manuelas Zimmer lag. »So kannst du vielleicht mit deinen Freunden von der Straße reden, aber nicht mit mir!« Bei seinen letzten Worten versetzte er mir einen Stoß, sodass ich beinahe die Stufen hinuntergefallen wäre. Nur um Haaresbreite konnte ich mich am Geländer festhalten, wobei ich meinen Vater versehentlich am Kinn streifte.

»Wolltest du mich etwa zurückschlagen?«, fauchte er, und noch bevor ich etwas erwidern konnte, knallten ein paar weitere wuchtige Schläge in mein Gesicht.

Verbittert schrie ich meinen Vater an: »Dich interessiert ja gar nicht, was wirklich passiert ist!«, dann stürmte ich die Treppe hinunter und schmiss lautstark Manuelas Zimmertür hinter mir ins Schloss.

Sekunden später stand mein Vater im Raum. Er wirkte völlig ruhig, aber seine kalte Miene versprach nichts Gutes.

»Bei uns werden keine Türen geknallt, du bist nicht mehr bei deinen Pflegeeltern!«, sagte er drohend und versetzte mir mit tiefer Gelassenheit einen Hieb ins Gesicht, der mich fast aus den Schuhen hob. Ein paar Sekunden sah ich Sterne, so heftig hatte er zugeschlagen. Noch bevor ich wieder geradeaus gucken konnte, folgten auch schon die nächsten Hiebe. Im Gegensatz zu meinem Pflegevater, der meistens nur seinen Frust an mir abreagiert hatte, gab mein Vater sich immer große Mühe, möglichst hart zuzuschlagen. Jeder Schlag musste richtig wehtun, je heftiger, desto besser, ansonsten zählte er gar nicht.

Als mein Vater fertig mit mir war, brannten meine Wangen wie Feuer, und mein Schädel brummte, weil ich mit dem Kopf gegen die Schranktür geflogen war. Papa aber wirkte, als hätte er mal eben einen alten Teppich ausgeklopft, und verschwand so gelassen, wie er gekommen war. Auf Schwächere einzuprügeln, schien keine große Sache für ihn zu sein, nur mit einem Mann hat er sich, seit Ralf ihn damals in die Badewanne gesteckt hatte, meines Wissens nie wieder angelegt.

In mir brodelte ein unheilvolles Gemisch aus Zorn, Demütigung, Rechtlosigkeit und Hass.

Am ganzen Körper zitternd, kämpfte ich gegen meine Wutränen an und gegen die Verzweiflung. Ich wagte nicht, meinen Gefühlen freien Lauf zu lassen, dazu waren sie zu heftig und hätten mir nur noch mehr Schläge eingebracht. Ich musste sie runterschlucken, auch wenn sie mich von innen zerfraßen.

Damals bekam ich eine schlimme Neurodermitis. An manchen Tagen waren meine Armbeugen und Kniekehlen derart entzündet, dass sie bluteten, und später bildeten sich an den Stellen Krusten. Meine unterdrückten Gefühle wollten raus, egal wie, und dies war die einzige Möglichkeit.

11

Einmal Freiheit und zurück

Wie ich inzwischen erfahren hatte, bekam Papa dank Mamas gutem Verdienst ganze drei Mal so viel Waisengeld für Lasse und mich wie Olga für Manuela und Katrin, was aber nichts daran änderte, dass ich noch immer auf der Gartenliege schlafen musste. Eines Mittags jedoch, als ich von der Schule kam, stand dort, wo vorher das unbequeme Klappgestell war, ein beiger Sessel, den man ausziehen und in eine Art Bett verwandeln konnte. Das war mal eine schöne Überraschung, denn von der schmalen, wackeligen Liege tat mir nicht nur alles weh, ich war im Schlaf sogar schon von ihr heruntergefallen.

Plötzlich bog meine Oma um die Ecke.

»Na, was sagst du?«, fragte sie. »Ist zwar kein richtiges Bett, aber besser als dieses olle Ding ist es allemal.« Dabei deutete sie auf die zusammengeklappte Gartenliege, die an der Wand lehnte.

Im ersten Moment war ich ein bisschen enttäuscht, weil ich gedacht hatte, der Sessel wäre Papas Idee gewesen, aber natürlich ließ ich mir nichts anmerken.

»Toll! Danke!«, strahlte ich meine Oma an, und für einen kurzen Augenblick verdrängte ich all die schlimmen Dinge von früher, und sie war wieder meine liebe Oma »Mutti«.

Fürsorglich legte Oma ihre Hand auf meine Schulter. »Bei mir stand der Sessel ja doch nur so rum«, sagte sie lächelnd, »und ich dachte, du kannst ihn besser brauchen.« Es waren die ersten herzlichen Worte, seit ich wieder bei Papa wohnte, und sie taten mir so gut.

Da polterte Olga die Treppe herunter, trat ins Zimmer und musterte argwöhnisch das neue Möbelstück.

»Wie ich gesagt habe, der nimmt viel zu viel Platz weg!«, zischte sie und stieß dabei den Sessel mit dem Fuß in die Ecke.

»Och, der sieht doch gut aus«, ergriff meine Oma Partei für mich. »Svenja kann schließlich nicht noch länger auf einer Gartenliege schlafen!«

Meine Stiefmutter stöhnte, aber bevor sie sich weiter ereifern konnte, arrangierte meine Oma den Sessel so neben einer Lampe, dass es wie eine gemütliche Leseecke wirkte. »Na sieh doch«, meinte sie besänftigend, »gerade so, als wäre der Sessel schon immer da gewesen.«

Ohne meine Oma zu beachten, warf Olga mir einen scheelen Blick zu. »Verdient hast du's ja nicht!« Dann rauschte sie ab, doch ihr unübersehbarer Groll auf mein neues Möbelstück blieb zurück wie ein übler Geruch.

Meine Oma schwieg zu Olgas Verhalten; vermutlich hatte sie es einiges an Mut und Diskussionen erfordert, dass ich den Sessel bekam, und weiter wollte sie sich nicht für mich aus dem Fenster lehnen.

Ich hätte mir so gewünscht, dass jemand für mich einstand, doch da war ich bei Oma an der falschen Adresse. Wenn ihr Sohn es akzeptierte, wie Olga mit mir umging, dann würde sie es auch tun. Und wenn ich ehrlich war, hätte ich ihr ohnehin nicht vergeben können, dass sie damals geholfen hatte, meine Mutter zu zerstören.

Mit der Zeit erkannte ich Parallelen, was das Verhalten meines Vaters gegenüber Mama und mir betraf. Wann immer möglich, stellte er mich vor anderen Menschen im schlechtesten Licht dar – genau so hatte er es früher mit meiner Mutter gemacht. Nachdem ich bei Papa eingezogen war, versuchte er mir manchmal sogar einzureden, ich sei verrückt – auch das eine erschreckende Parallele seines Verhaltens. Einmal deutete er sogar an, dass ich mir eines Tages vielleicht ebenfalls das Leben nähme, erste Anzeichen dafür hätte er auch schon bei mir erkannt. Doch er wirkte nicht besorgt deswegen, ganz im Gegenteil. Es schien fast, als versuche er mir mit seinen Worten einen Wink zu geben, einen Hinweis auf das, was ich zu tun hätte.

Manchmal fragte ich mich, ob ich ihn an all das erinnerte, was er meiner Mutter angetan hatte. Vermutlich ja, auch wenn er längst seine eigene, geschönte Version der Wahrheit erschaffen hatte. So emotional unbewegt, wie er auf mich einprügelte, so überzeugend log er. Er konnte allen etwas vormachen und vielleicht ja sogar sich selbst. Unwillkürlich fragte ich mich, ob er meine Mutter gehasst hatte, weil sie ihn durchschaute. Und womöglich hasste er nun, da er meiner Mutter nichts mehr antun konnte, stellvertretend mich. Zugleich war ich mir nicht sicher, ob mein Vater überhaupt so eine starke Emotion wie Hass empfinden konnte.

Doch eines war gewiss: Nach allem, was ich mitangesehen hatte, war es beängstigend, diesem Menschen ausgeliefert zu sein. Der Ausdruck in seinen Augen, wenn er zuschlug … Da war kein Funken Gefühl zu spüren, nicht einmal Wut, nichts. Macht, ja, und mit ihr ein Ausdruck der Überlegenheit, als hätte er das Recht dazu, seine Opfer abzustrafen, wenn sie sich ihm widersetzten.

Das Erschreckendste an all dem aber war der Funken Sehnsucht in meinem Herzen, Sehnsucht, dass Papa mich doch lieb haben könnte, mich wahrnähme als sein Kind, wenn ich nur alles richtig machte.

❧❧❧

Ich hatte lange versucht, mir Papas Vertrauen zu erarbeiten, auch wenn ich mich nach allem, was er mit Mama gemacht hatte, dabei wie eine Verräterin fühlte. Bis jetzt aber waren meine Bemühungen zwecklos gewesen und meine Ausgangsregelung noch immer zum Heulen. Ohne meine Stiefschwester durfte ich fast gar nichts, weshalb es mir kaum möglich war, eigenen Interessen nachzugehen. Manuela sei eben ganz anders als ich, die ich andauernd nur Ärger machte. Überraschenderweise war es dann aber ausgerechnet meine Stiefschwester, die nach einem Streit mit Papa unbedingt weglaufen wollte.

»Im Ernst? Nur deswegen?«, fragte ich erstaunt, als Manuela mir von der Auseinandersetzung erzählte. Sie warf mir einen giftigen Blick zu.

»Was heißt hier ›nur‹!« Du kannst dir so was ja gefallen lassen – ich jedenfalls nicht!«

Manuelas Reaktion kam mir ziemlich übertrieben vor. Verglichen mit mir lebte sie im Paradies, wie ich fand, aber ich sollte mir meine Stiefschwester ja zum Vorbild nehmen, und so musste sie mich nicht lange überreden mitzukommen.

Wir packten das Nötigste in eine Tasche, warteten, bis Papa und Olga schliefen, und tappten leise die Treppe hinauf. Im Flur zögerte Manuela einen Moment.

»Warte!«, flüsterte sie und schlich auf Zehenspitzen ins Wohnzimmer.

»Lass es lieber!«, protestierte ich, aber Manuela hatte schon die Schublade mit den Tageseinnahmen aus dem Kiosk geöffnet. »Wir brauchen doch Geld!«, entgegnete sie entschlossen und stopfte eine der Tüten in ihre Tasche.

»Leg es zurück!«, verlangte ich noch einmal. »Wenn wir erwischt werden, bekomme ich wieder den ganzen Ärger!«

Manuela sah mich fragend an. »Wieso solltest du den ganzen Ärger bekommen? Ich nehme doch das Geld!«

»Na und!?«, höhnte ich. »Und wem, glaubst du, werden sie es anhängen?«

Manuela verzog den Mund. »Pah! Ist doch egal, wem sie es anhängen, wir kommen ja nicht zurück!« Ein unschlagbares Argument, dem ich trotz meines Unbehagens nachgab.

Es war eine milde Nacht, als wir die Straße entlangliefen bis hinter die Bahngleise, von wo aus wir trampten. Um diese Zeit waren nur wenige Autos unterwegs, doch noch bevor wir uns einigen konnten, wohin es gehen sollte, hielt bereits ein roter Passat neben uns an.

»Hallo, wohin fahren Sie denn?«, fragten Manuela und ich fast gleichzeitig. Der Typ hinterm Lenkrad antwortete: »Bochum!«, und damit stand unser Ziel fest.

Die Fahrt dauerte etwa eine Stunde, dann setzte uns der Fahrer am Bochumer Bahnhof ab, wünschte uns viel Glück und brauste davon. Da standen wir nun irgendwo zwischen Blaulichtsirenen und zerbrochenen Bierflaschen, und langsam ging mir auf, dass Manuela mindestens genauso planlos war wie ich. So, wie sie zu Hause geklungen hatte, dachte ich, sie hätte sich etwas überlegt. Doch wenn das hier ihr Plan war, so schien er mir noch schlechter zu sein als damals meiner mit Bastis Holzhütte im Wald.

Wir verstauten unsere Sachen in einem Schließfach und liefen eine Weile ziellos durch die verschiedenen Bahnhofshallen. Trotz der späten Uhrzeit tummelten sich hier haufenweise Menschen. Ein zotteliger Typ, dessen riesige Pupillen schon von Weitem erkennbar waren, steuerte direkt auf uns zu.

»Habt ihr vielleicht etwas Kleingeld für mich?«, fragte er, und Manuela drückte ihm fünf Mark aus der Kiosktüte in die Hand. Ein paar Meter weiter schnorrte ein anderer Typ mit Springerstiefeln und einem Anarcho-A auf seinem T-Shirt eine Zigarette von uns. Während ich ihm meine geöffnete

Marlboroschachtel entgegenhielt, fragte Manuela ihn nach guten Klubs aus. Wenig später waren wir drei auf dem Weg in eine Punkrock-Disco.

»Der beste Laden im Umkreis«, klärte uns der Typ auf. »Übrigens, ich heiße Trevor.« Dann zog er ein kleines Tütchen Dope aus seiner Socke und fing an, mit einem Blättchen und dem Tabak aus meiner Zigarette einen Joint zu drehen. Bisher hatte ich erst zweimal gekifft, dennoch zögerte ich nicht lange, als Trevor mir den fertigen Joint hinhielt. Ein bisschen gute Laune bei so viel Planlosigkeit konnte nicht schaden; womöglich würden uns die Ideen dann ganz von alleine kommen. Ich nahm einen Zug und reichte den Joint an Manuela weiter, aber meine Stiefschwester schüttelte den Kopf.

»Nee, ich kiffe nicht!« Trevor zuckte mit den Achseln und sah mich an. »Auch gut, bleibt halt mehr für uns zwei!«

Doch während mir meine vorherigen Joints jedes Mal ein Dauergrinsen ins Gesicht gepinselt hatten, fühlte ich mich von diesem hier einfach nur benommen.

Vor der Disco angekommen, begrüßte Trevor eine Gruppe Jugendlicher, die reihum eine Flasche Korn leerten, dann gingen wir hinein. Schon im Eingangsbereich waberten uns dichte Rauchschwaden entgegen, die dem Geruch nach sicher nicht alle von Zigaretten stammten. Manuela und ich bestellten uns jeder eine Whisky-Cola, und von da an ging es bergab. Erst wurde mir schwindelig, dann übel, und an den Rest kann ich mich nur noch bruchstückhaft erinnern. Richtig nüchtern wurde ich erst wieder, als der Laden am frühen Morgen schloss und wir in das trostlose Bahnhofsviertel zurückkehrten mit Graffiti an den Wänden und Kotze auf der Straße. Trevor war in der Nacht irgendwo verloren gegangen, und noch immer hatten wir keine zündende Idee. Hungrig und müde holten wir unsere Tasche, suchten eine öffentliche Bahnhofsdusche auf und schlenderten dann Richtung Stadtzentrum. In einem kleinen, leicht heruntergekommenen Café frühstückten wir, doch auch drei Tassen Kaffee und zwei Croissants später hielten sich unsere Einfälle noch immer deprimierend in Grenzen.

Gegen Mittag trafen wir plötzlich Trevor wieder, was schon ein ziemlicher Zufall war.

»Hey Mann, wo seid ihr denn gestern abgeblieben!? Hab euch überall gesucht!«, begrüßte er uns aufgekratzt. Dann erfuhren wir, dass Trevor wegen »wichtiger Geschäfte« auf dem Weg zu einem Freund sei, und weil dieser uns vielleicht helfen könne, bot er uns auch gleich an, mit ihm zu kommen. Wenig überzeugt, nachdem Trevor sich bereits in der vorigen Nacht als nicht sonderlich zuverlässig erwiesen hatte, machten wir uns auf den Weg. In einer Bahnunterführung stießen wir plötzlich auf eine Schlägerei. Trevor schlichtete das Ganze, schenkte dem Opfer seine Zigarettenschachtel und war, schwupp!, wieder weg, nachdem ihm eingefallen war, dass in der Schachtel sein ganzes Dope steckte.

»In einer Stunde wieder hier, ich muss mir mein Shit zurückholen«, rief Trevor uns noch zu, bevor er um die Ecke verschwand. »Danach bring ich euch zu meinem Freund!«

Es war keine große Überraschung für mich, dass wir umsonst auf Trevor warteten, als wir eine Stunde später zurückkehrten.

Auch die zweite Nacht zogen wir durch Bochums Diskotheken, und obwohl unsere Situation alles andere als rosig war, versuchten wir etwas Positives darin zu sehen. Wir hielten durch, komme, was wolle, und mir tat es gut, dass Manuela und ich zum ersten Mal seit Langem wieder gleichberechtigt waren. Zum Glück fragte keiner nach unseren Ausweisen, weder die Türsteher noch an der Bar; nur wenn sich eine Polizeistreife auf der Straße näherte, gingen wir sicherheitshalber in Deckung. Es wurde eine lange Nacht, und als der nächste Morgen anbrach, war von unserem anfänglichen Optimismus nicht mehr viel übrig. Mit Kaffee und Cola überstanden wir gerade noch irgendwie den Tag, aber in der folgenden Nacht konnten wir kaum mehr die Augen offen halten. Wir verzogen uns in eine Bar am Bahnhof und kämpften gegen die Müdigkeit an. Irgendwann schlief ich, den Kopf in meine Arme vergraben, direkt am Tisch ein. Ich befand mich mitten in einem wirren Traum, als Manuela mich aufgeregt am Arm rüttelte.

»Wach auf! Los, wach auf! Rate mal, wen ich getroffen hab!« Ohne meine Antwort abzuwarten, fing sie an zu erzählen: »Also, ich war mal kurz draußen, Luft schnappen und so, weil ... na egal, jedenfalls steh ich da so rum, und – tada! – ich hab uns 'ne Bleibe besorgt!« Mit einem Schlag war ich hellwach.

»Echt jetzt!?«, fragte ich ungläubig, denn die Sache hörte sich einfach zu gut an, um wahr zu sein. Manuela aber lief schon Richtung Ausgang, und ich beeilte mich, zu ihr aufzuschließen.

Vor der Tür angekommen, erkannte ich sofort den Typen mit den großen Pupillen, doch zum Glück waren seine Augen heute wieder normal.

»So trifft man sich also wieder«, begrüßte er mich, und während wir uns in Bewegung setzten, stellte er sich als Matze vor.

»Wir können also echt bei dir wohnen?«, fragte ich vorsichtshalber noch einmal, woraufhin Matze sagte:

»Is' doch klar, Mann. Fand ich cool, dass ihr mir letztens mit den fünf Mark ausgeholfen habt, wo ihr doch selbst in der Scheiße sitzt.« Matze lächelte großmütig, und während er sich eine Zigarette anzündete, fügte er hinzu: »Wer mir hilft, dem helfe ich auch.«

Nach und nach erfuhr ich, dass Matze Hausbesetzer war und in einem Abrissblock wohnte, aber dadurch wurde das Ganze nur umso spannender. Insgeheim sahen Manuela und ich uns schon als neue Kommunenmitglieder, und ich war fast ein bisschen enttäuscht, als wir ankamen und alles ganz normal wirkte. Das Gebäude war zwar ein bisschen heruntergekommen, ein Abrisshaus allerdings hatte ich mir anders vorgestellt. Die Leute schliefen auch nicht alle gemeinsam in einem zerfallenen Flur mit eingeschlagenen Fensterscheiben, wie ich erwartet hatte, sondern wohnten jeder ordentlich in seiner eigenen Wohnung. Sogar Strom und Wasser bekamen sie irgendwoher, und auf den Fensterbänken stand hier und da eine Topfblume.

Matze schloss die Wohnungstür auf und knipste das Licht an. Alles hatte seine Ordnung: Die Tapete hing noch größtenteils an der Wand, und das Geschirr stand ordentlich zu einem riesigen Berg aufgetürmt in der Spüle.

»Fühlt euch wie zu Hause!«, forderte Matze uns auf und schob uns in die Küche. Kurz danach klopfte es an der Wohnungstür, und Matze ging zurück in den Flur, um zu öffnen.

»Weißt du's schon«, hörten wir eine Frauenstimme sagen, »sie haben Pogo mitgenommen!« Es war Kröte, Matzes Freundin, die da sprach. Nach einer kurzen Begrüßung stellte sie eine mitgebrachte Schale Plätzchen auf den Küchentisch, während Matze einen Kaffee kochte. »Aber aufpassen«, bemerkte Kröte grinsend, »das ist mein Spezialrezept.« Dann erzählte sie Matze von der Razzia, bei der einer der Hausbesetzer verhaftet und noch nicht wieder freigelassen worden sei. Mit großen Augen verfolgten Manuela und ich das Gespräch, während ich mir gelegentlich eines der Schokoladenplätzchen in den Mund steckte. Hätte Kröte uns nicht vorgewarnt, wäre mir an den Keksen gar nichts aufgefallen, weshalb ich ihr Spezialrezept schon fast für einen Flop hielt. Als ich nach dem sechsten Plätzchen noch immer völlig nüchtern war, griff Manuela schließlich auch zu und nagte vorsichtig ein paar Krümel vom Rand.

»Hm, schmecken wie ganz normale Kekse«, stellte sie fest. »Bist du sicher, dass da was drin ist?«

Grinsend sah ich meine Stiefschwester an. »Bis eben war ich es noch nicht, aber jetzt schon!«

Wenig später merkte auch Manuela die Wirkung, was mich jedoch sehr wunderte nach nur einem Keks.

Im Gästezimmer, wie Kröte den hinteren Raum mit den vielen Matratzen nannte, alberten wir herum wie zwei besoffene Koteletts.

»Na, wie hab ich das gemacht?«, forderte Manuela meine Anerkennung ein, woraufhin ich eine Topfblume von der Fensterbank wie einen Pokal in die Höhe hielt und antwortete: »Ich verleihe Ihnen den Titel ›Beste Ausreißerin des Jahres‹!« Dann lieferten wir uns eine kurze Kissenschlacht, doch schon nach wenigen Minuten wurden wir, völlig erschöpft, irgendwo zwischen Decken und Matratzen von unserer Müdigkeit überrollt.

Kurze Zeit später platzten Matze und Kröte mit einer schlechten Nachricht ins Zimmer. »Planänderung, Leute! Also ... na ja ... ein paar Bewohner haben Angst wegen ... na, weil ihr doch Ausreißer seid.«

So breit, wie ich war, hatte ich Mühe, Matzes Worten zu folgen. »Und was heißt das?«, hakte ich nach, auch wenn ich die Antwort gar nicht hören wollte.

»Na ja ... wisst ihr, wegen der Razzia und so«, übernahm Kröte. »Wenn die Polizei mitkriegt, dass hier jetzt auch noch Ausreißer wohnen, sind wir am Arsch!«

Aus und vorbei – das war's mit unserer schönen Bleibe. Eine halbe Stunde später standen wir wieder auf der Straße.

Die Wirkung der Kekse war noch heftiger geworden, aber

inzwischen war das Gefühl ganz und gar nicht mehr schön. Meine Beine fühlten sich an wie aus Gummi, und ich hatte Mühe, dass sie mir beim Gehen nicht wegknickten. Wäre es nach mir gegangen, hätten wir gleich hier auf der nächsten Parkbank geschlafen, doch Manuela meinte, das sei zu gefährlich, und so fanden wir uns wenig später in einer engen, versifften Zelle einer öffentlichen Toilette wieder. Bis heute weiß ich nicht, wie wir es geschafft haben, aber den Haschkeksen sei Dank, sanken wir selbst hier im Nullkommanichts ins Land der Träume.

Mitten in der Nacht polterte es plötzlich gegen die Tür. »Hallo? Ist da jemand drin?« Langsam erwachte ich wie aus einem Koma. Erst wusste ich nicht, wo ich war, aber Stück für Stück kam die Erinnerung zurück. Die Stimmen vor der Tür flüsterten. Manuela und ich wagten kaum zu atmen, und ich musste unwillkürlich an unser Kioskgeld denken. Menschen waren schließlich schon für weniger umgebracht worden als das, was wir bei uns trugen, und hier, versteckt in einem Klohäuschen, würde uns sicher niemand zu Hilfe kommen. Wieder trommelte es gegen die Tür.

»Aufmachen ... Polizei!«

Dann blickte eine Frau in grüner Uniform von der anderen Toilettenzelle aus über die Trennwand.

»Sofort aufmachen!«, befahl die Frau noch einmal, während ein anderer Polizist im Handumdrehen die Tür von außen öffnete. Anschließend fuhr man uns auf ein Polizeirevier, ermittelte unsere Personalien und brachte uns in eine sogenannte Auffangstation für Jugendliche. Eine Sozialarbeiterin öffnete die große, hölzerne Eingangstür, begleitete uns durch den Flur in ein spärlich eingerichtetes Zimmer und erklärte uns die Hausordnung. Ich aber war nach den ersten Sätzen schon auf die untere Liege des Etagenbetts gefallen und mitsamt Kleidung eingeschlafen.

214

Als ich am nächsten Morgen wach wurde, hatte man Papa bereits informiert. Manuela war froh, die kommende Nacht wieder in ihrem gemütlichen Bett schlafen zu können, in mir dagegen machte sich Panik breit. Angestrengt dachte ich über einen Ausweg nach, während ein Junge namens Tim, der sich seit dem Morgen in meiner Nähe herumdrückte, vergeblich bemüht war, mich aufzuheitern. Tim wohnte schon lange in dieser Einrichtung, die, wie er mir erzählte, eigentlich ein Kinderheim war. Offenbar hatte er ein Auge auf mich geworfen, und weil er ziemlich gut aussah, ließ ich mir das gerne gefallen. Nach dem Frühstück saßen wir draußen auf einer Mauer, und ich kaute nervös auf meinen Fingernägeln.

»Die können dich nicht einfach mitnehmen, wenn du nicht willst«, versuchte Tim mich zu trösten, und so wie er das sagte, schien er tatsächlich davon überzeugt zu sein. Er drehte eine Zigarette, zündete sie an und hielt sie mir hin. »Red doch mal mit der Bergi, die ist ganz okay. Sag einfach, dass du wieder abhaust, wenn sie dich nach Hause schicken!«

Bergi, das war Frau Berger, die Betreuerin. Sie machte einen netten Eindruck, aber nach meinen bisherigen Erfahrungen mit Sozialarbeitern sah ich das Ganze weniger optimistisch. Missmutig verzog ich das Gesicht.

»Das funktioniert doch im Leben nicht!«, murmelte ich und genoss es insgeheim, dass Tim sich um mich sorgte.

»So hab ich es aber damals gemacht«, widersprach er, »und jetzt bin ich hier.«

Ich gab Tim die Zigarette zurück und sah ihn argwöhnisch an.

»Ernsthaft? So einfach?«

Tim zuckte mit den Schultern, als könne er sich das auch nicht erklären. »Bei mir war es so«, bestätigte er, »ging ganz easy.«

Nervös warf ich einen Blick auf die Uhr. »Mist! Schon Mittag! Mein Vater kann jeden Augenblick kommen!«

Tim schnippte die Zigarette auf den Bürgersteig. »Das wäre echt blöd! Wenn du erst mal weg bist, kannst du es vergessen!«

Ich sprang von der Mauer und blickte die Straße entlang. Zum Glück war noch niemand zu sehen. »Besser, ich verschwinde mal!«, rief ich Tim zu. »Ich rede später mit der Berger ... wenn die Luft wieder rein ist.«

Tim schnappte sich seine Nietenjacke. »Cool, ich komm mit!«, und weg waren wir. Um sicherzugehen, dass ich meinem Vater nicht direkt in die Arme lief, blieben wir bis zum Abend in der Stadt, und Tim erwies sich als echter Kavalier. Weil Manuela das Geld aus dem Kiosk behalten hatte, spendierte er mir Pommes, lud mich ins Kino ein, und als mir kalt wurde, überließ er mir seine Jacke. Tim war echt süß, und der noch nicht ganz ausgewachsene Irokesenschnitt gab ihm etwas Rebellisches. Sogar zum Lachen brachte er mich, und das, obwohl ich eigentlich hätte heulen können. Wenn ich ehrlich war, hatte ich eine Heidenangst, der Plan könnte misslingen, und ich müsste wieder nach Hause.

Langsam wurde es Zeit, zurückzugehen, und schon jetzt war mir übel. Auf dem Weg zur Auffangstation schwieg ich, während Tim mir unentwegt Ratschläge für das Gespräch mit Frau Berger gab. Kurz bevor wir in die letzte Straße einbogen, blieb er stehen und nahm meine Hand.

»Ich hoffe, du schaffst es«, flüsterte er. »Ich fänd's jedenfalls toll, wenn du hierbleibst.« Er stand dicht vor mir und sah mich mit seinen warmen braunen Augen an. Tim roch wirklich gut, und so weit ich das mit meinen fünfzehn Jahren beurteilen konnte, klang seine Stimme ganz schön sexy. Einen Augenblick schwebte ich auf Wolke sieben und hätte darüber fast meinen Vater vergessen. Dann aber waren wir an der Auffangstation angelangt, und spätestens als wir die Steintreppe zur Eingangstür hochgingen, holte mich die Realität wieder ein.

In Gedanken war ich das Gespräch in den vergangenen Stunden tausendmal durchgegangen, doch jetzt, als ich mit Frau Berger alleine in der Küche saß, fiel es mir schwer, nicht auf der Stelle loszuheulen. Aufmerksam hörte sie sich meine Geschichte an, und gelegentlich nickte sie verständnisvoll. Dann aber runzelte sie die Stirn, und ich wusste sogleich, dass ich nicht hören wollte, was als Nächstes kam.

»Das ist wirklich schlimm, was du mir da erzählst«, fing sie an, »aber …«

In diesem Augenblick schossen mir Tränen in die Augen. »Aber …« Wie ich befürchtet hatte. Mein Plan war gescheitert.

»… aber hier sind wir nicht für dich zuständig. Du musst zum Jugendamt in deiner Stadt gehen.« Frau Berger riss ein Küchentuch von der Rolle ab, die neben ihr auf dem Tisch stand, und hielt es mir hin.

»Dort hilft mir doch keiner!«, schluchzte ich und wischte mir über das Gesicht.

Frau Berger schüttelte den Kopf. »Die müssen was tun, dazu sind sie verpflichtet.«

Ich schluckte meine Tränen hinunter, das Sprechen fiel mir schwer. »Tun sie aber nicht – bei meinen Pflegeeltern haben sie auch nichts getan.«

»Dazu kann ich natürlich nichts sagen«, erwiderte Frau Berger nachdenklich. »Vielleicht musst du es einfach noch einmal versuchen.«

Hilfe suchend sah ich die Betreuerin an, und in diesem Moment wusste ich keine andere Möglichkeit mehr. »Wenn

Sie mich nach Hause schicken, laufe ich wieder weg!«, drohte ich, so wie Tim es mir geraten hatte.

Frau Berger verzog den Mund zu einem Strich, und ich schöpfte für ein paar Sekunden Hoffnung. Schließlich aber zuckte sie mit den Schultern.

»Das können wir natürlich nicht verhindern. Doch dann solltest du dich unbedingt an die *richtige* Stelle wenden.«

Wieder kamen mir die Tränen, und Frau Berger riss ein weiteres Küchentuch für mich ab.

»Es liegt nicht an uns – es ist nur so, dass wir dich gar nicht hierbehalten dürfen, verstehst du?«

Ich nickte. Ja, das verstand ich. Hier war man eben nicht zuständig für mich.

Am nächsten Tag wurde ich mit der Bahn nach Hause geschickt. Tim sah ich nie wieder.

Zu Hause angekommen, war mein Vater nicht da, weshalb die befürchtete Tracht Prügel vorerst ausfiel. Papa und Olga waren sich wie erwartet einig, dass ich Manuela zu allem überredet haben müsse, und meine Stiefschwester ließ sie einfach in dem Glauben. Nachdem sie so oft gehört hatte, sie sei die Vernünftigere von uns beiden, schien sie längst selbst davon überzeugt.

Als vermeintliche Anstifterin wurde ich mit Hausarrest auf unbestimmte Zeit bestraft, weshalb Manuela nun immer ohne mich ausging. Es dauerte nicht lange, da schleppte sie einen neuen Freund an, und von da an gab es nur noch ein Thema für meine Stiefschwester: Christian hier, Christian da. Ich war mir sicher, Manuela sah sich insgeheim schon vor dem Traualtar stehen.

Christian war ein siebzehnjähriger Junge aus dem Dorf, aber ich hatte ihn noch nie zuvor gesehen. Mit seinen Nietenhandschuhen, dem Billy-Idol-Gehabe und In-die-Hände-Gespucke wirkte er wahrhaftig nicht manierlicher als meine Freunde aus dem Rollpalast, deren Umgang mir Papa strikt verboten hatte. Umso überraschter war ich, dass Manuela Christian sogar mit nach Hause bringen durfte. Hätte ich es nicht schon vorher geahnt, so war spätestens jetzt klar, dass es meinem Vater nur darum gegangen war, meine Freundschaften zu zerstören.

Wie immer vor Fremden zeigte Papa sich vor Christian von seiner besten Seite, und es verschlug mir fast die Sprache, als er dem Möchtegern-Billy nach kurzer Zeit auch noch das Du anbot.

Offenbar liebte Papa es, sich vor anderen als cooler Vater zu präsentieren, und er sah auch keinen Widerspruch darin, seine eigene Tochter zur gleichen Zeit zu verprügeln und als Abschaum zu beschimpfen.

Im Nachhinein bereute ich den Versuch wegzulaufen – hauptsächlich jedoch nur, weil er misslungen war. Meine Situation wurde von nun an noch schlimmer – noch mehr Verbote, die Feindseligkeit wurde offener und Schläge etwas völlig Normales. Ich fing ein Stück weit an zu glauben, dass es mir recht geschehen musste. Wie sonst konnte jener Mensch, der mich beschützen sollte, der Schaden von mir abwenden sollte, mir immer wieder den größten Schaden zufügen? Vielleicht hoffte ich tief im Innern sogar, ich hätte all das verdient, um das Unrecht, das mir angetan wurde, ein kleines bisschen gerechter zu machen. Nur so war diese Situation zu ertragen – ich musste sie abmildern, indem ich mich wie der Abschaum fühlte, von dem mein Vater behauptete, dass ich es sei. Mein Selbstbewusstsein war zerstört. Jetzt konnte mein Vater mir jeden x-beliebigen Stempel aufdrücken, und ich würde es glauben, wenn es nur etwas Schlechtes war. Vielleicht würde ich sogar versuchen, ihm zu entsprechen, nur um nicht die schreiende Ungerechtigkeit dahinter zu spüren und mit ihr die Bösartigkeit des Mannes, der sich mein Vater nannte.

Wenige Monate vor meinem sechzehnten Geburtstag wusste ich mir nicht mehr zu helfen. Ich sah nur noch einen Weg vor mir. Mein Vater hatte ihn mir aufgezeigt, als er gesagt hatte, ich würde meinem Leben womöglich eines Tages auch selbst ein Ende setzen. Und tatsächlich wusste ich nicht, was ich sonst hätte tun sollen, denn ich war völlig verzweifelt. Eigentlich wollte ich nicht sterben, ich wollte nur diese Ungerechtigkeit, dieses Leben aus Gewalt und Demütigungen beenden, und der Tod erschien mir dafür die einzige Möglichkeit. Ich befand mich in einer Hölle mit vielen Türen, die allesamt verschlossen waren. Nur eine einzige stand mir noch offen – und die führte in den Suizid. Für mich gab es nur diesen einen Fluchtweg.

Mein Leben erschien mir wie eine zähe Suppe aus Schmerz und der ständigen Angst vor dem, was man sich als Nächstes für mich ausdachte. Anfangs war ich noch vor dem Gedanken, mein Leben einfach zu beenden, zurückgeschreckt, doch bald war er mein Lichtblick. Die einzige Tür, die mir niemand verschließen konnte. Als ich mich mit dem Gedanken anfreundete, schenkte er mir Zuversicht: Was immer man mir auch antat, es gab einen Ausweg. Ich musste das hier nicht durchmachen, ich konnte aussteigen. Und als schließlich mein Entschluss feststand, war auch am Tod nichts Erschreckendes mehr. Mit einem Mal hatte ich wieder Kontrolle über das, was mit mir passierte. Ich war nicht mehr ausgeliefert. Es gab etwas in meinem Leben, über das ich entscheiden konnte.

Alles erschien mir plötzlich ganz klar, und die Vorstellung, einfach nicht mehr zu existieren, hatte für mich etwas zutiefst Beruhigendes.

Pragmatisch wie nie zuvor fing ich an zu planen. Ich ging sämtliche Selbstmordmethoden durch und überprüfte sie auf Machbarkeit, Erfolgsaussichten und mögliche Schmerzen. Mir die Pulsadern aufzuschneiden schied dabei schnell aus, und der Tod durch Aufhängen erschien mir ziemlich qualvoll. Autoabgase waren ideal. Doch dazu hätte ich wissen müssen, wie man ein Auto fuhr, ich konnte es schließlich nicht in der Hofeinfahrt meines Vaters tun. Fast genauso gut waren allerdings Schlaftabletten – aber an die kam ich nicht ran. Zum Schluss schwankte ich zwischen den Bahngleisen oder dem Sprung von einem Hochhaus. Auf jeden Fall sollte es schnell gehen, erfolgreich verlaufen und nicht wehtun, weshalb meine Wahl letztendlich auf die Bahngleise fiel. Da konnte kaum etwas schiefgehen, und so plötzlich, wie das geschehen würde, musste ich auch keine Schmerzen befürchten.

Ich hatte mehrere Abschiedsbriefe geschrieben und immer wieder vernichtet, denn von wem sollte ich mich schon verabschieden? Am Ende war nur noch ein einziger Brief übrig, und der richtete sich an Mama, weshalb er eigentlich gar kein Abschiedsbrief war. Ich hatte ein kleines Passfoto von ihr in diesen Brief eingewickelt und trug ihn von nun an Tag für Tag bei mir. Ich wusste noch nicht, wann genau ich es tun würde, doch für alle Fälle wollte ich vorbereitet sein. Damit war das Wichtigste erledigt, und ich musste mir nur noch den finalen Ruck geben. Denn egal, wie sehr man sich den Tod auch herbeiwünscht, zuerst muss der Körper zerstört werden, und dazu braucht es eine Menge Mut und Überwindung.

12

Vermeintliche Rettung

Meinem Gefühl nach waren es damals die letzten Tage meines Lebens, doch dann gab es eine völlig unerwartete Wendung. Im März stand für meine Stiefschwester eine große Party auf dem Programm, während ich nach einigem Hin und Her langsam wieder rausdurfte – aber nur in Manuelas Beisein. Für mich fühlte es sich an wie der beaufsichtigte Freigang eines Sträflings, was meine Laune alles andere als besser machte. Wären Papa und Olga nicht zu Hause gewesen, hätte ich auf diesen Ausgang wohl freiwillig verzichtet; so aber zockelte ich Manuela hinterher und blickte verdrossen auf meine Schuhe.

»Findest du es eigentlich in Ordnung, dass man mir die ganze Schuld dafür gibt, dass wir weggelaufen sind!?«, fragte ich vorwurfsvoll.

Meine Stiefschwester wiegelte ab. »Ich habe doch auch Ärger bekommen«, behauptete sie.

»Was denn für welchen?«, zischte ich. »Ich bin schließlich diejenige, die permanent Hausarrest hat, nicht du!«

»Aber jetzt ist dein Hausarrest ja aufgehoben«, meinte Manuela schulterzuckend.

Grimmig und resigniert zugleich schüttelte ich den Kopf. »Stimmt, was beschwer ich mich eigentlich!?«

Meine Stiefschwester grinste verlegen. »Ist doch schon mal ein Anfang. Freu dich lieber, dass es langsam wieder besser wird!«

»Pah«, sagte ich verbittert und verdrehte die Augen. Mir

222

war ohnehin klar, dass es nicht viel geholfen hätte, wenn Manuela einen Teil der Schuld auf sich genommen hätte. Mein Vater und Olga wollten mich bestrafen, egal wofür – und ein anderer Grund wäre schnell gefunden.

Bei Christian angekommen, hatte dieser gerade Besuch von seinem Freund Alex, der am Abend ebenfalls zu der Party gehen wollte. Die drei unterhielten sich ununterbrochen über das anstehende Fest, weshalb ich mir wie der überflüssige Knopf an der Innenseite einer Bluse vorkam. Zum Glück war Rita, Christians Mutter, zu Hause. So konnte ich mich mit jemandem über etwas anderes als die Party unterhalten, und es war nicht ganz so frustrierend.

Rita schien keine dieser biederen Mütter zu sein, die ihren Kindern alles verbieten und ständig um sie herumglucken. Sie gab sich mehr wie eine große Freundin, doch dafür, dass ich sie so gut wie nicht kannte, stellte sie mir eine ganze Menge Fragen. Ich war es nicht gewöhnt, über meine Probleme zu reden, und es war ein seltsames Gefühl, das nun ausgerechnet mit einer Fremden zu tun. Das Gespräch mit Rita aber fühlte sich gut an, und indem sie auch von sich erzählte, fasste ich etwas Vertrauen. Rita hatte eine Scheidung hinter sich, und ihren Schilderungen nach war ihr Exmann auch gewalttätig gewesen. Es gab etwas, das uns verband, und so verstanden wir uns auf Anhieb gut – weit besser sogar, wie mir schien, als Rita sich mit Christian verstand.

»Du hast viel durchgemacht«, sagte sie nachdenklich. »Und es gibt niemanden, mit dem du darüber reden kannst?«

Schweigend blickte ich auf den Tisch, und Rita senkte die Stimme. »Du fühlst dich einsam, hm? Von der ganzen Welt im Stich gelassen.«

Ich nickte und schluckte die aufsteigenden Tränen hinunter. Ritas Blick schweifte in die Ferne. »Ich weiß, wie du dich fühlst«, sagte sie wehmütig und zündete sich eine Zigarette an.

Es überraschte mich, wie viel Traurigkeit unter Ritas perfektem Make-up zu stecken schien, und vielleicht war das ja auch der Grund, weshalb sie mich mochte. Verglichen mit meinem Leben sah ihr eigenes gar nicht mehr so tragisch aus.

Als ich mich kurz vor sechs auf den Heimweg machen musste, schien Rita meine Anspannung zu spüren.

»Du kannst jederzeit zu mir kommen, wenn du Schwierigkeiten hast«, sagte sie ernst, aber an diesem Tag ahnte wohl keiner von uns, wie schnell ich auf ihr Angebot zurückkommen würde.

Zwanzigster März – Frühlingsbeginn! Das Gespräch mit Rita war erst wenige Tage her, als ich feststellen musste, dass meine paar Sachen in Manuelas Zimmer in meiner Abwesenheit mal wieder durchsucht worden waren. Wie immer war die Schnüffelaktion erfolglos verlaufen, doch heute schien mein Vater fest entschlossen, irgendetwas zu finden. Als ich ihm zufällig im Flur über den Weg lief, stellte er mich unvermittelt zur Rede.

»Zeig mir mal, was du in deinen Hosentaschen hast!«, forderte er, und ich wich unwillkürlich einen Schritt zurück.

»Wieso? Nichts! Bloß etwas Kleingeld«, erwiderte ich rasch, was jedoch nur zur Hälfte stimmte. Nach wie vor trug ich den Abschiedsbrief mit Mamas Foto bei mir, doch so lange ich noch nicht tot war, sollte niemand ihn lesen.

Ich wehrte mich aus Leibeskräften, als Papa seine Hände in meine Hosentaschen bohrte, aber vergebens: Mit einem Griff hatte er den Brief entdeckt. Gerade noch bekam ich ihn zu fassen, und jetzt hielten wir jeder erbittert ein Ende davon fest.

»Der Brief ist von mir!«, rief ich. »Ich habe ihn selbst geschrieben!« Doch es ging wohl weniger um den Brief als darum, mir eine Lektion in Unterwürfigkeit zu erteilen.

»Gib mir sofort dieses Schreiben!«, herrschte Papa mich an, was dem Tonfall nach mehr eine Drohung als ein Befehl war. Während ich das Briefende mit beiden Händen fest umklammerte, knallte Papas freie Hand in mein Gesicht. Belustigt stellte er fest, dass ich mich nicht verteidigen konnte, ohne den Brief loszulassen, und prompt verpasste er mir weitere Schläge. Immer wieder schlug er mir ins Gesicht, ich aber dachte gar nicht daran, loszulassen. Was ich geschrieben hatte, ging nur Mama etwas an und mich. Die Ader auf Papas Stirn fing gefährlich an zu pochen.

»Gib her!«, donnerte er noch einmal und drehte den Brief bei dem Versuch, ihn an sich zu reißen, mehrmals hin und her.

»Nicht!«, platzte es aus mir heraus. »In dem Brief ist ein Foto von Mama – du machst es kaputt!«

»Dann lass eben los!«, feixte Papa und drehte und zerrte jetzt nur noch heftiger an dem Brief herum.

»Hör auf! Du zerreißt das Foto!«, fauchte ich, aber mein Vater machte weiter.

»Wenn es kaputtgeht, bist du selbst daran schuld«, sagte er, »also lass lieber los!« Dann schlug er mir erneut ins Gesicht.

»Hör auf!«, schrie ich so laut ich konnte. »Der Brief geht dich überhaupt nichts …« Weiter kam ich nicht. Papa riss mich an den Haaren zu Boden, und während ich fiel, ließ ich den Brief aus Versehen los. Triumphierend griff mein Vater danach und faltete ihn auseinander, sodass Mamas Foto herausfiel. Ich streckte die Hand danach aus, aber Papa war schneller. Er hob es auf, betrachtete es kurz, und wie zur Demonstration seiner Überlegenheit fing er an, meinen Brief zu lesen. Nach und nach verging meinem Vater das Grinsen, doch als er fertig war, hielt er mir den Brief und das Foto teilnahmslos hin. Sein Gesicht zeigte nicht die geringste Gefühlsregung, gerade so als sei es ihm völlig egal, wenn ich mir das Leben nähme. Kein Zeichen von Betroffenheit, keine Reue und erst recht keine Sorge um mich. Seine Kälte war wie eine stillschweigende Ermutigung. Tu's doch, schien er zu sagen. Mir ist es einerlei.

Langsam wandelte sich mein Entsetzen über Papas Bösartigkeit in heißen Zorn. Als mein Vater sich endlich zum Gehen wandte, betrachtete ich das Foto. Es war völlig zerknickt. Jetzt war meine Mutter sogar noch im Tod der Gewalt meines Vaters ausgesetzt gewesen. Verbittert rannte ich in Manuelas Zimmer und wischte mir die Tränen aus dem Gesicht. Vorsichtig versuchte ich das Foto glatt zu streichen, aber mein Vater hatte ganze Arbeit geleistet. Manche Dinge kann man nicht reparieren, manches ist für immer zerstört.

Wieder und wieder musste ich an den Gesichtsausdruck meines Vaters denken und an das, was er so ganz ohne Worte zum Ausdruck gebracht hatte. Ich wünschte mir den Tod herbei, mehr denn je. Allerdings wollte ich nicht sterben, um meinem Vater damit einen Gefallen zu tun. Insgeheim hatte ich die traurige Hoffnung gehegt, ihn damit bestrafen zu können – jetzt aber musste ich erkennen, welch ein kindischer Irrtum das war. Ich konnte meinen Vater nicht mit meinem Tod bestrafen. Das Einzige, womit ich ihn bestrafen konnte, war, zu leben.

Leise stieg ich die Treppe hinauf und lief in den Garten. Hinter dem Treibhaus, wo mich niemand sehen konnte, faltete ich meinen Abschiedsbrief auseinander. Noch einmal überflog ich die Zeilen, denn es ging mir einfach nicht in den Kopf, wie jemand dabei so emotionslos reagieren konnte. Ein paar Tränen tropften auf die Tinte und ließen sie verschwimmen. Ich zündete ein Streichholz an und hielt die Flamme unter den Brief. Kurz bevor das Feuer meine Hand erreichte, ließ ich los, und das brennende Papier sank taumelnd zu Boden. Weißer Rauch schlängelte sich in die Höhe, es roch nach der ausgeblasenen Kerze eines Geburtstagskuchens. Als die letzte Glut erloschen war, verwehte ein leiser Wind die graublauen Ascheflocken zu Staub. Ungesehen schlich ich mich vom Hof.

Es gab nicht viele Möglichkeiten, wo ich hingehen konnte, und so fand ich mich wenig später völlig aufgelöst an Ritas Küchentisch wieder. Anfangs hatte ich befürchtet, sie könnte es sich anders überlegt haben, doch wie versprochen war sie für mich da. Niedergeschlagen erzählte ich ihr von dem Streit mit meinem Vater, und Rita hörte mir aufmerksam zu.

»Was glaubst du, warum tut dein Vater so etwas?«, fragte sie schließlich.

»Ich weiß nicht«, sagte ich. »Vielleicht, weil er mich hasst? Weil ich ihn an meine Mutter erinnere?« Ich überlegte. »Weil ich weiß, was er getan hat«, sagte ich dann.

Rita kochte Kaffee, bot mir eine Zigarette an, und plötzlich, als wäre es das Normalste der Welt, fragte sie mich, ob ich zu ihr ziehen wolle. Zerknirscht lächelte ich Rita an, denn ich war mir sicher, dass diese Frage nichts als ein missglückter Versuch sein konnte, mich aufzuheitern. Rita aber wirkte entschlossen.

»Würdest du das wollen?«, fragte sie noch einmal, und erst da wurde mir klar, wie ernst sie es meinte. Völlig entgeistert sah ich Rita an. Selbst die Entscheidung, sich einen Hund zuzulegen, wogen die meisten Menschen wohl länger ab. Abgesehen davon brauchte man doch sicher eine Genehmigung vom Jugendamt, ganz zu schweigen von Papa, der mir nicht mal das Kinderheim gönnte. Für Rita jedoch schienen all meine Bedenken nicht das geringste Problem darzustellen, und je länger ich ihr zuhörte, desto sicherer war ich mir: Rita musste verrückt sein!

Resigniert fuhr ich mit einem Finger das Muster der Tischdecke nach. »Natürlich würde ich gerne von zu Hause weg«, sagte ich, »aber Papa erlaubt mir das ganz bestimmt nicht.«

Über Ritas Gesicht huschte ein verschmitztes Lächeln. »Das lass mal meine Sorge sein.«

»Du kennst Papa nicht«, erwiderte ich, aber Rita winkte ab.

»Dein Vater ist auch nur ein Mann, mit dem werde ich schon fertig!«

Ich wusste nicht so recht, was ich davon halten sollte, aber eine andere Möglichkeit schien es für mich nicht zu geben, und so setzte ich alle Hoffnung in Rita.

Etwa zwei Stunden später stand ich wieder vor Papas Tür. »Wir dürfen deinen Vater jetzt auf keinen Fall verärgern«, hatte Rita gesagt und mich vorerst wieder nach Hause geschickt. »Morgen, wenn er sich beruhigt hat, rufe ich ihn an, und dann finden wir sicher eine Lösung.«

Den ganzen Rückweg über hatte ich nach einer Entschuldigung für mein Verschwinden gesucht, doch wie sich herausstellen sollte, war das gar nicht nötig gewesen. Als die Tür aufging, klatschte, noch bevor ich etwas sagen konnte, Papas Hand in mein Gesicht.

»Du verlässt dieses Grundstück nicht ohne meine Erlaubnis! Hast du mich verstanden?« Dann zerrte er mich an den Haaren in den Flur. »Antworte gefälligst, wenn ich mit dir rede!«, und schon hatte ich die nächsten Ohrfeigen sitzen. Es kostete mich eine Menge Überwindung, klein beizugeben, doch ich dachte an Ritas Worte. Wenn es tatsächlich eine Möglichkeit gab, hier wegzukommen, wollte ich sie mir keinesfalls verbauen. Mit aller Macht unterdrückte ich meinen Zorn und brachte ein gequältes »Ja« hervor.

Am nächsten Tag nach der Schule konnte ich es kaum erwarten, nach Hause zu kommen. Der winzige Keim der Hoffnung, den Rita mir eingepflanzt hatte, war über Nacht aufgegangen. Papa war schon von der Arbeit zurück, aber bis jetzt schien sie nicht angerufen zu haben. Mit jeder Stunde, die verging, wurde ich nervöser. Dann aber, als ich schon fast nicht mehr daran glaubte, zitierte Papa mich in sein Büro.

»So, du willst also lieber bei Christians Eltern wohnen?«, fragte er, ohne das geringste Gefühl zu zeigen. Ich war verunsichert, denn dieser Blick war mir bestens bekannt, und für gewöhnlich bedeutete er nichts Gutes. Ich ging in Habachtstellung.

»Ja«, antwortete ich vorsichtig, und noch immer zeigte die Miene meines Vaters nicht die leiseste Regung.

»Gut«, sagte er nüchtern. »Wann willst du ausziehen?« Innerlich machte ich Freudensprünge, während ich meinen Vater genau taxierte, ob er es überhaupt ernst meinte. »Heute?«, erwiderte ich lauernd. Ich versuchte, mir von meiner Euphorie nicht das Geringste anmerken zu lassen, aus Angst, er könne es sich noch einmal anders überlegen, und sei es nur, um mir die Freude zu verderben.

Mein Vater schob einen Stapel Papiere zusammen. »Schön«, sagte er. »Du wirst deine Sachen zu Fuß zu Rita bringen müssen, denn ich habe Wichtigeres zu tun, als dich zu chauffieren!« Dann widmete er sich wieder seinem Schreibkram, und das Gespräch war damit beendet.

Auf dem Weg in Manuelas Zimmer kniff ich mir ein paar Mal in den Arm, um sicherzugehen, dass ich nicht träumte. Weder Papa noch Olga kannten Christians Eltern überhaupt, weshalb es mir seltsam erschien, wie schnell mein Vater eingewilligt hatte. Ein merkwürdiges Gefühl mischte sich unter meine Freude, aber eigentlich wollte ich Papas Gründe lieber gar nicht wissen.

Schnell packte ich meine Sachen zusammen. Rita wohnte mit ihrer Familie nur ein paar Straßen weiter – aber ich hätte mein Zeug eigenhändig bis in die nächste Stadt getragen, um endlich an einen sicheren Ort zu dürfen.

Am Abend trafen Papa und Olga sich mit Rita und ihrem Mann Bob. Die vier teilten mein Waisengeld unter sich auf, und schon war der Deal fix, wie ich später erfuhr. Es war eine unwirkliche Situation, und dem Gelächter nach zu urteilen, wäre wohl niemand auf die Idee gekommen, dass es hier um das Leben und die Zukunft eines jungen Menschen ging.

Manuela, die mir beim Umzug geholfen hatte, warf mir einen irritierten Blick zu.

»Was ham denn die geraucht!?«, fragte sie leise, aber ich zuckte nur mit den Schultern. Mir war klar, dass Manuela genauso froh war, mich loszuwerden, wie mein Vater und Olga. Sie wünschte sich schon seit Wochen, dass Christian bei ihr übernachten könnte, und so war ich ihr mehr denn je im Weg gewesen. Auch Lasse war nicht traurig, dass ich wieder auszog, ich glaube, er bekam es nicht einmal mit. Nach wie vor mied er meine Gegenwart und war noch zu jung, um zu realisieren, wie sehr mein Vater ihn für seine Zwecke benutzte. Lasse hatte die Misshandlungen unserer Mutter nur als Baby und Kleinkind erlebt. Bei der Scheidung war er nicht einmal zwei Jahre alt gewesen, was meinem Vater sehr gelegen kam. Er setzte alles daran, die Vorkommnisse von damals zu verdrehen und unsere Mutter zu verleumden. Irgendwann hatte er es geschafft, meinen Bruder ausreichend zu beeinflussen.

»Frag doch Lasse, was wirklich passiert ist. Selbst der

kann es dir erklären«, sagte Papa fortan immer, wenn die Sprache auf jene Zeit kam, ganz so, als sei ein Einjähriger besser als ich in der Lage gewesen, die Vorfälle zu begreifen – mein kleiner Bruder, der völlig verstört geschrien und auf den Boden getrampelt hatte, während mein Vater auf Mama einschlug ... mein Bruder, der sich an rein gar nichts mehr von damals erinnern konnte außer an das, was Papa ihm eingeredet hatte.

Als ich an jenem Abend mitbekam, wie gut sich Rita und Bob mit meinem Vater und Olga verstanden, fühlte ich mich fast ein wenig verraten. In mir kam die Angst auf, sie alle könnten sich am Ende gegen mich verbünden – und leider sollte sich das auf schockierende Weise bewahrheiten. Zudem verletzte es mich, wie ungeniert mein Vater sich über meinen Auszug freute.

Lange Jahre fragte ich mich, ob ich ihm jemals etwas bedeutet hatte. Da er später niemals den Kontakt zu mir suchte und sich stattdessen weiterhin bemühte, mir zu schaden, wohl eher nicht. Es musste die Erinnerung an meine Mutter gewesen sein, die ich in ihm weckte; doch es war wohl kein Gefühl von Reue, das ihn erfüllte. Es schien vielmehr schlichte Gleichgültigkeit zu sein angesichts seiner Taten und manchmal auch ein bösartiges Triumphieren, dass er unbehelligt mit allem durchgekommen war.

Was meinen Auszug anging, hätte es für ihn kaum besser laufen können. Nicht nur, dass er mich ganz ohne das lästige Jugendamt losgeworden war, jetzt verdiente er sogar noch an mir, obwohl ich ganz woanders wohnte. Papa wusste wirklich, wie man Geschäfte machte, und was mein Leben betraf, so war es für ihn offenbar nicht mehr wert als das Geld, das ich ihm einbrachte. Ich war nur froh, dass wir nicht irgendwo anders lebten, sonst hätte er mich noch für einen Sack Kartoffeln und ein Brot an den Meistbietenden verschachert ...

❧❧❧

Trotz der seltsamen Umstände fühlte ich mich am ersten Abend in meiner neuen Ersatzfamilie sehr erleichtert. Tags zuvor war immerhin Frühlingsbeginn gewesen, und ich wollte fest daran glauben, dies müsse etwas Positives bedeuten, doch insgeheim hatte ich eine Heidenangst.

Rita hatte drei Kinder aus ihrer Ehe mit in die Familie gebracht: Christian, dann Mellie, die wie ich fünfzehn war, und Patrick. Als ich die restlichen Familienmitglieder richtig kennenlernte, merkte ich schnell, dass nicht jeder von ihnen erfreut war über den plötzlichen Neuzuwachs. Ich war eine Fremde, darüber konnte mich auch meine Erleichterung nicht hinwegtäuschen. Doch zum Glück brachte Bob das Eis schnell zum Schmelzen. Er war der Stiefvater von Ritas Kindern und kam aus Schottland, was ihm jede Menge Spott von Christian und Patrick einbrachte. Bob war angeblich früher Boxer und sogar Fremdenlegionär gewesen, doch darüber redete er fast nie. Inzwischen arbeitete er als Fernfahrer, was auch der Grund dafür war, dass er oft tagelang nicht nach Hause kam. Wenn er aber da war, sorgte er dafür, dass sich die Situation entspannte, und vor allem Rita war dann immer richtig gut drauf.

Ich schlief von nun an in Mellis Zimmer, und anders als bei Manuela durfte ich hier endlich ein Foto meiner Mutter aufstellen. Melli und ich verstanden uns gut, aber natürlich gab es zwischen uns einen bedeutsamen Unterschied. Melli war Ritas richtige Tochter – und ich eben irgendwas anderes. Während Melli in einem echten Bett schlief, war mein Schlafplatz der Fußboden daneben. Manchmal, wenn ich abends meine dünne Unterlage zurechtzupfte, kam ich mir vor wie ein lausiger Straßenhund. Doch die Rückenschmerzen, mit denen ich ab jetzt aufwachte, fühlten sich nach Hoffnung an.

�����

Rita war wie ein riesiger Schaufelradbagger, der alles aus meinem verkorksten Leben zutage fördern wollte. Manchmal redeten wir ganze Abende hindurch, wobei Rita sich sehr für meine Mutter interessierte. Sie bewunderte Mamas Art, und obwohl sie ihr nie begegnet war, schien sie fest überzeugt, in vielem wie sie zu sein. Ich konnte ihr da zwar nicht zustimmen, aber mir gefiel die Bewunderung, die sie meiner Mutter entgegenbrachte, und das Interesse an ihrem Leben. Ich zeigte Rita meinen Schuhkarton mit Mamas Gedichten, ihrem Skizzenblock und ein paar anderen Dingen. Nachdem ich weder bei meinen Pflegeeltern noch im Hause meines Vaters über Mama hatte reden können, tat es so gut, meinen schönen Erinnerungen endlich Raum geben zu dürfen.

Um mir zu zeigen, dass ich ihr vertrauen konnte, verriet Rita mir oft sogar, was sie mit Papa und meiner Stiefmutter besprach. Ich war ihr dankbar dafür, weil es mir das Gefühl gab, ein richtiger Mensch zu sein, jemand, den es etwas anging, was mit ihm geschehen sollte – auch wenn das, was ich zu hören bekam, meistens nicht gerade schön war.

»›Ich werde es schon noch schaffen, der das Rückgrat zu brechen‹, hat Olga herumgetönt«, so erzählte es mir Rita. »Da hatte sie zwar schon etwas Wein intus, aber trotzdem.«

Rita schüttelte angewidert den Kopf. »Immer wieder hat sie das über dich gesagt, bis dein Vater ihr schließlich den Mund verboten hat!« Rita goss mir von dem Kaffee ein, den sie gerade für uns gekocht hatte. »Eine furchtbare Frau, deine

Stiefmutter, aber auch eine sehr arme Frau!« Diese Feststellung machte Olgas Bemerkung in meinen Augen allerdings keineswegs besser, woraufhin Rita leicht spöttelnd hinzufügte: »Aber das merkt sie gar nicht, denn die Hellste scheint Olga ja auch nicht gerade zu sein.«

Betroffen senkte ich den Blick.

»Du musst nach vorne gucken, das Leben geht weiter«, sagte Rita, die meinen traurigen Gesichtsausdruck bemerkte. Sie legte ihre Hand auf meine und versprach: »Ich halte zu dir, egal was passiert.« Fast wären mir Tränen in die Augen geschossen, aber ich konnte sie gerade noch zurückhalten.

Rita war meine Beschützerin. Sie war gekommen, um mich zu retten, und ich war ihr unendlich dankbar dafür.

Ich gab mir alle Mühe, sie nicht zu enttäuschen, und wie sich herausstellen sollte, kam das bei Rita richtig gut an. Ich half ihr im Haushalt, machte wieder Hausaufgaben, und die Kacheln im Bad, die von Ritas Schwarzarbeit als Friseuse mit einer zähen Schicht Haarspray völlig verklebt waren, schrubbte ich in stundenlanger Schweißarbeit, bis sie wieder spiegelblank waren. Im Gegenzug passte Rita auf mich auf und sorgte dafür, dass Papa und Olga mich nicht länger zerstören konnten. Sie bat Christian, kein Wort von dem, was bei uns gesprochen wurde, Manuela zu erzählen, da meine Stiefschwester von Papa beauftragt worden war, alles an ihn weiterzugeben. Rita war wirklich bemüht, mir zu helfen, und sie wollte mir endlich einmal Gelegenheit zum Luftholen geben. Für mich war es eine völlig neue Erfahrung, dass mal jemand Partei für mich ergriff. Plötzlich war ich nicht mehr das schwarze Schaf – diese wenig erstrebenswerte Rolle war bereits an Christian vergeben. Manuela hatte immer von Christian geschwärmt, doch nun bekam ich eine andere Seite von ihm mit. Er und seine Mutter stritten heftig. Rita warf

Christian vor, rücksichtslos zu sein und sie fertigzumachen, und Christian warf Rita vor, ihm nicht beizustehen. Manchmal ging es auch um die Schule, später um eine Lehrstelle oder um Christians Klamotten – einen Grund zum Streiten fanden die beiden immer.

Bestimmt tat es Rita gut, in mir jemanden zu haben, der ihr Anerkennung und Dankbarkeit entgegenbrachte, dennoch wurde ich das ungute Gefühl nicht los, dass am Ende doch wieder alles negativ auf mich zurückfallen könnte.

Vor allem Patrick, der mit seinen vierzehn Jahren das Nesthäkchen der Familie war, schien mächtig eifersüchtig auf mich zu sein. Rita erklärte ihm, dass es nicht darauf ankäme, wer mit einem verwandt sei, sondern wie man sich miteinander verstehe. Das machte seine Eifersucht aber auch nicht gerade besser, und im Stillen wünschte ich mir, Rita hätte das nicht gesagt. Was mich anging, konnte niemand meine Mutter ersetzen, und ich versuchte mir vorzustellen, wie es für mich gewesen wäre, wenn Mama ein fremdes Kind bei sich aufgenommen hätte. Ich hätte wissen wollen, dass ich trotzdem für sie etwas Besonderes war, und wahrscheinlich wollte auch Patrick das von seiner Mutter hören. Erst nach und nach verstand ich, dass Rita sich von ihren eigenen Problemen abzulenken versuchte, indem sie sich um meine kümmerte. Sie erzählte mir oft von ihrem chronischen Geldmangel, weshalb ich ihr aus lauter Dankbarkeit für ihre Hilfe sogar das Erbe meiner Mutter anbot. Rita freute sich sehr darüber, doch so gut, wie Mama vorgesorgt hatte, stellte sich heraus, dass es nicht nur für meinen Vater keine Möglichkeit gab, an mein Geld heranzukommen, sondern auch für sonst niemanden.

Noch schwerwiegender als Ritas Geldprobleme schien mir aber ohnehin die Sache mit Bob. Offenbar machte er sie doch nicht so glücklich, wie sie es vorgab, auch wenn es nach außen hin ganz anders aussah. Ständig hatte er andere

Frauen, wie Rita mir ganz offen erzählte, und wenn er auf Tour war, wusste sie nie, ob er nicht gerade in diesem Moment fremdging. Ich konnte mir das nur schwer vorstellen, auch wenn Bob in allem etwas lockerer wirkte. In meinen Augen war er so, wie ich mir einen Vater gewünscht hätte – er war immer zu einem Spaß aufgelegt, bekam keine Tobsuchtsanfälle, und vor allem hatte er weder Rita noch uns Kinder bisher geschlagen.

Bei Rita lag vieles im Argen, das war nicht zu übersehen, doch nach allem, was ich die letzten Jahre erlebt hatte, war ich heilfroh, bei ihr wohnen zu dürfen. In der Schule ging es langsam bergauf, genauso wie mit allem anderen, doch das Beste waren Julian und Sandra, die beiden »Neuen« in meiner Klasse. Julian war schwul, und weil man ihm das sofort anmerkte, war er anfangs ein Außenseiter. Aber genau deshalb mochte ich ihn – er war anders als andere, so wie ich. Sandra dagegen erschien mir ziemlich normal, auch wenn sie selbst da wohl heftig widersprochen hätte. Sie verabscheute alles Durchschnittliche und wollte immer aus der Menge hervorstechen. Ihr Erfolg war in dieser Hinsicht zwar mäßig, aber sie war unternehmungslustig, und nach dem vielen Hausarrest hatte ich eine Menge nachzuholen.

Über Sandra lernte ich auch Michael, meinen ersten Freund, kennen. Ich war nicht gerade über beide Ohren verliebt, aber nachdem ich so viele Jahre keine echte Zuneigung erfahren hatte, war es schön, einfach mal in den Arm genommen zu werden. Michael war neunzehn Jahre alt, ziemlich groß, und die dunklen Haare hingen ihm lässig bis auf die Schultern. Manchmal stotterte er ein bisschen, was ich für ein Zeichen von Empfindsamkeit hielt, doch wie sich herausstellen sollte, kann man auch stottern und trotzdem so einfühlsam sein wie ein Türpfosten.

Ich war ein bisschen enttäuscht von dem, was andere eine feste Beziehung nannten, doch das Gefühl, einen Menschen an meiner Seite zu haben, tat gut, und vielleicht, so dachte ich, brauchte das mit dem Verliebtsein einfach noch ein bisschen Zeit.

Im Herbst erreichte Patricks Eifersucht den Höhepunkt. Egal, wie sehr ich mich um seine Freundschaft bemühte, er wollte mich partout rausekeln, wobei er tatkräftige Unterstützung von Christian bekam. Dem ging es inzwischen mächtig gegen den Strich, dass ich mich mit seiner Mutter besser verstand als er selbst, und nun war ich auch ihm ein Dorn im Auge. Angefangen hatte es mit ein paar fiesen Streichen, aber inzwischen durchwühlten die beiden meine Sachen, zerschnitten meine T-Shirts, und manchmal luden sie sogar einen Freund ein, der ihnen beim Rausekeln helfen sollte. Wenn Bob zu Hause war, versuchte er mir zu helfen, auch wenn er damit nicht viel bewirkte. Dankbar war ich ihm dennoch für die gute Absicht, und obwohl er nicht mein richtiger Vater war, sah ich in ihm mehr einen Beschützer als in Papa.

Als Patrick und Christian schließlich meine neuen Ohrringe mit dem Inhalt einer Stinkbombe verätzten, wurde es Rita zu bunt.

»Wenn das nicht aufhört, schmeiß ich euch beide raus!«, drohte sie, wobei mit »euch« Christian und Patrick gemeint waren.

»Dann schmeiß uns doch raus, wir sind dir ja sowieso scheißegal!«, schrie Christian zurück, und Patrick pflichtete ihm bei: »Für dich gibt es doch nur noch Svenja. Dir ist es ja total egal, wenn deine eigenen Kinder vor die Hunde gehen!«

Das hatte gesessen!

Überrascht stellte Rita fest, dass sie ihre Familienprob-

leme nicht lösen konnte, indem sie sich um fremde Ange-
legenheiten kümmerte, und ganz allmählich änderte sich
die Stimmung. Ich hoffte fest, dass alles wieder in Ordnung
käme, denn meine Angst, rausgeworfen zu werden und erneut bei Papa zu landen, war riesig. Bei Papa und bei Olga,
die nach wie vor mein Rückgrat brechen wollte.

13

Abschaum

Hilflos musste ich miterleben, wie Rita mich langsam fallen ließ, und auch wenn sie es nicht aussprach, spürte ich, dass meine Tage bei ihr gezählt waren. Da kam Bob mit einer überraschenden Idee.

»Was hältst du davon, mich am Wochenende auf meiner Tour zu begleiten?«, fragte er. »Dann brauchst du die Kasperköpfe mal 'ne Weile nicht sehen, und wenn Rita ein paar Tage mit ihrer Bagage alleine verbringen kann, renkt sich vielleicht alles wieder ein.«

Ich war begeistert von Bobs Vorschlag, und auch Rita stimmte sogleich zu.

Zwei Tage später brachen wir nach Frankreich auf. Ich war aufgeregt wie Bolle, als Bob mich am Morgen mit dem Lkw vor Ritas Wohnung abholte. Den ganzen Tag auf der Autobahn, essen in einer Trucker-Bar und anschließend im Lkw übernachten – so musste sich Freiheit anfühlen!

Umständlich hangelte ich mich ins Fahrerhaus und suchte den Sicherheitsgurt. Bob lachte.

»Das ist ein Truck und kein Fiat Panda, so was brauchst du hier nicht.« Er legte eine Kassette mit Country-Musik in den Rekorder, hupte zwei Mal, und schon ging's los.

Auf der Fahrt erzählte Bob mir vom Fernfahrerleben, von lustigen Pannen und spannenden Begegnungen. Anschließend unterhielten wir uns über Musik, und kurz hinter Köln ging es um die Probleme mit Christian und Patrick. Bob wusste zwar auch keine Lösung dafür, doch alles schien leichter, wenn man sich einmal aussprechen durfte. Irgendwann erzählte Bob mir von seinen Abenteuern mit anderen Frauen. Es war ja kein Geheimnis, dass er fremdging, nachdem Rita mir selbst schon oft davon erzählt hatte. »Das ist bloß Sex«, hatte sie jedes Mal gesagt, »aber mich liebt er!« Mir jedoch waren ihre Beteuerungen mehr wie der Versuch vorgekommen, sich selbst davon zu überzeugen.

Es war mir ziemlich unangenehm, mit Bob über seine Frauengeschichten zu reden, weshalb ich immer wieder versuchte, das Thema zu wechseln. Doch egal, womit ich auch anfing, zehn Minuten später landete Bob erneut bei seinem Thema Nummer eins, wobei mir vieles, was er mir erzählte, ziemlich aufschneiderisch erschien. Als wir zu einer Verladestelle kamen, deutete Bob sogar auf ein etwa siebzehnjähriges Mädchen, das er angeblich auch schon gehabt hätte.

Ich verzog argwöhnisch den Mund. »Das glaube ich dir nicht«, sagte ich, denn ich konnte mir wahrhaftig nicht vorstellen, dass Bob mit seinen fast fünfzig Jahren bei einem derart jungen Mädchen Chancen hätte. Doch als Bob anstelle einer Antwort nur breit grinste, war ich mir da nicht mehr so sicher.

»Keinen Sex kannst du immer noch haben, wenn du alt bist«, sagte er schulterzuckend, und dann wollte er wissen, ob bei Michael und mir »schon was gelaufen« sei. Empört wehrte ich ab.

»Das sag ich dir nicht – aber wie auch immer, Fremdgehen finde ich blöd!«

Bob sah mich an, als hätte ich etwas unglaublich Dummes gesagt. »Wenn du keine Erfahrungen mit anderen Jungs hast«, sagte er und zwinkerte mir zu, »woher willst du dann wissen, ob Michael überhaupt gut im Bett ist?«

Ich zuckte mit den Schultern. »Weiß nicht – irgendwie merkt man das schon.«

Bob lachte lauthals. »Kaufst du etwa auch gleich den ersten Pullover, den du anprobierst?«

Irritiert über den Vergleich verdrehte ich die Augen. »Das ist doch was ganz anderes!«

Bob triumphierte. »Ja eben! Das ist nur ein Pullover!« Und dann wurde ich ausgiebig mit Weisheiten darüber versorgt, wie wichtig es sei, Erfahrungen zu sammeln, und dass Jungs in Michaels Alter doch gar keine Ahnung hätten.

Gegen Nachmittag erreichten wir die französische Grenze. Über eine Stunde mussten wir in einer Schlange von Lkw warten, bis man uns endlich durchließ, und etwas später, an einer Umladestelle, standen wir eine weitere Stunde. Es wurde schon dunkel, als es endlich weiterging, und weil ich durch das Geschaukel im Lkw ganz müde wurde, machte ich es mir auf einer der beiden Liegen hinter den Sitzplätzen gemütlich. Ich wusste nicht, wie lange ich geschlafen hatte, geschweige denn, wo wir waren, als wir spät in der Nacht einen Rastplatz ansteuerten. Umständlich angelte ich nach meiner Jeans, die ich zum Schlafen ausgezogen hatte, aber Bob wiegelte ab.

»Die brauchst du nicht, sieht dich ja keiner«, meinte er. »Wir übernachten hier.« Verschlafen kraxelte ich auf den Beifahrersitz, umklammerte meine Beine und zog meinen langen, ausgeleierten Pullover wie ein Kleid über die Knie bis runter zu den Füßen.

»Essen wir denn nichts in der Wirtschaft?«, fragte ich und deutete auf die Gaststätte ein paar Hundert Meter weiter. Bob drückte seine Zigarette im Aschenbecher aus.

»Ich besorge uns was. Du wartest im Lkw – um diese Zeit treiben sich hier üble Gestalten rum.«

Nach der endlosen Fahrerei hätte ich mir gerne ein wenig die Beine vertreten, doch so sehr ich auch drängelte,

Bob ließ sich nicht umstimmen. Er griff nach seinem Portemonnaie und zog die Gardinen der Fahrerkabine zu. »Damit keiner hier reingaffen kann«, sagte er fürsorglich, aber der Platz war ohnehin völlig menschenleer; nicht mal ein anderer Lkw stand in der Nähe – es war fast ein bisschen unheimlich.

Enttäuscht knipste ich die schwache Funzel an der Decke an und lauschte auf die Geräusche von draußen. Alles war still, doch zur Sicherheit drückte ich die Türknöpfe herunter. Es dauerte eine ganze Weile, bis ich endlich den Schlüssel im Schloss hörte und die Tür wieder aufging. Stirnrunzelnd blickte ich auf Bobs leere Hände.

»Wo ist denn das Essen?«

Ohne mir zu antworten, zog Bob die Tür hinter sich zu, verriegelte sie und schwang sich über den Fahrersitz. Mit einem Bein auf dem Polster kniend, beugte er sich über mich.

»He … was soll das?!«, stammelte ich, stieß ihn weg und schob mich reflexartig auf dem breiten Sitz in Richtung Beifahrertür.

»Pssst«, machte Bob und versuchte sich irgendwie über mich zu legen. »Alles okay – du willst das doch auch.«

Wieder stieß ich ihn zurück. »Was? Nein! Spinnst du?!«, aber Bob versuchte es weiter.

»Alles in Ordnung«, flüsterte er. »Ich zeige dir, was guter Sex ist. Michael ist ja noch ein Junge, was weiß der denn schon!?«

Mit all meiner Kraft stieß ich Bob erneut weg.

»Nicht! Lass das! Hör auf!« Einen Moment lang glaubte ich, Bob mache einen schlechten Witz, aber dann versuchte er meinen Pullover hochzuziehen. Panisch schlug ich auf seine Hände. Was passierte hier? Hatte Bob tatsächlich das vor, was ich dachte?

Wieder spürte ich seine Hand an meinem Pullover und

hörte auf zu denken. Instinktiv stemmte ich mich gegen die Beifahrertür und fing an, zu treten. So fest ich konnte, trat ich auf Bob ein, aber der bekam meine Fußgelenke zu packen und hielt sie mit eisernem Griff fest. Hektisch versuchte ich mich freizustrampeln, wobei ich Bob ein paar Mal am Kopf traf. Wütend riss er meine Beine auseinander.

»Jetzt hör endlich auf, dich zu wehren!«, herrschte er mich an. »Es wird dir gefallen!« Mit einem Ruck zog er mich ein Stück nach unten und ließ sich auf mich sacken. Ich wollte mich unter ihm hervorwinden, aber er lastete mit seinem ganzen Gewicht auf mir, sodass ich kaum atmen konnte. Im nächsten Moment spürte ich, wie er sich an meinem Slip zu schaffen machte. Ich bekam eine Hand frei und hielt den Slip fest.

»Nicht! Das darfst du nicht!«, versuchte ich Bob in meiner Panik zur Vernunft zu bringen. Ich spürte, dass er durch Gegenwehr nicht abzuhalten war, und so redete ich auf ihn ein. »Hör auf! Nein! Das darfst du nicht!« In meine Panik mischte sich ein Wimmern. Bis gerade eben noch war ich fest überzeugt gewesen, es würde nicht zum Schlimmsten kommen, doch mit einem Schlag realisierte ich, dass es zu spät war. Mit all meiner Kraft versuchte ich Bob abermals wegzustoßen, doch er war stärker als ich, und er hatte nicht vor, sich von seinem Vorhaben abbringen zu lassen.

Als es vorbei war, saß ich einfach nur da. Ich weinte nicht, ich schrie Bob nicht an, ich lief nicht weg.

Wo hätte ich auch hinlaufen sollen, mitten in der Nacht, irgendwo auf einem Parkplatz, umgeben von Autobahnen und üblen Gestalten, wie Bob gesagt hatte. Jetzt war es zu spät, und sicher hätte Bob mich ohnehin wieder eingefangen. Nichts konnte mehr ändern, was soeben passiert war, und ich wollte bloß noch zurück nach Hause.

Den Pulli bis zu den Zehen und die Knie zum Kinn gezogen, starrte ich auf die Gardine vor der Seitenscheibe.

»Ist nicht schlimm, dass du keinen Orgasmus gehabt hast«, sagte Bob in die Stille hinein. »Das funktioniert bei vielen Frauen nicht.«

In meinem Kopf schwirrte es. Hatte Bob das jetzt tatsächlich gesagt? War er irre? Bildete er sich ein, ich hätte das gewollt? Sollte ich mich etwa nicht genug gewehrt haben?!

Ich schwieg. Alles schien unwirklich, und mir war, als beobachtete ich mich wie eine Fremde von außen.

Hatte Papa recht? War ich Abschaum?

Konnte ich überhaupt etwas anderes sein, wenn mir so etwas passierte?

Kurz danach legte Bob sich erneut auf mich, aber diesmal ließ ich es einfach nur geschehen. Jetzt war sowieso alles egal, und wie hätte ich ihn auch davon abhalten sollen. Auf gar keinen Fall wollte ich ihm die Gelegenheit geben, es sich noch einmal mit Gewalt zu holen, und wie bei Onkel Dieter fing ich in Gedanken wieder an zu zählen.

Offenbar war ich so eine, mit der man das machen konnte. Verkommen, ein Stück Dreck. Bei mir kam es nicht drauf an. Mamas kleiner Engel tief in meinem Innern war tot, seine Flügel waren ausgerissen und lagen gebrochen im Matsch. Der kleine Engel war derart beschmutzt, dass selbst ich ihn nicht mehr ansehen mochte. Ich wollte um ihn weinen, aber er war es nicht wert, keine einzige Träne war er wert, und er selbst konnte nicht mehr weinen. Mamas kleinen Engel gab es nicht mehr.

Niedergeschlagen ließ ich mich in einen Sumpf aus Ohnmacht, Gleichgültigkeit und Ekel fallen. Nichts war mehr wichtig.

Bob ermahnte mich, niemandem etwas zu verraten, doch

das brauchte er im Grunde gar nicht. Wem konnte ich hiervon schon erzählen?! Wer würde mir überhaupt glauben?! Vor allem aber: Was würde man mit so einer wie mir dann wohl machen?!

Ich schwieg weiterhin, und am nächsten Tag auf der Rückfahrt schwieg ich noch immer. Stumm starrte ich auf die Straßenschilder über der Fahrbahn. Offenbar waren wir schon wieder in Deutschland. Wir mussten die Grenze bereits vergangene Nacht überquert haben, bevor wir auf dem Rastplatz angekommen waren, während ich hinten geschlafen hatte.

Draußen war es grau und schäbig, genauso wie hier drinnen, im Lkw, in mir. Ich fühlte mich erbärmlich und hätte am liebsten einfach aufgehört zu existieren.

Bob war einer der wenigen Menschen gewesen, denen ich vertraut hatte, mit jedem Mal, wenn er mich vor Patrick und Christian in Schutz genommen hatte, ein bisschen mehr. Wie hatte er mir so etwas antun können?

Bob fing an, Witze zu reißen, und versuchte sich zu vergewissern, dass ich auch ja nichts verriet. Sogar etwas zu essen kaufte er mir jetzt, aber so übel, wie mir war, bekam ich kaum etwas herunter.

Als wir endlich zurück waren, wollte ich nur noch duschen und schlafen. Ich erzählte niemandem, was geschehen war, weder Rita noch Michael und erst recht nicht meinem Vater. Das hätte mir gerade noch gefehlt, dass Papa sich durch mein Elend auch noch bestätigt gefühlt hätte.

Alles, was ich tun konnte, war, Bob aus dem Weg zu gehen. Aber leider funktionierte das genauso wenig wie damals bei meinem Pflegevater. Die ersten anderthalb Tage ließ Bob mich in Ruhe, doch dann fühlte er sich scheinbar sicher genug, dass ich ihn nicht verriet. Manchmal waren es nur kleine

Gesten, aber oft, wenn ich Bob im Flur über den Weg lief, griff er mir direkt zwischen die Beine. Bald fasste er mich sogar an, wenn die anderen mit im Zimmer waren und nur mal kurz wegsahen, oder er machte von Weitem obszöne Gesten mit seiner Zunge. Bob verhielt sich, als kümmere es ihn nicht, ob jemand etwas herausfand. Als könne ihm ohnehin nichts passieren, weshalb ich ihm ganz und gar ausgeliefert sei. Meine Hilflosigkeit schien ihm Spaß zu machen. Es sah aus, als wäre das für ihn das Salz in der Suppe, und mit jedem Tag, den ich schwieg, schien er sich stärker zu fühlen. Langsam fürchtete ich, Bob wolle das Ganze weiterführen. Vielleicht wartete er nur auf eine Gelegenheit, und dann wäre ich wieder fällig. Meine Verzweiflung wuchs, genauso wie meine Wut. Selbst Rita machte mich wütend, schließlich war sie es, die Bob überhaupt erst erlaubt hatte, sein Ding überall reinzustecken.

Der Ärger mit Christian und Patrick war unterdessen weitergegangen wie zuvor, doch wegen der Sache mit Bob spielte das auch schon keine Rolle mehr. Die Tage reihten sich aneinander wie ein Albtraum an den anderen. Ich lag längst am Boden, aber die anderen liefen und liefen wie in einem Hamsterrad über mich hinweg, und ich rutschte einfach mit.

❧❧❧

Der nahende Winter zeigte sich in diesem Jahr mal wieder von seiner hässlichen Seite. Feuchtkalte Luft kroch einem bis unter die Kleidung, und wenn Schnee vom grau bedeckten Himmel fiel, verwandelte er sich binnen Kurzem zu braunem Matsch. Knapp zwei Wochen waren seit der Lkw-Sache vergangen, und noch immer verfolgte sie mich an jedem einzelnen Tag.

246

Um nicht nach Hause zu müssen, drückte ich mich nach der Schule in der Stadt herum, doch am Abend war ich völlig durchgefroren, abgesehen davon wollte ich keinen Ärger riskieren. Per Anhalter machte ich mich auf den Heimweg. Lange musste ich nicht warten.

»Wo soll's denn hingehen?«, wollte der Typ in dem schicken Auto wissen, als ich den Kopf zur Beifahrertür hineinstreckte.

Ich nannte ihm mein Ziel, worauf er mich mit einer Geste aufforderte, einzusteigen. »Ich kann dich bis vor die Tür bringen, wenn du willst.« Normalerweise wollte ich das nicht, aber bei diesem Schmuddelwetter würde ich vielleicht eine Ausnahme machen.

Der Typ spulte auf seinem Rekorder in der Mittelkonsole herum. »Magst du BAP?«

Ich zuckte mit den Schultern. »Ist okay.« Er drückte den Startknopf. »Verdamp lang her, dat ich fast alles aehnz nohm. Verdamp lang her, dat ich ahn jet jeglaeuv …«, trällerte es aus den Boxen, und der Typ erzählte mir von seinem letzten Konzert, auf dem er war.

Kurz vor den Bahngleisen, hinter denen mein Dorf lag, wurde er langsamer. »Hast du Lust, mit mir noch was trinken zu gehen?«

Ich kniff den Mund zu einem geraden Strich zusammen. Große Lust hatte ich nicht, aber nach Bobs ekelhaften Andeutungen war mir noch weniger zumute. Für einen Moment blitzten die Bilder aus der Nacht im Lkw wieder in meinem Kopf auf. Es fühlte sich an, als hätte ein Diaprojektor sie für den Bruchteil einer Sekunde an die Wand geworfen und gleich wieder verschwinden lassen. Mein Puls wurde schneller. Roch es hier nicht nach dem Duftbaum in Bobs Lkw? Nein … Bob hatte gar keinen Duftbaum. Aber nach irgendwas roch es hier. »E weiß Blatt Papier, ne Bleisteff, Jedanke bei die setz ich …«, tönte es aus den Lautsprechern. Unwillkürlich fühlte ich nach dem kleinen Springmesser in meiner Tasche, das ich seit einer Weile bei mir trug.

»Ich meine wirklich nur was trinken«, durchbrach der Typ mein Kopfkino. »Ich hab absolut keine Hintergedanken, und überhaupt …«

»Okay«, sagte ich möglichst lässig, »fahren wir zu dir.«

Die Sache mit Bob haftete an mir wie eine Krankheit. Meine Unfähigkeit, mich erfolgreich zur Wehr zu setzen. Diese Hilflosigkeit in jener Sekunde, als ich verstand, dass ich nichts mehr gegen ihn ausrichten konnte. Der Schock, als mein Körper mir enteignet wurde … das alles wollte ich loswerden. Ich wollte mich nicht länger hilflos fühlen, nicht mehr ausgeliefert. An diesem Abend wollte ich mich stark fühlen.

Der Typ sah mich erstaunt an. »Ich meinte eigentlich nur …« Mitten im Satz geriet er ins Stocken, doch schnell hatte er sich wieder gefasst. »Okay!«, beendete er seinen Satz. »Fahren wir zu mir.«

Von da an lief alles wie von selbst. Wie in einem Film, in dem ich nicht nur Statistin, sondern auch Regisseurin war. Ein Film, der hoffentlich geeignet wäre, den anderen, üblen Film zu überschreiben.

Als wir fertig waren, legte der Typ seinen Arm um mich, aber ich schob ihn beiseite.

»Hast du irgendwas?«, fragte er. »Hab ich was falsch gemacht?«

»Nein«, antwortete ich kurz, »aber ich muss jetzt los.«

Während ich aufstand und mich anzog, zündete er sich eine Zigarette an. »Bleib doch über Nacht – ich mache uns morgen Frühstück.«

Ich streifte meinen Pullover über. »Nein, danke.«

Nun stand auch er auf. »Was hast du denn?«, wollte er

wissen. »Wenn ich irgendwas falsch gemacht habe, kannst du es doch sagen!«

Ich sah den Typen kurz an. »Du hast nichts falsch gemacht … alles okay!«

Mir war schlecht, und ich fühlte mich leer. Ich wusste nicht einmal mehr, wie der Typ hieß, und es interessierte mich auch nicht. Ich hatte mich besser fühlen wollen, aber das tat ich nicht. Ich hatte mich stark fühlen wollen, aber auch das tat ich nicht. Fühlte ich überhaupt irgendwas?

»Es ist spät«, drängte ich und stellte mich schon mal in die geöffnete Wohnungstür. Der Typ im Hintergrund zeterte, während er seine Klamotten überzog, und für einen Moment war es plötzlich da – das Gefühl von Kontrolle. Niemand außer mir hatte heute über mich und meinen Körper bestimmt. An diesem Abend fühlte ich mich nicht ausgeliefert. Ich hatte die Hilflosigkeit und Ohnmacht besiegt – jedenfalls für diesen Moment.

෴

Dezember. Das fünfte Weihnachten ohne meine Mutter rückte näher. Tante Issa hatte ich nicht mehr gesehen, seit sie damals mit Oma erfolglos vor der Tür meiner Pflegeeltern gestanden hatte. Dieses Jahr jedoch lud sie meinen Bruder und mich überraschend zu sich nach Hause ein. Mehr als vier Jahre waren inzwischen vergangen. Das kleine Mädchen, das sie damals bei seinen Pflegeeltern zurückgelassen hatte, existierte nicht mehr. Mittlerweile war ich sechzehn Jahre alt, und es fühlte sich an, als gäbe es kaum noch eine Stelle an meinem Körper, über die nicht schon irgendein »Vater« nach Belieben verfügt hätte. Jetzt aber war Weihnachten – das Fest der Liebe und Freude. Die große Heile-Welt-Parade für all die Glücklichen. Ich freute mich. Ich freute mich wirklich, denn Tante

Issa war die Schwester meiner Mutter und damit ein Teil aus meinem früheren Leben. Nur Michael nervte, weil er unbedingt mitkommen wollte. Doch so respektlos, wie er sich mir gegenüber in letzter Zeit verhielt, war mir das eigentlich gar nicht recht. Nie hielt er zu mir, und überdies war er der Ansicht, es müsse wohl einen Grund geben, dass ich in solch einer schlechten Situation sei. Er behandelte mich grob und herablassend, und offenbar dachte er auch noch, dies zu dürfen, weil meine eigene Familie mich ja ebenso behandelte. Aber genau aus diesem Grund nahm ich ihn schließlich doch mit. Michael sollte erleben, dass nicht jeder so schäbig mit mir umging wie Papa und die anderen. Er sollte meine »richtige« Familie kennenlernen – den Teil, der gut zu mir war. Ich selbst hatte keine Möglichkeit, erfolgreich für mich einzustehen; nun hoffte ich, das Treffen mit Tante Issa würde mir dabei helfen. Wenn Michael sehen würde, dass es Menschen gab, die auf meiner Seite waren, die Papa und seine Machenschaften verabscheuten, dann müsste er doch anfangen, die Dinge zu hinterfragen. Wenn er feststellen würde, dass es Menschen gab, die mich mochten, die mich intelligent und liebenswert fanden, sollte ihm eigentlich klar werden, dass auch ich ein wertvoller Mensch war – und insgeheim hoffte ich wohl, dass ich selbst das dann auch erkennen könnte.

Der Besuch bei meiner Tante bedeutete mir viel, er war mehr als ein gewöhnlicher Verwandtschaftsbesuch. Doch als wir schließlich dort waren, kam alles ganz anders.

Nach dem ersten gemeinsamen Abendessen mit meiner Familie packten Michael und ich im Gästezimmer unsere Taschen aus. Mir war nicht entgangen, wie beeindruckt Michael von Tante Issas Haus war, weshalb ich meinen Plan schon als halbwegs gelungen betrachtete. Dann aber stellte er die K.-o.-Frage – jene Frage, die ich selbst bisher erfolgreich beiseitegeschoben hatte.

»Wieso eigentlich kannst du nicht bei deiner Tante wohnen?«, wollte er wissen.

Ich schrak zusammen. Meine Hoffnung, Michael irgendetwas begreiflich machen zu können, zerplatzte wie eine Bockwurst in der Fritteuse. Tante Issa war sehr nett zu mir, und einmal lobte sie mich, was für ein tolles Mädchen ich trotz allem geworden sei, aber sie konnte sich gut abgrenzen. Hätte sie mich zu sich nehmen wollen, hätte sie es längst getan, nachdem Mama sie in einem Abschiedsbrief sogar darum gebeten hatte. Es wäre sinnlos gewesen, meine Tante noch einmal zu bitten. Tief in meinem Innern wusste ich das, und abgesehen davon hatte ich längst das Gefühl, ich sei nicht mehr gut genug für diese Familie. Ich war zum Fußabtreter meiner »anderen« Familie geworden, und nach allem, was passiert war, hatte ich diese Rolle geradezu verinnerlicht.

»Und?«, drängte Michael noch einmal. »Warum wohnst du nicht hier?«

Alles war ruiniert. Hektisch wühlte ich in meiner Tasche nach der Zahnpasta, während ich fieberhaft nach einer Antwort suchte.

Michael beobachtete mich eine Weile mitleidig, dann fuhr er fort. »Ich meine, deine Tante hat ausreichend Platz, genügend Geld, ihr Mann ist Wissenschaftler – außerdem hat sie sowieso schon zwei Kinder. Warum also musst du bei fremden Leuten auf dem Fußboden schlafen? Es ist ja nicht so, dass du noch ein Baby wärst, um das man sich den ganzen Tag kümmern müsste.«

Angespannt kramte ich in meiner Tasche. Verdammt! Wo war die blöde Zahnpasta?!

»Ach!«, entgegnete ich und gab mir dabei Mühe, möglichst gleichgültig zu wirken. »Hamburg ist doch viel zu weit weg.«

Michael runzelte argwöhnisch die Stirn.

»Wenn du meinst ... Bei uns gäb's so was jedenfalls nicht.«

Endlich! Da war ja die Zahnpasta! Im Vorbeigehen warf ich Michael einen vernichtenden Blick zu und verschwand eilig im Badezimmer.

Mein Plan war gründlich in die Hose gegangen. Alles, was er mir eingebracht hatte, war, dass mein Leben jetzt noch erbärmlicher aussah.

Michael beließ es bei dem Gespräch, doch wie um mein Gefühl zu bestätigen, verhielt er sich mir gegenüber jetzt noch respektloser. Kurz vor Ende unseres Besuchs schlug er mir bei einem Streit sogar ins Gesicht, dann packte er mich am Hals und drückte zu. Meiner Tante erzählte ich davon nichts, dafür schämte ich mich viel zu sehr. Tante Issa lebte in einer anderen Welt, sie sollte nicht auch den Fußabtreter in mir zu sehen bekommen, zu dem ich geworden war.

Wenngleich der Besuch nicht wie erhofft verlief, verschaffte mir die Zeit bei meiner Tante aber wenigstens etwas Abstand zu Bob. Seit der Lkw-Tour hatte ich mich wie in einem Vakuum gefühlt. Ich war darauf reduziert gewesen, irgendwie den Tag zu überstehen, doch jetzt lagen rund vierhundert Kilometer zwischen mir und dem ganzen Sumpf. Ich war weit genug entfernt, meine Gedanken aus ihrem Gefängnis zu lassen, und selbst die Angst davor, was daraus folgen würde, wirkte plötzlich nicht mehr ganz so einschüchternd. Mit Michael war ich fertig, so viel stand fest, doch das wollte ich ihm erst nach unserem Besuch mitteilen. Viel wichtiger war es, mich vor Bob zu schützen, und dafür gab es wohl oder übel nur eine einzige Möglichkeit.

Kurz nach unserer Rückkehr bestellte mein Vater mich zu sich nach Hause. Die letzten Tage hatte ich unentwegt darüber nachgedacht, wie ich das Thema ansprechen könnte, aber bis jetzt waren mir noch immer nicht die richtigen Worte eingefallen.

Auf dem Weg zu unserem Haus ging ein Platzregen nieder. Meine Schuhe waren völlig durchweicht, als ich in Papas Büro kam, und aus meinen Haaren troff das Wasser. Mein Vater saß zwischen hellgrauen Schwaden aus Zigarettenrauch am Schreibtisch und beschäftigte sich mit irgendwelchen Papieren. Ohne mich anzusehen, bedeutete er mir mit einem Fingerzeig, auf dem Stuhl ihm gegenüber Platz zu nehmen. In meinem Kopf arbeitete es auf Hochtouren, während Papa mir ein Papier nach dem anderen zum Unterschreiben herüberschob. Ohne es zu lesen, kritzelte ich meine Unterschrift darunter und reichte es ihm zurück. Sogar ein paar Blankounterschriften musste ich meinem Vater geben, weil ich ja jetzt nicht mehr so gut erreichbar wäre. Noch immer wusste ich nicht, wie ich anfangen sollte, und das Tick-Tack der alten Pendeluhr zählte die Sekunden herunter wie ein Countdown. Nervös kaute ich auf meinen Nägeln. Nach etwa einer Viertelstunde war der Papierkram erledigt, und mein Vater sah auf. Was auch immer ich unterschrieben hatte, er schien damit zufrieden. Wegen des Sturms machte er sich ausnahmsweise sogar die Mühe, mich zurückzufahren. Meine letzte Chance für heute! Dicke Regentropfen prasselten auf die Windschutzscheibe. Mir wollten noch immer nicht die richtigen Worte in den Sinn kommen, und mit jedem Meter, den wir fuhren, wurde ich nervöser. Die Scheibenwischer im Auto flogen hektisch von einer Seite zur anderen. Es war nicht mehr weit bis zu Ritas Wohnung, und langsam wurde die Zeit knapp. Ohne zu wissen, was ich genau sagen würde, fing ich an zu reden.

»Das ... also ... das bei Rita und Bob ... Ich ... ich kann da nicht bleiben!« So, jetzt war es draußen. Angespannt wartete ich auf Papas Reaktion. Doch da kam nichts. Mein Vater schwieg, als hätte er gar nicht zugehört, und die Stille zwang mich weiterzureden.

»Ich … ich muss da weg. Es geht einfach nicht.« Noch immer schwieg mein Vater, und ich fuhr fort. »Christian und Patrick machen meine Sachen kaputt.« Und etwas leiser fügte ich hinzu: »Außerdem ist da etwas passiert.« Mit jedem meiner Worte sackten die Mundwinkel meines Vaters nach unten.

»Öääh!«, unterbrach er mich schließlich mit einem inbrünstigen Stöhnen. »Geht das schon wieder los! Wo willst du denn hin? Keiner will dich – und wir wollen dich auch nicht!«

Ich schluckte. »Dann lass mich doch wieder ins Kinderheim!«, bettelte ich.

Mein Vater schnaubte. »Darüber haben wir bereits gesprochen! Weißt du eigentlich, was so ein Heimplatz kostet?!«

Verzweiflung kroch in mir hoch. Wir waren schon fast bei Rita. Ich fühlte mich wie ein aufgespießter Fisch, der zappelnd versuchte, von der Harpune zu entkommen.

»Aber es gibt doch noch andere Heime«, drängte ich, »vielleicht sind die billiger!«

»Blödsinn«, blaffte mein Vater mich an. »Es funktioniert doch nirgends mit dir!«

»Aber das stimmt doch gar nicht«, widersprach ich. »Bei Mama hat es funktioniert und im Kinderheim …«

»Schluss jetzt!«, schnitt mein Vater mir das Wort ab. »Du gehst zurück zu Rita und Bob.«

Die Ausweglosigkeit meiner Situation trieb mir Tränen in die Augen. »Aber du kannst mich nicht zurückbringen!« Mein Tonfall war energischer als beabsichtigt, und zum ersten Mal, seit wir in dem Auto saßen, sah mein Vater mich an.

»Und wieso nicht?«, fragte er kalt.

Mein Hals war wie zugeschnürt, und ich konnte fast nicht sprechen. »Es ist ... weil ... da ist etwas passiert.« Allmählich wurde mein Vater ärgerlich.

»Und was?«, drängte er. »Du musst mir schon sagen, was du meinst!« Dann bog er um die letzte Kurve. Ich schluckte ein paar Mal, bevor ich wieder reden konnte.

»Es ... es ist ... Bob ... weil ... da war was!« Vor uns tauchte Ritas Haus auf.

»Herrje, was meinst du denn?«, raunzte mein Vater und wurde etwas langsamer. In einer Parkbucht am Straßenrand hielt er schließlich an. »Also jetzt sag endlich, was los ist!«

Sein barscher Tonfall machte es mir nicht gerade einfacher. Nur mit Mühe konnte ich meine Tränen zurückhalten, als ich in wenigen kurzen Sätzen erzählte, was passiert war. Ohne mich anzusehen, hörte mein Vater mir zu, und auch als ich fertig war, starrte er weiterhin schweigend aus dem Fenster. Kein Wort, keine Gefühlsregung, mein Vater blickte einfach nur unwillig vor sich hin, während ich vor Scham am liebsten im Erdboden versunken wäre. Ich wagte kaum zu atmen. In der Stille, die zwischen uns herrschte, klang das Prasseln des Regens unnatürlich laut. Plötzlich ließ mein Vater den Motor an.

»Ich bringe dich jetzt erst mal zurück zu Rita und Bob«, brummte er. Ich zuckte zusammen.

»Aber Papa!« Doch er war schon wieder losgefahren. »Wir reden morgen darüber, heute bin ich zu müde.« Mir wurde schlecht. Die letzten Meter zu Ritas Haus konnte ich kaum noch denken vor Schreck. Mein Vater parkte das Auto am Straßenrand und öffnete die Tür.

»Was passiert denn jetzt?«, fragte ich verstört und klammerte mich unwillkürlich an meinem Sitz fest, doch mein Vater zog den Schlüssel ab und stieg aus.

»Komm schon!«, herrschte er mich an. »Das wirst du

gleich sehen!« Energisch drückte er auf Ritas Klingel, und
der Türöffner ertönte. Papa nahm mit zwei großen Schritten
die wenigen Stufen nach oben, wo Rita in der Wohnungstür
stand. Weil ich ein paar Meter hinter Papa zurückgeblieben
war, konnte ich nicht verstehen, was die beiden redeten, aber
kaum dass wir in der Wohnung waren, wurde ich in Mellis
Zimmer geschickt. Entsetzt sah ich meinen Vater an.

»Jetzt geh schon«, drängte er, »du kannst später dazukom-
men.« Sein Tonfall verriet, dass jeder weitere Protest zwecklos war, und mir blieb nichts anderes übrig, als mich an die
vage Hoffnung zu klammern, dass mein Vater mich ausnahmsweise einmal nicht im Stich ließe. Ich versuchte durch
die geschlossene Tür zu lauschen, aber alles, was ich hörte,
war mein Herz, das mir bis zum Hals klopfte. Die Zeit erschien mir endlos, und ich fragte mich, was Papa überhaupt
so lange erzählte, nachdem er mit mir doch keine zwei Minuten über die Sache gesprochen hatte. Als ich endlich wieder herausgelassen wurde, war mein Vater gerade im Begriff,
sich von Rita und Bob zu verabschieden. Hilflos sah ich ihm
hinterher.

»Nimmst du mich denn nicht mit?«, fragte ich flehend,
aber Papa wich meinem Blick aus und verschwand, ohne mir
eine Antwort zu geben. Ein paar Sekunden war ich wie erstarrt, dann betrat ich mit zitternden Knien das Esszimmer.
Wütende Blicke schossen mir entgegen. Alle hatten es mitbekommen, sogar Melli, Patrick und Christian. In einem Anflug von Raserei holte Patrick ein Messer aus der Küche und
stürmte mit einem Schwall übelster Beleidigungen auf mich
los. Rita konnte ihn gerade noch festhalten.

»Lass es! Dieses Drecksstück ist es nicht wert!« Angeekelt
sah sie mich an. »Hast du das geplant? Bist du deswegen mit-
gefahren? Was bist du nur für ein Mensch?! Nach allem, was
ich für dich getan habe!«

Der Schreck steckte mir in allen Knochen.

»Ich … ich wollte das doch nicht! Ich habe mich ja gewehrt!«, stotterte ich verstört.

Mit herausforderndem Blick trat Rita auf mich zu. »Was willst du damit sagen, hä? Was meinst du damit?«

Mein Herz setzte einen Schlag aus. »Ich … ich meine … er hat es einfach getan!«

Ritas Blick wurde eisig. »Sag das nie wieder!«, zischte sie drohend. »Wage es ja nicht!« Dann wandte sie sich angewidert von mir ab.

Christian, der das Ganze schweigend beobachtet hatte, schleuderte mir ein herablassendes »Pah« entgegen und legte den Arm um seine Mutter.

»Ich hab's dir gesagt, die macht unsere Familie kaputt. Jetzt siehst du's selbst.«

Rita ließ den Kopf auf seine Schulter sinken.

»Ja«, seufzte sie, »ich hätte auf euch hören sollen.« Dann legte auch Patrick den Arm um seine Mutter, und die drei hielten sich in einhelliger Verbundenheit gegenseitig fest. Zum ersten Mal erlebte ich Rita und ihre Söhne in dieser Eintracht – gerade so, als wäre nun endlich der Grund für all ihre Probleme gefunden. Ich konnte kaum glauben, was hier geschah. Schließlich löste Rita sich aus den Umarmungen ihrer Söhne und stapfte vorwurfsvoll auf mich zu.

»Was hast du getan, um Bob rumzukriegen, hä? Sag schon, wie hast du es angestellt?«

Schockiert wich ich einen Schritt zurück.

»Ich habe gar nichts getan. Ich wollte das doch überhaupt nicht!« Mein Blick wanderte zu Melli, die beschämt den Kopf beiseitedrehte. Dann endlich wandte ich mich zu Bob. Seit ich das Zimmer betreten hatte, saß er auf der Couch – die Augen auf den Fußboden geheftet – und sagte kein Wort. »Erzähl es ihnen!«, rief ich zornig. Aber Bob sah mich nicht einmal an. Wütend ging ich auf ihn zu. »Los, sag schon, was passiert ist, und sitz nicht einfach nur so da!« Aber Bob gab nicht den leisesten Pieps von sich.

Da klingelte es. Mein Vater stand wieder vor der Tür, er hatte Olga mitgebracht. Auch sie wusste schon Bescheid und wollte sich dieses Spektakel keinesfalls entgehen lassen. Aufgekratzt wie ein Teenager, der auf seine erste Party geht, begrüßte sie Rita und Bob. Sogar Lippenstift hatte sie extra hierfür aufgelegt.

Als Olga mich erblickte, schüttelte sie hämisch den Kopf.

»Ach Svenja, was hast du dir dabei nur wieder gedacht.« Bevor ich etwas erwidern konnte, wurde ich erneut in Mellis Zimmer geschickt, und diesmal verschloss man sogar die Tür von außen. Während sich der Schlüssel im Zylinder drehte, spürte ich Panik in mir aufsteigen. Ich wollte um Hilfe schreien, aber um mich herum waren nur Feinde. Mein Herz klopfte, als wolle es mir jeden Moment zum Hals herausspringen. Mit zitternden Händen griff ich nach dem Bild meiner Mutter und stellte es gleich wieder zurück. Meine Gedanken liefen Amok, und ich bekam plötzlich kaum noch Luft. Ich fühlte mich wie in einem zu engen Taucheranzug, der mir den Atem abschnürte. Ein Gefühl, als müsse ich aus meinem eigenen Körper ausbrechen und als sauge er mich gleichzeitig in sich hinein.

Nach etwa einer halben Stunde wurde die Tür wieder geöffnet. Man war sich einig geworden, dass ich Bob verführt haben müsse und daher selbst an allem die Schuld trage. Bob beobachtete mich aus dem Augenwinkel, während ich entsetzt um mich blickte. »So war es nicht!«, sagte ich verstört. »Ich habe mich gegen ihn gewehrt!«

Olga warf mir einen verächtlichen Blick zu. »Ach Mädchen, hast du schon mal in den Spiegel geguckt?«

Da war sie wieder, sogar jetzt. Olgas Gehässigkeit, mit der

sie mir sagen wollte, dass ich zu hässlich sei – zu hässlich, um vergewaltigt zu werden. Ich fühlte mich wie eine Hexe auf dem Weg zum Scheiterhaufen, während grölende Zuschauer mit faulen Eiern nach mir warfen. In meiner Ohnmacht rannte ich zur Wohnungstür.

»Dann soll es die Polizei klären!«, schrie ich und stürmte auf die Straße. Jetzt war mir alles egal. Schlimmer konnte es nicht werden. Ich lief wie um mein Leben, doch schon Sekunden später hörte ich Schreie hinter mir.

»Bleib stehen, du Schlampe!« Es waren Christian und Patrick, die mir hinterherhetzten. Etwa hundert Meter weiter wurde ich an den Haaren zu Boden gerissen. Christian hielt mich fest, und Patrick trat ein paar Mal auf mich ein. Danach wurde ich Richtung Haus gezerrt. Ich versuchte auf die Füße zu kommen, doch so heftig, wie die beiden an mir rissen, verlor ich immer wieder den Halt. In der Haustür klammerte ich mich am Türrahmen fest, doch nachdem Patrick meinen Kopf gegen den Rahmen gestoßen hatte, konnte Christian meine Finger lösen. Dann wurde ich zu meinem Vater geschleift. Mit zerzausten Haaren kauerte ich vor ihm. Drohend baute er sich vor mir auf.

»Wag das ja nicht noch einmal, sonst werde ich dafür sorgen, dass du in der Irrenanstalt landest.« Und nach einer kurzen Pause fügte er hinzu: »Glaube mir, ich habe da gute Chancen, deine Mutter war schließlich auch eine Verrückte!«

Mir stockte der Atem, so schockiert war ich über meinen Vater. Seine Kaltschnäuzigkeit ließ nicht den geringsten Zweifel zu, dass er seine Drohung in die Tat umsetzen würde.

Jetzt änderte sich alles. Niemand behauptete mehr, ich hätte Bob verführt. Seit das Wort »Polizei« gefallen war, bestritt man kurzerhand, dass überhaupt etwas passiert war. Offenbar wussten sie, dass Bob sich so oder so strafbar gemacht hatte. Selbst wenn es keine Vergewaltigung gewesen wäre, hatte er gute Chancen, im Gefängnis zu landen, nachdem ich minderjährig war und seine Schutzbefohlene. Bob wirkte selbst völlig überrascht, wie sich das Blatt schlagartig zu seinen Gunsten wendete. Mit so einer Reaktion meines Vaters hatte sicher niemand gerechnet. Aber natürlich wäre es für Papa auch nicht ganz einfach geworden, der Polizei zu erklären, warum ich seit fast einem Jahr bei irgendwelchen Leuten wohnte, während er jeden Monat eine Menge Geld für mich kassierte. Bob musste sich gar keine Sorgen machen, mit einem Vater wie meinem war er so sicher wie in Abrahams Schoß. Wenn ich noch auf einen Hauch Liebe für mich in meinem Vater gehofft hatte, dann wurde er in diesen Tagen zerstört. Es war völlig unmöglich, dass mein Vater glaubte, es wäre *nichts* vorgefallen, denn Bob hatte nicht widersprochen, als man mich als Schuldige hinstellte, die ihn verführt hätte. Vermutlich hatte er sogar selbst versucht, alles auf mich zu schieben, während ich im Zimmer eingeschlossen war. Bob hatte dadurch längst zugegeben, dass etwas vorgefallen war; wenn überhaupt, hätte die Frage nur lauten können, was genau passiert war. Aber gerade das wollten die vier wohl niemals ans Licht kommen lassen. Obwohl Bob sich bereits verraten hatte, übernahmen Papa, Rita und Olga seine Verteidigung und machten sich skrupellos zu seinen Gehilfen.

Bis zum Schluss hatte ich daran glauben wollen, mein Vater würde mir doch noch helfen, stattdessen aber setzte er sich mit Olga ins Auto und fuhr davon.

Wie in einer inneren Schreckstarre zogen die kommenden Tage an mir vorbei. Ich wusste nicht, was man als Nächstes mit mir anstellen würde, geschweige denn, wie es weitergehen sollte. Nur eines wusste ich ganz ohne Zweifel – solange ich minderjährig war, konnte man absolut alles mit mir machen, und kein Mensch würde mir helfen.

Jeder Tag war wie ein Albtraum, der von einem noch schlimmeren Albtraum abgelöst wurde. Während Papa in aller Seelenruhe über eine Endlösung für mich nachdachte, bastelte Rita sich eine Geschichte zurecht, mit der sie leben konnte. Immer wieder versuchte sie von mir zu hören, dass ich irgendetwas getan hätte, um Bob zu verführen. Etwas, das alles ein bisschen harmloser machte und das vor allem nicht so ekelhaft nach Vergewaltigung stank. Es waren zwar alle dazu übergegangen, die Sache komplett abzustreiten, aber was nutzte das Rita, wenn sie abends neben Bob im Bett lag. Insgeheim wusste sie, was passiert war, da war ich mir sicher, doch sie wollte nicht wahrhaben, was nicht sein durfte. Und während sie die Wahrheit vor sich selbst und allen anderen verleugnete, wollte sie auch mich dazu zwingen, sie zu leugnen.

14

Ausschusstochter

Eine knappe Woche nachdem alle über mich hergefallen waren, hatte mein Vater noch immer keine billige Unterbringungsmöglichkeit für mich gefunden und nahm mich wohl oder übel wieder bei sich auf. Bis dahin hatte ich ihn nicht mehr gesehen, geschweige denn, mit ihm über alles reden können. Er habe das Thema ausgiebig mit Bob, Rita und Olga besprochen, sagte Papa einmal kurz angebunden am Telefon, und dass er deshalb sehr wohl selbst in der Lage sei, sich ein Bild von den Vorkommnissen zu machen.

Ich fühlte mich wie eine Aussätzige ohne die geringsten Rechte, doch kaum kam ich wieder nach Hause, schien Papa einen plötzlichen Anflug von Moral zu verspüren. Noch bevor ich meine Tasche auspacken konnte, musste ich für ihn einen schriftlichen Bericht über die Tat anfertigen. Angeblich wollte er die Wahrheit ans Licht bringen – jetzt auf einmal, nachdem er selbst verhindert hatte, dass die Polizei das Ganze aufklären konnte. Nach all den Drohungen war mir Papas Forderung irgendwie unheimlich, aber er bestand darauf, und so blieb mir keine andere Wahl. So verunsichert, wie ich war, brachte ich es nicht über mich, ins Detail zu gehen, doch die wenigen Zeilen waren eindeutig. Als ich meinem Vater den Bericht aushändigte, überflog er ihn wie einen Kassenzettel im Supermarkt und stapfte damit in sein Büro. Hier verschwand das Schreiben in irgendeinem Ordner, und das Ans-Licht-Bringen der Wahrheit war damit für immer vom Tisch.

Ich sollte nie erfahren, was mein Vater mit dem Brief anstellte, aber ich erinnere mich noch gut an meine Angst und dieses lähmende Gefühl von Ohnmacht und Hilflosigkeit. Vielleicht wollte Papa seine Drohung mit der Irrenanstalt wahrmachen, vielleicht wollte er aber auch Bob dafür bezahlen lassen, dass dieser Brief niemals den Weg zur Polizei fand. Für mich war nur eines offenkundig: dass mein Vater für seinen eigenen Vorteil nicht davor zurückschrecken würde, mich ebenso zu zerstören, wie er es zuvor mit meiner Mutter getan hatte.

Wie zu erwarten, war Olga nicht gerade erfreut über meine Rückkehr, und sie gab ihr Bestes, mich das tagtäglich spüren zu lassen. Um meine Stiefschwester vor meinem schlechten Einfluss zu schützen, wie es hieß, bekam ich überraschenderweise nun mein eigenes Zimmer. Katrin musste deswegen zu Lasse ins Zimmer ziehen, was keinem der beiden sonderlich gut gefiel.

»Alles nur wegen dir!«, schimpfte Olga. »Damit Manuela nicht ständig unter dir leiden muss, und damit du über dein Verhalten nachdenken kannst.« Am liebsten hätte ich mich in Luft aufgelöst, dennoch war ich froh, wieder ein richtiges Bett zu haben; und so erschöpft, wie ich war, konnte ich das auch gut gebrauchen. Was Bob anbelangte, taten nun alle so, als wäre nichts passiert – abgesehen von dem Hausarrest, den ich als Strafe dafür absitzen musste. Überhaupt hatte sich nicht viel verändert: Olga hetzte gegen mich bei meinem Vater, würdigte mich herab, mein Vater putzte mich runter oder schlug zu – alles wie gehabt. Neu aber war das schreckliche Gefühl in der Nacht. Sobald ich abends in meinem Bett lag und die Augen schloss, war es wieder da: dieses grauenhafte Gefühl von Enge wie an jenem Tag, als man mich in Mellis Zimmer eingesperrt hatte. Mein Herz fing an zu hämmern, und irgendetwas schien mich geradewegs durch die Matratze hindurch in die Tiefe zu saugen. Ich bekam nicht genug Luft, egal wie heftig ich atmete, und eine fürchterliche Angst machte sich in mir breit. Manchmal wurde es besser, wenn ich mich aufsetzte oder im Zimmer umherlief. Oft aber dauerte es die halbe Nacht, und am nächsten Morgen in der Schule fühlte ich mich wie einmal durch den Mixer gedreht.

Michael und ich waren inzwischen nicht mehr zusammen, aber das war keine große Geschichte. Nachdem alle wegen der Sache mit Bob über mich hergefallen waren, wollte auch er nichts mehr von mir wissen und war mir mit dem Schlussmachen zuvorgekommen. »Ich habe die Schnauze voll von deinem Scheiß!«, hatte er gesagt, und damit war die Beziehung beendet gewesen. Ich sah Michael nie wieder, und es überraschte mich ein bisschen, wie wenig mich das berührte.

Falls überhaupt jemandem, dann vertraute ich Julian, denn auch Sandra benahm sich inzwischen ziemlich seltsam.

»Es ist immer die Frau, die mit einem Mann schläft, und nicht umgekehrt!«, meinte sie und fragte mich, ob ich es denn richtig fände, mit einem verheirateten Mann ins Bett zu gehen. Ich hatte ihr gegenüber Andeutungen gemacht, aus denen sie hätte schließen können, dass ich vergewaltigt worden war, doch das tat sie nicht. Vielleicht aber wollte sie sich auch nur nicht auf meine Seite schlagen, nachdem nicht nur Rita und ihre Söhne, sondern selbst mein eigener Vater, von Olga ganz zu schweigen, mich überall als Lügnerin und den letzten Dreck hinstellten. Julian dagegen hatte von der Lkw-Sache erst gar nicht viel mitbekommen, und nachdem das Ganze dermaßen verdreht worden war, wollte ich es auch lieber dabei belassen.

Wegen meiner ständigen Stubenarreste besuchte Julian mich nun gelegentlich zu Hause, was neben seiner Gesellschaft noch eine weitere positive Begleiterscheinung hatte. Seit ich mein eigenes Zimmer bewohnte, platzte Olga alle naselang herein, blaffte herum oder ließ mich mal wieder wissen, wie hässlich ich sei. Sobald aber jemand da war, herrschte eitel Sonnenschein, denn die schöne Fassade sollte nach außen hin um jeden Preis aufrechterhalten werden. Schon nach kurzer Zeit aber durfte Julian nicht mehr zu uns kommen.

»Ich habe ja grundsätzlich nichts gegen Homosexuelle«, sagte Papa, »aber er muss doch nicht gleich alle Welt merken lassen, dass er schwul ist.«

❦❦❦

Ende Februar begann das letzte Halbjahr vor meinem Schulabschluss. Eigentlich hätte ich mich auf meine Noten konzentrieren sollen, aber dazu war ich einfach nicht in der Lage. Ich fühlte mich wie ein Geist, und auch die Telefongespräche, die ich mit Tante Issa führte, konnten daran nichts mehr ändern. Seitdem die Sache mit Bob aufgekommen war, telefonierten wir gelegentlich, nachdem der Kontakt bis zu unserem Weihnachtsbesuch so gut wie abgebrochen war.

»Damit dein Vater nicht denkt, er kann mit dir machen, was er will«, so meine Tante – aber was interessierten Papa schon ein paar Anrufe. Alles, was ihm dadurch signalisiert wurde, war, dass er keine wirklichen Konsequenzen fürchten musste.

Wenn es Leute gibt, die von schlimmen Dingen wissen, aber nichts dagegen unternehmen, dann bekommen diese Dinge einen Anstrich von Normalität. Und in meinem Fall gab es etliche Menschen, die sehen konnten, dass bei mir zu Hause ganz gehörig etwas schieflief, und die dennoch untätig blieben.

Helfen musste ich mir selbst, das wusste ich längst, doch

wenn man von dem Menschen, der einem Schaden zufügt, abhängig ist, dann ist das beinahe unmöglich.

Gegen jede Vernunft hoffte ich, mein Vater würde sich doch noch darauf besinnen, dass ich sein Kind war, und so kam es, dass eines Tages nach der Schule eine leere Cola-Dose unheilverkündend auf meinem Schreibtisch stand. Papa hatte sie in meiner Sockenschublade gefunden, was mich eigentlich nicht überraschte. Ich selbst hatte sie dort hineingelegt, als ich einmal völlig verzweifelt gewesen war. In der Dose befanden sich ein paar Löcher, sodass man Dope mit ihr rauchen konnte, wobei das nie meine Absicht gewesen war. Nicht, dass ich plötzlich unter die Moralapostel gegangen wäre, das wäre gelogen – doch ich hatte noch nicht oft gekifft, und erst recht wäre mir das niemals zu Hause in den Sinn gekommen. Diese Dose war entstanden, weil es mir anders nicht möglich war, Papa zu zeigen, wie schlecht es mir ging. Mit Worten konnte ich ihn nicht erreichen, doch vielleicht würde ja der Zufall etwas bewirken. Mein Vater sollte glauben, er habe mich mit all den Dingen, die er mir antat, zum Kiffen gebracht. Er sollte Gewissensbisse bekommen oder noch besser: sich um mich sorgen. Im Nachhinein kam mir die Idee unglaublich dumm vor, aber wenn man untergeht und nirgends Rettung in Sicht ist, dann klammert man sich sogar an einem Strohhalm fest.

Wie vergeblich meine Hoffnung war, begriff ich erst, als Papa in mein Zimmer platzte, mit diesem kalten, gleichgültigen Ausdruck im Gesicht.

Ruhig, aber bedrohlich ragte er vor mir auf.

»Kannst du mir das erklären?«, raunzte er mich an.

Unsicher druckste ich herum. »Ich ... äh, das glaubst du mir jetzt sowieso nicht, aber ich wollte die Dose gar nicht benutzen.« Ohne mit der Wimper zu zucken, sah mein Vater mich an, weshalb ich mich gezwungen fühlte, weiterzureden. »Ich hab doch gar kein Dope, und du siehst doch selbst, dass die Dose noch unbenutzt ist.«

»Drogen? In meinem Haus?«

Im nächsten Moment knallte Papas Hand in mein Gesicht, und mir wurde klar, dass er bis gerade eben gar nicht gewusst hatte, was man mit solch einer Dose anfangen konnte. Ich selbst hatte es ihm verraten, womit mir mein Plan doppelt dumm erschien.

»Gib mir deinen Stoff!«, herrschte mein Vater mich an und rieb sich dabei die Innenseite seiner Handfläche, mit der er zugeschlagen hatte.

»Ich hab nichts, ich hab die Dose nur so zum Spaß gemacht!«, gab ich zurück, was meinen Vater jedoch nur noch mehr anstachelte.

»Ich zähle bis drei, dann gibst du mir deine Drogen! Eins, zwei …«

Aufgebracht rief ich: »Ich habe keine Drogen, das solltest du doch wissen! Ihr durchsucht schließlich dauernd mein Zimmer!«

»… drei!«, zählte Papa zu Ende, und ein heftiger Schlag katapultierte mich gegen den Kleiderschrank. Mein Kopf krachte gegen die Tür, und mir wurde für einen Moment schwarz vor Augen. Als ich wieder geradeaus sehen konnte, schrie ich meinen Vater an: »Ich habe nichts! Wie soll ich dir was geben, was ich nicht habe?!«

Im nächsten Augenblick schlug mein Vater mir erneut ins Gesicht … und dann noch mal … und noch mal. Ganz ruhig, ohne den geringsten Ausdruck in seinem Gesicht, aber mit voller Wucht. Danach zog er die Zimmertür zu.

»Du kommst hier erst wieder raus, wenn du mir deinen Stoff gibst!«, zischte er und drehte den Schlüssel herum.

Ich strich mir übers Gesicht, wie um den Schmerz und

gleichzeitig meine Tränen zu vertreiben, dann fasste ich mir an die Schulter, die ich mir bei dem Aufprall auf die Schranktür verrenkt hatte. Wie naiv war ich doch gewesen, zu glauben, mein Vater würde sich um mich sorgen, nachdem er schon meine Mutter so gewissenlos zerstört hatte.

Als Papa die Tür nach einer Stunde wieder aufsperrte und ich noch immer mit leeren Händen dastand, war ich auf das Schlimmste gefasst. Plötzlich jedoch lockerten sich seine Gesichtszüge, und er spazierte wortlos und zufrieden aus meinem Zimmer. Erst jetzt verstand ich, dass mein Vater gar nicht davon ausgegangen war, ich besäße irgendwelche Drogen. Er hatte mich einfach nur so geschlagen – für alle Fälle oder weil die Gelegenheit günstig war; hauptsächlich aber wohl, weil es ihm Spaß machte und ihm ein ungeheures Gefühl von Macht verlieh.

❧❧❧

Eine knappe Woche später stand ich mit einem dicken Rollkragenpullover bekleidet morgens vor dem Gebäude des Jugendamtes. Papa und Olga dachten, ich säße im Unterricht, nachdem ich in der Früh das Haus wie an jedem Schultag verlassen hatte. Seit der Sache mit der Cola-Dose war kaum ein Tag ohne Schläge vergangen, und entsprechend sah ich jetzt aus. Mein Hals war bis zum Schlüsselbein voller Blutergüsse, meine Stirn, Arme und mein Dekolleté zierten Kratzer, überall auf meinem Körper waren blaue Flecken verteilt, und mein rechtes Auge war blutunterlaufen. Tags zuvor hatte Papa mal wieder meinen Kopf unter den Wasserhahn gehalten und so lange auf meinem Gesicht und den Augen herumgerubbelt, bis es aussah wie ein Gemälde von Jackson Pollock. Mein Vater machte sich in letzter Zeit immer öfter einen Spaß daraus, mir auf diese Weise zu zeigen, dass ihm meine Wimperntusche missfiel, und als rechtloser Mensch, der ich dank seiner Macht über mich und der Untätigkeit des Jugendamtes war, sollte ich das schweigend hinnehmen. Der gestrige Versuch, mich dagegen zu wehren, hatte damit geendet, dass mein Kopf zuerst gegen die Waschbeckenarmatur und dann gegen den Spiegelschrank gekracht war. Anschließend hatte mein Vater seine Hände um meinen Hals gelegt und so lange zugedrückt, bis ich nur noch ein paar erstickte Laute von mir geben konnte. Einen Moment lang dachte ich, er wolle mich umbringen, doch plötzlich ließ er von mir ab und wandte sich wortlos zum Gehen. Abends in meinem Bett hatte ich dann wieder diese Angstgefühle, die halbe Nacht über, und als ich endlich einschlief, quälten mich Albträume. Ich wurde von jemandem bedroht und lief vor etwas davon, ohne von der Stelle zu kommen. Anfangs war ich noch ich selbst, doch plötzlich verwandelte ich mich in meine Mutter. Irgendwann lag ich tot in einem Sarg und dachte: »Scheiße, jetzt hat Papa mich auch noch umgebracht.« Schweißüberströmt wachte ich auf und war erleichtert, weil alles nur ein Traum gewesen war. Aber etwas in mir hatte keine Ruhe gegeben.

»Nein, Svenja«, schien es mir zuzuflüstern, »das ist kein Traum! Das alles passiert genau jetzt.«

Zögernd betrat ich das Gebäude des Jugendamtes und lief unsicher die Gänge entlang. Tür für Tür betrachtete ich die quadratischen Acryl-Schilder und hoffte, irgendwo einen bekannten Namen zu entdecken.

»Kann ich Ihnen helfen?«, ertönte es plötzlich aus einem halb geöffneten Zimmer. Schüchtern schob ich die Tür ein Stück weiter auf und lugte durch den Spalt. Am Schreibtisch vor dem Fenster saß eine Frau mittleren Alters und sah mich neugierig an.

»Ja, vielleicht«, antwortete ich und atmete tief durch. »Wo finde ich denn Frau Gabriel?«

Die Frau kniff die Augen zusammen und überlegte. »Hm … ne … der Name sagt mir nichts. In welcher Abteilung soll die Dame denn arbeiten?«

»Das weiß ich nicht.«

Die Frau schnaubte. »Puh. Haben Sie eine Ahnung, wie viele Mitarbeiter wir haben? Worum geht es denn überhaupt?«

Ich zögerte einen Augenblick, dann zog ich meinen Rollkragen herunter und zeigte der Frau meinen Hals. »Das war mein Vater« – mehr brachte ich nicht heraus. Die Frau legte ihren Kugelschreiber beiseite und drehte sich mit ihrem Bürostuhl zu mir.

»Ich verstehe! Haben Sie sich schon ein Attest besorgt?«

Zerknirscht schüttelte ich den Kopf. Die Frau überlegte kurz. »Sie müssen sich wegen der Verletzungen ein Attest beim Arzt besorgen. Sonst kann hier niemand etwas für Sie tun.«

»Ich soll zum Arzt?«, wiederholte ich erschrocken. »Aber dann erfährt mein Vater ja davon. Wir sind privat versichert, da bekommt er doch die Rechnung!«

Die Frau kniff den Mund zusammen und zuckte mit den Schultern. »Leider geht das nicht anders. Ohne Attest sind uns die Hände gebunden.« Sie holte kurz Luft, dann fügte sie hinzu: »So wie der Hals aussieht, kann ich Ihnen aber nur nahelegen, zum Arzt zu gehen. Doch das ist natürlich Ihre Entscheidung.«

Niedergeschlagen blickte ich zu Boden. »Danke trotzdem«, sagte ich, und nach einer flüchtigen Verabschiedung wandte ich mich zum Gehen und schloss leise die Tür hinter mir.

Resigniert lief ich die Hauptstraße entlang Richtung Stadtmitte. Ich war noch völlig durch den Wind nach dem Reinfall beim Jugendamt, als plötzlich der platinblonde Strubbelkopf von Katja vor mir auftauchte.

»Hey! Wieso biste denn nicht in der Schule?«

Ich kannte Katja erst seit Kurzem, aber ich mochte sie – allein schon, weil Papa garantiert etwas gegen sie hätte.

»Und warum bist *du* nicht in der Schule?«, hielt ich dagegen.

Katja strahlte. »War bei 'nem Vorstellungsgespräch.«

»Cool«, sagte ich anerkennend, »wo denn?«

Um eine Lehrstelle hatte ich mich bei dem ganzen Theater noch gar nicht gekümmert, und allein schon der Gedanke daran verursachte mir einen dicken Kloß im Magen. Begeistert erzählte Katja mir von dem neuen Friseursalon in der Stadt, und nachdem ich noch ohne Lehrstelle dastand, versuchte sie mich zu überreden, mich ebenfalls dort zu bewerben.

»Nee, ich will was anderes machen«, sagte ich, doch für alle Fälle gab Katja mir die Telefonnummer des Salons.

»Falls du es dir anders überlegst«, meinte sie. »Wäre doch lustig – dann arbeiten wir zusammen.«

Die meisten aus meiner Klasse hatten bereits einen Ausbildungsplatz gefunden, und ich befürchtete, mit meinen ganzen Vierern im Zwischenzeugnis am Ende als Einzige ohne Lehrstelle dazustehen. Zaudernd steckte ich Katjas Papierschnipsel mit der Nummer in meine Hosentasche.

»Mal sehen – ich denk drüber nach«, versprach ich und machte mich für die restlichen Stunden auf den Weg in die Schule.

Über einen Monat war es inzwischen her, dass Papa mich von Bob und Rita hatte wegholen müssen, doch die heftigen Angstgefühle in der Nacht waren geblieben. Ich wollte so gern ausradieren, was geschehen war, doch sobald ich zum Schlafen das Licht ausknipste, war alles wieder da. Spätestens wenn ich Bobs Gewicht wieder auf mir zu spüren glaubte, bekam ich keine Luft mehr, doch vielleicht war die aufsteigende Panik ja immer noch gnädiger als jede Erinnerung an das, was danach passiert war.

Es fiel mir schwer, Papas Gleichgültigkeit nachzuvollziehen. Jede denkbare Erklärung dafür, dass er Bob gedeckt und mit Gewalt und Drohungen eine Anzeige verhindert hatte, verursachte mir Gänsehaut. Papas Feindseligkeit – wie weit mochte sie reichen? Gab es noch irgendeine Grenze dessen, was man mir antun konnte? Was kam als Nächstes?

Weder mein Bruder noch meine Stiefschwestern bekamen sonderlich viel von meiner Not mit. Der Kontakt zu Manuela beschränkte sich inzwischen weitgehend auf die gemeinsamen Essen am Tisch. Wir lebten im selben Haus, doch es war, als wohnten wir auf verschiedenen Planeten, und vielleicht hatte mein Vater ja genau das beabsichtigt. Nie zuvor war ich so einsam gewesen wie in jenen Monaten, und wann immer ich rausdurfte, kostete es mich anschließend eine Mordsüberwindung, freiwillig zurückzukehren. Zu Hause, das war für mich die Höhle des Löwen, oder wie in meinen Kindheitsalbträumen die Höhle der Monsterhunde und Wölfe. Ich war nur hier, weil ich dazu gezwungen war. Einmal wäre ich fast wieder weggelaufen, aber Sandra und ihr Freund Simon redeten einen halben Nachmittag lang auf mich ein wie auf ein krankes Pferd. Am Ende stand ich dann mit einer Stunde Verspätung und flankiert von den beiden doch wieder vor unserer Haustür.

»Sicher hilft es, wenn jemand dabei ist«, hatte Simon gesagt, »und falls nicht, rede ich mal mit deinem Vater. Das kann doch nicht so schwer sein, immerhin ist er ja Lehrer.«

Simons Zuversicht hatte mich angesteckt, aber spätestens als die Tür aufging, war ich zurück in der Realität.

»Sofort rein mit dir!«, herrschte Papa mich an, noch bevor ich etwas sagen konnte. Sandra und Simon beachtete er gar nicht, was die beiden sichtlich aus dem Konzept brachte. Ich folgte meinem Vater in den großen Flur, und schon knallte die erste Ohrfeige in mein Gesicht.

»So!«, donnerte er. »Und jetzt sagst du mir, wo du so lange warst!«

Ohne die Miene zu verziehen, antwortete ich: »In der Stadt«, und prompt bekam ich die nächste Ohrfeige. Ich wusste nicht, was ich Falsches gesagt hatte, und ich hatte keine Ahnung, was mein Vater von mir hören wollte, aber wegen der Schläge interessierte mich das jetzt auch nicht mehr. Als er mir die Frage noch einmal stellte, bekam er wieder dieselbe Antwort, und peng!, hatte ich die nächste Backpfeife sitzen. Mein Vater schlug so fest zu, wie er konnte, doch ich gab nicht den kleinsten Laut von mir. Den Spaß, sich an meinem Schmerz zu erfreuen, gönnte ich ihm nicht auch noch. Reglos sah ich meinem Vater ins Gesicht. Peng, peng, peng, peng, machte es – einmal links und einmal rechts, immer im Wechsel. Meine Wangen brannten wie Feuer, aber je härter er zuschlug, umso weniger ließ ich mir anmerken. Peng!, knallte die nächste Ohrfeige in mein Gesicht, doch plötzlich vernahm ich Simons Stimme.

»Hören Sie auf damit! Was tun Sie denn da!?«

Angriffslustig schnellte mein Vater herum. Er hatte gedacht, Sandra und Simon wären längst verschwunden, doch stattdessen hatten sie sich durch die angelehnte Tür ins Haus gedrückt und die letzten Schläge mit angesehen. Mein Vater schäumte vor Wut. In einem Anfall von Raserei polterte er auf die beiden zu und beförderte sie nach draußen. Krachend fiel die Tür hinter ihnen ins Schloss, und ich zuckte zusammen. Jetzt war ich alleine mit meinem Vater. Er packte mich an den Haaren und zerrte mich daran herum, während er mit der anderen Hand auf mich einschlug. Peng, peng, peng – so fest er nur konnte, ließ er jetzt seinen Zorn wegen Sandra und Simon an mir aus.

Am nächsten Tag in der Schule wirkte Sandra zerknirscht. »Was war denn das gestern mit deinem Vater?!«, fragte sie kleinlaut. Ich kommentierte ihre Frage mit einem missmutigen Blick, und Sandra begann sogleich, sich zu rechtfertigen. »Ich hätte nie gedacht, dass der so ausrastet, sonst hätten wir dich doch nicht zurück…« Sie hielt inne und musterte meine Wangen. Selbst eine dicke Schicht Make-up konnte die Spuren des gestrigen Abends nur zur Hälfte verbergen. »Wahnsinn!«, platzte es aus ihr heraus. »Deine Backen sind ja total geschwollen! Da kann man sogar noch einen Handabdruck erkennen!« Dabei fuchtelte sie aufgeregt mit ihrem Finger in meinem Gesicht herum. »Wir hätten dich bestimmt nicht überredet, nach Hause zu gehen, wenn wir so was geahnt hätten!«, stammelte sie, und als ich immer noch nichts darauf erwiderte, fügte sie hinzu: »Wir waren echt schockiert über deinen Va…!«

»Vergiss es«, schnitt ich ihr das Wort ab. »Ist ja nicht eure Schuld.« Ich wollte nicht mehr darüber reden. Auch so schämte ich mich schon genug, weil Sandra und Simon alles mitbekommen hatten; jetzt wollte ich es nicht auch noch breittreten. Schweigend starrte ich auf den Boden und war heilfroh, als endlich der Unterricht begann.

Es dauerte keine zwei Wochen, da wusste nicht nur meine halbe Schule, was an jenem Abend vorgefallen war, auch die Lkw-Sache machte inzwischen die Runde. Immer öfter verbrachten Sandra und Julian die Pausen lieber mit anderen, und wenn ich dazukam, verstummten abrupt die Gespräche. Ganz offensichtlich wollten sie nicht mit jemandem wie mir in Verbindung gebracht werden. Kurz vor meinem Geburtstag kündigten sie mir schließlich die Freundschaft. Ich war tags zuvor nicht in der Schule gewesen, und da hatten sie es wohl beschlossen. Als ich morgens ins Klassenzimmer kam, redeten sie einfach nicht mehr mit mir. Wortlos und ohne Erklärung ließen sie mich stehen. Die beiden hatten jetzt neue Freunde gefunden – Freunde, die nicht so kaputt waren wie ich. Sogar Julian, der ehemalige Außenseiter.

Mein siebzehnter Geburtstag stand an – nur noch ein Jahr bis zu meiner Volljährigkeit. Es gab eine Tradition bei uns, nach der alle Familienmitglieder am Morgen ihres Geburtstages hübsch dekorierte Geschenke auf dem Küchentisch vorfanden. Heute jedoch war der Tisch leer. Meine Stiefmutter stand mit dem Rücken zu mir vor der Spüle und beachtete mich nicht. Ohne mir die Enttäuschung anmerken zu lassen, wünschte ich Olga einen Guten Morgen, als sie plötzlich herumfuhr.

»Hast *du* diese Tasse auf die Ablage gestellt?«, zischte sie und blickte zornig auf den Kaffeebecher in ihrer Hand. »Wie oft soll ich dir noch sagen, dass du das Geschirr in die Spülmaschine zu stellen hast? Räum gefälligst deinen Kram weg, oder muss dein Vater dir das erst wieder ›erklären‹?!« Natürlich wusste ich, was mit »erklären« gemeint war, und konnte auf eine Tracht Prügel gut verzichten.

»Aber das war ich nicht!«, erwiderte ich schnell, was der Wahrheit entsprach, doch natürlich wollte Olga mir nicht glauben.

»Ach, wer soll es denn sonst gewesen sein!«, blaffte sie und stellte die Tasse lautstark zurück auf die Ablage. In diesem

Moment kam Papa die Treppe hinauf und setzte sich ohne mich zu beachteten an den Küchentisch.

Bei jedem anderen in diesem Haus wurde immer ein großes Trara um seinen Geburtstag gemacht, ich jedoch war wie der übrig gebliebene Restposten aus Papas letzter Familie. Ich war zu seiner Ausschusstochter geworden, für so jemanden kaufte man keine Geschenke.

Frustriert machte ich mich auf den Weg in die Schule. Der Unterricht zog sich hin wie ein zäher Kaugummi, und ich war froh, als es endlich zum Schulschluss klingelte. Eigentlich musste ich an diesem Tag nicht im Kiosk arbeiten, aber weil Herr Weber für die Nachmittagsschicht eingeteilt war, fuhr ich trotzdem hin. Ich mochte ihn und hätte ihn ohne zu zögern gegen meinen Vater eingetauscht, aber das behielt ich natürlich für mich. Während ich Herrn Weber vom heutigen Morgen erzählte, legte dieser das Geld für einen Piccolo in die Kasse und holte zwei Becher.

»Ich nehme mal an, dein Vater hat nichts dagegen«, grinste er, »und wenn doch – von mir erfährt er nichts!« Dann drückte er mir einen Becher in die Hand und stieß mit mir auf meinen Geburtstag an. »Auf dein neues Lebensjahr!«, prostete er mir zu. »Lass dich nicht unterkriegen!«

Der Sekt perlte auf meiner Zunge, und nachdem Herr Weber auch einen Schluck und dann einen zweiten getrunken hatte, fügte er hinzu: »Vielleicht waren sie bei dir zu Hause ja nur deshalb so seltsam, weil sie dich heute Abend mit einer dicken Geburtstagsfeier überraschen wollen.«

Diese Idee war jedoch derart abwegig, dass ich nur ein grimmiges »Pah!« über die Lippen brachte.

Eine Überraschung gab es dann aber tatsächlich noch, nur anders, als von Herrn Weber erwartet. Als ich am Abend nach Hause kam, überreichte Olga mir plötzlich drei kleine Spiegel. Sie hatte sie einzeln verpackt wie richtige Geschenke, und schon bei der Übergabe konnte sie sich ihr Grinsen kaum verkneifen. Angefangen mit einem kleinen Taschenspiegel, war jeder Spiegel ein bisschen größer, und auf dem größten stand: »Oh, wie bin ich schön.« Olga lachte sich halb schief, als ich das letzte Päckchen öffnete und meine Bestürzung kaum verbergen konnte. Ich war fassungslos angesichts von so viel Gemeinheit. Erst vor wenigen Tagen hatte sie mich mal wieder wissen lassen, wie hässlich ich doch sei, und inzwischen glaubte ich ihr. Aber Olga wäre natürlich nicht Olga gewesen, ohne noch eins obendrauf zu legen.

»Was ist?«, feixte sie. »Gefällt dir dein Geschenk etwa nicht? Ist doch urkomisch – allein dein Gesichtsausdruck war das Geld wert!«

❧❧❧

Zwei Wochen nach meinem Geburtstag fing die Pfingstkirmes an, was jedes Jahr wieder das mit Abstand größte Ereignis in der Gegend war. Die Kirmes befand sich nur etwa hundert Meter vom Kiosk entfernt, weshalb Papa in diesen Tagen mehr verdiente als sonst in einem ganzen Monat. Eigentlich waren für mich Hausarrest und Arbeitsverbot angesagt, nachdem er von meinem Schuleschwänzen erfahren hatte. Weil aber niemand scharf darauf war, die ganzen Besoffenen zu bedienen, hob er zumindest das Arbeitsverbot kurzfristig wieder auf.

»Der erste Tag ist immer der schlimmste«, meinte er und gab mir noch schnell ein paar Ratschläge zum Umgang mit betrunkenen Randalierern. Ich war froh, endlich wieder raus zu dürfen, und gefährlicher als zu Hause konnte es hinter der Theke schließlich auch nicht sein.

Es war ein heißer Frühsommertag, und obwohl ich die Kirmes vom Kiosk aus nicht sehen konnte, so hörte ich die

Musik und Mikrofondurchsagen der Fahrgeschäfte. Den ganzen Tag liefen Kinder an der Hand ihrer Eltern mit Wolken aus Zuckerwatte vorbei, und manchmal wehte sogar der Geruch nach gebrannten Mandeln bis zu mir. Haufenweise Festbesucher machten noch schnell einen Zwischenstopp an unserem Kiosk, um sich mit Süßigkeiten oder Getränken zu versorgen. Die Schlange vor meinem Fenster nahm und nahm kein Ende. Mit geübten Handgriffen wirbelte ich von einer Ecke zur anderen, zapfte Softeis, kassierte Geld, zählte Lakritzschnecken ab, reichte Bierflaschen, Schnaps und Zigaretten über die Theke und kassierte wieder. Ich war ganz in meinen Arbeitsrhythmus vertieft, als die Routine plötzlich von einem Typen namens Kai unterbrochen wurde.

»Hallo, hübsche Frau, darf ich dich nach der Arbeit auf eine Runde Musik-Express einladen?«

Kai war heute schon vier Mal am Kiosk gewesen, und bei seinem letzten Einkauf hatten wir uns kurz unterhalten. Er schien ein netter Kerl zu sein, wenngleich ein bisschen verrückt, aber wegen meines Hausarrests musste ich über die Antwort ohnehin nicht lange nachdenken.

Kurz vor Feierabend stand dann auch noch Manuela mit ihrer Freundin Ute vor dem Kiosk. »Wir sind auf dem Weg zur Kirmes«, erzählte meine Stiefschwester frotzelnd. »Und was machst du noch?«

Ich blitzte sie an. »Das weißt du genau!«

Manuela fing an zu kichern. »Ja, natürlich weiß ich das«, grinste sie. »Du gehst nämlich mit uns auf die Kirmes!«

Irritiert sah ich Manuela an, und nachdem sie sich ausreichend über meinen Blick amüsiert hatte, fügte sie hinzu: »Dein Hausarrest ist aufgehoben, soll ich dir ausrichten! Du darfst mit uns kommen!«

»Pff, jetzt auf einmal!?«, schnaubte ich. »Da wollte Papa wohl, dass Ute denkt, er sei ein netter Mensch!?«

Meine Stiefschwester zuckte mit den Schultern. »Ist doch egal, warum! Sei froh, dass du überhaupt raus darfst!«

Aber so recht gelingen wollte mir das nicht. Ich war siebzehn Jahre alt und brauchte ganz sicher nicht meine gerade mal sieben Monate ältere Stiefschwester als Aufpasserin. Als Kai mir auf der Kirmes zufällig wieder über den Weg lief, fand ich es an der Zeit, mich dieser Schikane zu widersetzen. Wenig später zog ich mit ihm alleine durchs Getümmel. Eigentlich war Kai nicht einmal mein Typ, aber er war lustig, und für einen Sechsundzwanzigjährigen sah er noch verdammt jung aus. Kai entpuppte sich darüber hinaus als wunderbarer Zuhörer, weshalb er sich am Ende meinen ganzen Frust anhören musste. Selbst Stunden später gab er sich aufmerksam, und als er mich schließlich nach Hause fuhr, schrieb er mir seine Telefonnummer auf das abgerissene Eck einer Zigarettenschachtel. Ich war mir nicht sicher, ob ich ihn anrufen würde, doch für alle Fälle steckte ich den Papierschnipsel ein.

Am Morgen gab es schon wieder Backpfeifen – weil ich nach der Kirmes zu spät nach Hause gekommen war und weil ich mich von Manuela getrennt hatte. Zu einem schlechten Gewissen verhalf mir das aber auch nicht, und weil ich ja sowieso ständig Schläge bekam, fand ich, Papa habe es verdient, dass ich ihm wenigstens mal einen Grund lieferte. Wütend war ich dennoch, und ich musste mich schwer zusammenreißen, meine Zimmertür leise und nicht mit einem kräftigen Tritt ins Schloss zu befördern.

Als etwas später keiner mehr im Haus zu hören war, schlich ich mich zur Kommode neben der Flurtreppe, nahm den Hörer vom Telefon und setzte mich auf die oberste Treppenstufe. Irgendwo musste ich Dampf ablassen, doch noch bevor ich eine Nummer wählen konnte, stand mein Vater in der Haustür.

»Wen willst du anrufen?«, fragte er drohend und kam mit ein paar schnellen Schritten auf mich zu. Im nächsten Augenblick flog der Hörer durch die Luft, und weil ich diesen zwischen Schulter und Kopf eingeklemmt hatte, wurde ich von Papas Schlag zwei Stufen die Treppe hinunterkatapultiert.

»Aua!«, schrie ich. »Was hab ich denn getan?« Doch mein Vater griff bereits nach meinem Fuß. Mit einem Ruck riss er mich die restlichen Stufen auch noch hinunter, sodass ich mit meinem Steißbein schmerzhaft auf den Fliesenboden schlug.

»Du hast hier nicht zu telefonieren!«, herrschte er mich an, und auf beängstigende Weise kam mir dieser Satz bekannt vor.

»Spinnst du?!«, zischte ich wütend. »Soll ich mir noch was brechen?!« Prompt schlug er mir ins Gesicht.

»In diesem Ton redest du nicht mit mir! Hast du mich verstanden!?« Dann schlug mein Vater ein weiteres Mal zu, doch diesmal traf er nur meinen Arm, den ich reflexartig vor mein Gesicht gelegt hatte. Zornig griff er nach meinen Haaren und zerrte mich daran einmal quer über die Fliesen. »DU – WOLLTEST – ZURÜCKSCHLAGEN!?«, gellte er und verpasste mir bei jedem einzelnen Wort einen weiteren Schlag. Ich versuchte mich zu befreien, doch je mehr ich mich wehrte, umso heftiger wurden seine Schläge. Schließlich riss er mich wie von Sinnen an den Haaren durch den Flur und schlug dabei wahllos auf jede Stelle meines Körpers ein, die er nur treffen konnte: Rücken, Schulter, Hals, Kopf – er war völlig außer Kontrolle. Ich schrie wie am Spieß, aber niemand kam mir zu Hilfe.

Plötzlich ließ mein Vater von mir ab und zog das Telefon aus der Wand. »Eine Verrückte hat nicht zu telefonieren!«, herrschte er mich an und rauschte mit dem Telefon unterm Arm zur Tür hinaus. Zitternd sah ich meinem Vater hinterher. Genau dasselbe hatte er schon einmal gesagt, an exakt dieser Stelle im Flur. Ich erinnerte mich, als wäre es gestern gewesen. Das Gesicht meiner Mutter war geschwollen von Papas Schlägen, und in ihren Augen lag pure Verzweiflung. »Eine Verrückte hat nicht zu telefonieren!« Dieselben Worte wie vor zehn Jahren, und dann war meine Mutter tot.

In der Nacht und auch in den Tagen danach musste ich ständig an meinen Traum denken. Nur mehr ein Jahr bis zu meiner Volljährigkeit, doch ich war mir nicht sicher, ob ich meinen achtzehnten Geburtstag überhaupt noch erleben würde. Manchmal fragte ich mich, was mein Vater in mir sah – sein Kind jedenfalls nicht, da war ich mir sicher. Man sagt, ich hätte die Augen meiner Mutter, jener Frau, die er eiskalt vernichtet hatte. Ich vermute, es war seine Schuld, die er in mir sah. Eine Schuld, die er niemals würde ungeschehen machen können und die sich seither in meinen Augen spiegelt. Ich bin die Tochter meiner Mutter – heute, morgen und auch noch am Tag seines eigenen Todes.

❧❧❧

Am Nachmittag rief ich Kai an, konnte ihn jedoch nicht erreichen. Stattdessen traf ich Helge auf dem Weg vom Kiosk nach Hause. Sein Irokesenschnitt war inzwischen einem Pinsel am Hinterkopf gewichen, und er war auch längst nicht mehr so schlaksig wie früher. Seit ich von meinen Pflegeeltern weg war, hatten wir uns aus den Augen verloren, doch ohne viele Worte sah er mir gleich an, dass irgendetwas nicht stimmte. Mitleidig blickte Helge mir in die Augen, während ich ihm ein wenig von dem erzählte, was bei mir zu Hause ablief.

»Meine Freundin studiert Sozialpädagogik«, meinte er schließlich, »da bekommt man so einiges mit.« Dann erwähnte er die Wohngemeinschaften für Jugendliche, die zu Hause arge Probleme hatten.

Ich hatte noch nie von so etwas gehört, aber als ich mich auf den Heimweg machte, schwirrte mir ständig Helges Idee durch den Kopf. Eigentlich wollte ich mehr über die Wohngemeinschaften in Erfahrung bringen, doch kaum war ich zu Hause, flog plötzlich meine Zimmertür auf, und dann kam wie von selbst eines zum anderen.

»Hat die feine Madame es nicht mehr nötig, im Haushalt zu helfen?«, fuhr Papa mich an. »Denkst du, die Spülmaschine räumt sich von alleine aus?«

»Nee, denk ich nicht, aber ich war heute Nachmittag doch gar nicht da«, erwiderte ich.

Mein Vater machte eine abfällige Handbewegung. »Es geht ja nicht bloß um die Spülmaschine – du hilfst auch sonst weniger als Manuela!«

»Was!?«, platzte es aus mir heraus. »Seit wann denn das? Du bekommst doch selbst mit, dass Manuela und ich immer alles zusammen machen! Außer, einer von uns beiden ist nicht da – aber bei meinem ständigen Hausarrest bin das sicher nicht ich!«

Papa grinste kurz in sich hinein, wurde jedoch sofort wieder ernst. »Ach, was weiß ich, was Olga meint – auf jeden Fall müssen hier alle mithelfen, auch du!« Sein Tonfall war harsch, allerdings war ich weit Schlimmeres von ihm gewohnt. Vielleicht war ihm soeben klar geworden, dass Olga ihn nur wieder hatte aufstacheln wollen, wenngleich er das natürlich niemals zugeben würde. Ich ärgerte mich über diese schreiende Ungerechtigkeit, doch sollte er jemals erwägen, etwas Gutes für mich zu tun, dann war jetzt vermutlich der beste Zeitpunkt, ihn darum zu bitten. Schnell, bevor die Stimmung wieder kippte, erzählte ich ihm von den Wohngemeinschaften. Schlagartig fielen Papas Mundwinkel nach unten.

»Kannst du nicht endlich Ruhe geben!«, fuhr er mich an, und mit einem Blick, der mir sagte, dass ich jedes weitere Wort bereuen würde, verließ er mein Zimmer. Niedergeschmettert sah ich ihm hinterher. Er hätte wenigstens mal darüber nachdenken können, wo er mich doch ohnehin nicht haben wollte. Aber wahrscheinlich, so dachte ich verbittert, wollte er einfach nur mein Waisengeld weiter kassieren.

Resigniert saß ich am nächsten Tag nach dem Mittagessen in meinem Zimmer. Ich hatte keinen ausdrücklichen Hausarrest, aber weggehen durfte ich trotzdem nicht – den Unterschied habe ich nie verstanden. Plötzlich klopfte es an meiner Tür, und noch bevor ich etwas sagen konnte, stand Papa in meinem Zimmer. »Ich habe mir unser Gespräch von gestern noch einmal durch den Kopf gehen lassen«, sagte er schulmeisterlich. »Dein Wunsch ist es also, eigenständig zu leben.« Misstrauisch sah ich meinen Vater an, denn so wie ich ihn kannte, hatten seine Worte nichts Gutes zu bedeuten. »In Ordnung«, fuhr er fort, als ich beharrlich schwieg. »Ich gebe dir die Möglichkeit, aber nicht so, wie du denkst. Du bist noch gar nicht in der Lage, alleine zu leben, deswegen habe ich mir ein paar Regeln überlegt, mit denen du das Alleine-Wohnen üben kannst.« Er legte erneut eine Pause ein, und als ich wieder nicht reagierte, verkündete er mir die Regeln. »Also … du bekommst von dem Waisengeld monatlich zweihundert Mark, davon kaufst du dir alles, was du zum Leben brauchst. Essen, Waschpulver, Seife, Toilettenpapier – was man eben benötigt. Wir tun einfach so, als würdest du alleine wohnen … und natürlich musst du auch selbst für dich kochen und deine Wäsche waschen.«

Gleichgültig zuckte ich mit den Schultern. »Von mir aus.«

Mir war klar, dass Papa mir eins auswischen wollte, aber bis jetzt konnten mich seine Worte nicht sonderlich beeindrucken. Sichtlich enttäuscht überdachte mein Vater noch einmal seine Regeln und legte dann nach. »Ach, und weil wir ja so tun, als würdest du alleine wohnen, darfst du natürlich die anderen Zimmer nicht mehr betreten. Also Küche, Wohnzimmer, Badezimmer – alles tabu für dich. Du darfst nur noch von der Haustür auf direktem Weg in dein Zimmer gehen und zurück.«

Irritiert sah ich meinen Vater an. »Und wie soll ich mich dann waschen und mir mein Essen kochen?« Über sein Gesicht huschte ein heimtückisches Grinsen.

»Na, dein Essen bereitest du dir natürlich in deinem Zimmer zu … warmes Essen gibt es dann eben nicht mehr für dich. Und waschen …«, mein Vater überlegte einen Augenblick, bevor er fortfuhr. »Na gut, du darfst das Badezimmer morgens zwischen sieben und acht Uhr und abends zwischen fünf und sechs benutzen – das dürfte ja wohl ausreichen.« Noch einmal überdachte er seine Regeln und fügte hinzu: »In dieser Zeit kannst du dann auch gleich deine Wäsche mit der Hand waschen, denn die Waschmaschine ist selbstverständlich verboten für dich.« Danach zog er zweihundert Mark aus der Hosentasche und hielt sie mir hin. »So, das muss für einen Monat reichen. Ab sofort bist du auf dich gestellt. Viel Spaß!«

Er nahm die Klinke in die Hand und machte Anstalten zu gehen, doch kurz bevor er die Tür hinter sich zuzog, steckte er noch einmal den Kopf durch den Spalt.

»Ach ja, und wundere dich übrigens nicht, wenn niemand mehr mit dir spricht. Du wohnst jetzt quasi alleine, für den Rest der Familie bist du Luft.« Danach schloss er mit einem süffisanten Grinsen meine Zimmertür.

Später behauptete mein Vater, er habe diese Regeln mit Herrn Immel abgesprochen, und nach allem, was ich bereits erlebt hatte, glaubte ich ihm. Ich selbst hatte Herrn Immel nur einmal kurz gesehen. Mein Vater hatte mir erzählt, er sei vom Jugendamt, womit er mir wohl zu verstehen geben wollte, dass es sinnlos wäre, mir dort Hilfe holen zu wollen. In Wirklichkeit arbeitete Herr Immel jedoch beim Sozialdienst katholischer Männer, wie ich Jahre später erfuhr, womit er wahrhaftig nicht für mich zuständig war. Nachdem das Jugendamt nach der Kinderheimsache bei meinen Pflegeeltern endlich bemerkt hatte, dass bei uns mächtig was im Argen lag, und Papa sich ziemlich in die Nesseln gesetzt hatte, war es ihm offenbar zu gefährlich geworden. Und auch wenn mir das Jugendamt entgegen seiner Ankündigung nie geholfen hatte, wollte Papa offenbar kein Risiko eingehen. Um seinem Vorgehen auch ohne das Amt einen Anstrich von Recht und Ordnung zu verleihen, vor allem aber wohl, um mich einzuschüchtern, hatte er deshalb Herrn Immel auf den Plan gerufen. Und es funktionierte. Ich glaubte ihm – und verstand die Welt nicht mehr. Normalerweise hätte ich angesichts solcher Regeln Hoffnung geschöpft, nun endlich vom Jugendamt zu Hause rausgeholt zu werden; wenn mein Vater sich aber mit einem ihrer Mitarbeiter abgesprochen hatte, blieb mir nichts anderes übrig, als mich in mein Schicksal zu ergeben.

Verdutzt sah ich meinem Vater hinterher, als er meine Zimmertür hinter sich zuzog. So sehr ich mich auch bemühte, ich konnte einfach keinen Sinn in seinen Regeln erkennen; zudem fragte ich mich, wohin ich gehen sollte, wenn ich außerhalb meiner Badezimmerzeiten einmal aufs Klo musste. Immerhin aber sollte ich jetzt, nachdem ich für alle Luft war, das Haus wohl wieder verlassen dürfen, was alleine schon wegen der Klosache auch in Papas Interesse sein musste. Vorsichtig tapste ich zur Haustür, um die Lage abzuklären. Im Wohnzimmer saßen Papa und Olga, die mich, wie angekündigt, gar nicht beachteten. Ich zog meine Schuhe an, warf meine Jacke über und ging langsam nach draußen. Im Hof wartete ich einen Augenblick ab, aber nichts passierte. Ungläubig sah ich auf die Tür, dann lief ich zur Telefonzelle und war froh, als ich Kai dieses Mal erreichte.

Auch in den nächsten Tagen wurde ich von Papa und Olga ignoriert, und sogar Lasse und Katrin huschten wortlos an mir vorbei. Irgendwann begegnete ich schließlich Manuela im Flur. Die Luft war gerade rein, und sie blieb kurz stehen. Fassungslos schüttelte sie den Kopf.

»Ich glaube, jetzt drehen sie völlig durch! Sie haben uns verboten, mit dir zu reden, und wenn wir dich zufällig sehen, müssen wir so tun, als gäbe es dich nicht!«

Betreten zuckte ich mit den Schultern. »Hab mir schon so was gedacht.«

Manuela rollte mit den Augen. »Die spinnen total! Aber mir ist das zu blöd. Ich mach da nicht mit!« Dann jedoch waren Schritte aus dem Keller zu hören, und schneller, als ich pieps sagen konnte, war Manuela verschwunden.

Seit ich nicht mehr mitessen durfte, überschlug Olga sich geradezu mit ihrer Kocherei, während ich mich in meinem Zimmer mit Brot und Käse begnügen musste. Aber eigentlich war ich froh über diese Regeln, denn nachdem ich jetzt Luft für alle war, würde Papa mich logischerweise in Ruhe lassen müssen – so zumindest meine Hoffnung.

Doch als ich wenige Tage später um Viertel nach acht zur Tür hereinkam, wurde ich eines Besseren belehrt.

»Wo warst du?«, fuhr mein Vater mich an, womit ich ab sofort offenbar keine Luft mehr war.

Erschrocken hielt ich ihm meine Tüte entgegen. »Einkaufen!«

Das konnte mich jedoch nicht vor einer gewaschenen Ohrfeige bewahren. »Einkaufen? Willst du mich auf den Arm nehmen?« Mein Vater riss mir die Tüte aus der Hand und begutachtete den Inhalt. Brot, Käse, Seife, eine Tube Waschmittel, Cola und eine Tafel Schokolade.

»In Zukunft bist du spätestens um sechs Uhr zu Hause! Verstanden?«, zischte er und gab mir schroff die Tüte zurück.

»Ich denke, ich soll lernen, wie es ist, alleine zu leben«, protestierte ich. »Da sagt mir auch keiner, wann ich zu Hause sein soll.«

Mein Vater packte mich grob am Arm. »Du tust, was ich dir sage!«, zischte er. Und ehe ich mich versah, wurde ich einmal durch den halben Flur geprügelt. Meine Einkäufe flogen durch die Luft und verteilten sich über den Boden. »So«, schnaubte mein Vater, als er fertig mit mir war, »das ist dir jetzt hoffentlich eine Lehre! Ab sofort wirst du gehorchen, ist das klar?«

Innerlich zerriss es mich fast vor Zorn, und ich musste mich arg beherrschen, nicht irgendwann noch völlig auszurasten. Zitternd und mit zerzausten Haaren sammelte ich mein Essen vom Fußboden auf, während Papa wie ein KZ-Aufseher auf mich herabblickte. Als ich nichts erwiderte, boxte er mir gegen den Kopf.

»Antworte gefälligst, wenn ich mit dir rede!« Zornig schleuderte ich ihm ein »Ja« entgegen, dann rannte ich mit Wutränen in den Augen auf mein Zimmer.

Am nächsten Schultag morgens im Bus fühlte ich mich fürchterlich. Ich hatte kaum geschlafen, mir war übel, und wenn ich über mein Leben nachdachte, musste ich immerzu losheulen. Die Fahrt kam mir endlos vor, und als wir schließlich vor der Schule hielten, stieg ich aus und ging schnurstracks zur nächsten Telefonzelle. Normalerweise war Kai schon früh außer Haus, aber zurzeit war er krankgeschrieben. Als ich seine Stimme am anderen Ende der Leitung hörte, atmete ich erleichtert auf.

»Hallo, ich bin's!«, sagte ich. Dann brach ich erneut in Tränen aus.

Etwa zwanzig Minuten später holte Kai mich an der Telefonzelle ab, und ich erzählte ihm, was passiert war. Bestürzt zog er die Augenbrauen zusammen.

»Sag mal, was ist denn mit deinem Alten los?«, fragte er, und prompt fing ich wieder an zu heulen, sodass ich kaum ein Wort hervorbrachte.

Kai warf mir einen mitleidigen Blick zu. »Dann hast du wohl auch noch nicht gefrühstückt, oder?«

Als ich schniefend den Kopf schüttelte, hielt Kai an einer Bäckerei und kaufte Brötchen.

Gedankenverloren beobachtete ich, wie sich die Glaskanne in der Kaffeemaschine langsam mit Kaffee füllte, während Kai noch schnell ein paar herumliegende Klamotten in sein Schlafzimmer warf. »Hatte jetzt keinen Damenbesuch erwartet«, grinste er und prüfte die Marmelade auf ihr Verfallsdatum. Alles wirkte so friedlich in Kais Wohnung, so als sei meine ständige Anspannung, die ich von zu Hause immer in mir trug, einfach draußen geblieben. Es war ein Gefühl, als hätte jemand mal eben den Pause-Knopf gedrückt – ein paar Stunden, um Luft zu holen und sich endlich wieder wie ein richtiger Mensch zu fühlen.

»Kann ich nicht hierbleiben?«, hörte ich mich plötzlich wie von selbst fragen. Kai sah mich an, als hätte ihn im selben Moment der Hirntod ereilt. »Ich meine, nicht für immer«, fügte ich schnell hinzu, »nur für eine Weile … bis ich was anderes gefunden habe.«

Kai stellte die Kaffeekanne, die er eben aus der Maschine gezogen hatte, energisch wieder zurück.

»Bist du besoffen? So wie dein Vater drauf ist, hetzt der mir die Bullen auf den Hals!«

Frustriert steckte ich mir eine Zigarette an. »Tut er bestimmt nicht«, entgegnete ich, »der ist froh, wenn er mich los ist!« Ich musste mich schwer zusammenreißen, nicht gleich wieder loszuheulen, aber was ich auch sagte, Kai war nicht umzustimmen.

Auf der Heimfahrt saßen wir schweigend nebeneinander im Auto und blickten auf die Straße. Damit Papa nichts von meinem Schwänzen bemerkte, musste ich pünktlich nach Schulschluss zurück in die Höhle des Löwen. Alles in mir befand sich schon wieder in Alarmbereitschaft. An einer Straßenecke, wo niemand uns sehen konnte, ließ Kai mich aussteigen, doch kurz bevor die Autotür hinter mir ins Schloss fiel, bedeutete er mir, kurz zu warten. Fragend öffnete ich die Tür einen Spalt und steckte den Kopf ins Auto. Kai lächelte mich hilflos an.

»Übrigens, morgen gibt's bei mir Spaghetti.«

15

Barfuß ins Leben

Fronleichnam – es war fünf Minuten vor meiner Badezimmerzeit, als ich mit Shampoo und Seife bewaffnet auf dem Fußboden an meinem Bett lehnte und wie gebannt auf den kleinen Wecker starrte. Als die Zeiger endlich auf die volle Stunde sprangen, huschte ich ins Bad, ließ Wasser in die Wanne ein und stieg hinein. Wegen meiner Badezimmerzeiten, die sich abends mit meinen Weggehzeiten überschnitten, war es das erste Vollbad seit Tagen, weshalb ich mich schon reichlich unwohl in meiner Haut fühlte. Ich nahm einen Klecks Shampoo in die Hände, schäumte meine Haare ein und tauchte unter. Gerade als ich wieder auftauchte, flog die Badezimmertür auf. Mit dem ganzen Schaum im Gesicht konnte ich kaum etwas erkennen, doch schon im nächsten Moment schrillte mir Olgas boshafte Stimme entgegen.

»Raus aus der Wanne, ich will mein Kleid darin waschen!«

Hastig wischte ich mir übers Gesicht.

»Wieso?«, antwortete ich. »Jetzt ist doch meine Zeit.«

Herrisch baute Olga sich vor mir auf. »Du wirst auf der Stelle aus der Badewanne verschwinden. Oder muss dein Vater dir das erst wieder erklären?«

Zorn stieg in mir hoch, doch so nackt, wie ich war, fühlte ich mich ziemlich hilflos, weshalb ich einen Streit gerne vermieden hätte.

»Ich bin gleich fertig«, erwiderte ich schnell, »aber du siehst doch selbst, dass ich voller Schaum ...«

»Nicht gleich, sondern jetzt sofort!«, fiel Olga mir ins Wort und rannte zu meinem Vater, der wenig später im Badezimmer auftauchte. Noch ehe ich etwas sagen konnte, schlug Papa auf mich ein, während ich mich schreiend an irgendetwas festzuhalten versuchte. In der rutschigen Wanne flog ich hin und her wie ein Pingpongball und knallte dabei mehrmals gegen die Kacheln und Armaturen. Schließlich zerrte mein Vater mich an den Haaren aus der Badewanne, schleifte mich, nackt wie ich war, durch den Flur und schleuderte mich in mein Zimmer.

»Du willst es also nicht anders!«, zischte er gefährlich und versperrte die Tür von außen.

Ich zitterte am ganzen Körper. Benommen richtete ich mich auf und zog meine Kleidung über meinen triefend nassen Körper. Kurz danach wurde die Tür wieder aufgeschlossen, und Olga stand vor mir.

»Los, mach den Schaum aus der Badewanne – und zwar ein bisschen plötzlich!«, gellte sie, aber nach allem, was gerade passiert war, weigerte ich mich. Soll Papa mich doch totprügeln, dachte ich verbittert. Wie erwartet rannte Olga los, um ihn zu holen. Keine zwei Minuten später krachte mein Kopf gegen die Schranktür. Fast wäre ich zu Boden gegangen, doch ich konnte mich gerade noch an der Schreibtischplatte festhalten. Beim zweiten Schlag hatte ich weniger Glück und landete schmerzhaft auf meiner Schulter. Abermals griff mein Vater nach meinen Haaren und zerrte mich über den Flur zurück ins Badezimmer. »Dusch den Schaum weg – aber sofort!«, herrschte er mich an und versuchte mir die Brause in die Hand zu drücken. Ich wusste, ich hätte nachgeben und damit die Folgen für mich abschwächen können. Doch nackt verprügelt und an den Haaren durch den Flur geschleift zu werden, hatte mich zu sehr in meiner Würde als junges Mädchen verletzt und gedemütigt. Gewalt gegen meinen Körper war ich gewohnt, ebenso wie gegen meine Gefühle, meine Seele. Ich war missbraucht und vergewaltigt worden. Ich hatte es hingenommen, zu Hause erst wie Dreck und dann wie Luft behandelt zu werden, und auch Papas bösartige Regeln musste ich akzeptieren. Doch jetzt konnte ich nicht mehr; wenn ich dieses Mal nicht für mich eintrat, dann würde er auch mich zerstören. Seit der Sache mit Bob wusste ich endgültig, wozu mein Vater fähig war, und deshalb widersetzte ich mich mit aller Kraft. So sehr mein Vater sich auch bemühte, es gelang ihm nicht, meine Finger um den Griff der Dusche herum zusammenzudrücken. Da knallte er mir den Duschkopf an die Schläfe. Der Schmerz war heftig, und er würde Spuren hinterlassen.

»Mach den Schaum weg!«, drohte mein Vater, aber ich weigerte mich noch immer. Wieder ein Schlag mit dem Duschkopf. »Mach ihn weg!« Noch immer weigerte ich mich. Die Schläge prasselten nur so auf mich nieder, doch ich weigerte und weigerte und weigerte mich. Zornig drehte mein Vater das Wasser auf und hielt mir den Strahl ins Gesicht. Nun kam Olga hinzu, die das Ganze bisher aus sicherer Entfernung beobachtet hatte. Nachdem auch sie mehrmals auf mich eingeschlagen hatte, nahm sie meinem Vater den Duschkopf ab, damit er mich besser festhalten konnte. Sie juchzte wie im Rausch, als sie nun selbst den Wasserstrahl auf mich richten durfte.

»Darauf habe ich schon lange gewartet!«, rief sie gehässig. Das Gesicht zu einer geifernden Fratze verzerrt, fuchtelte sie mit der Brause herum, als würde mich auf diese Weise noch mehr Wasser treffen. In meinem Kopf wurde es leise. Olga johlte noch immer, aber ich hörte sie nur noch wie aus weiter Entfernung. Vor meinem inneren Auge tauchte das Bild auf, wie Ralf meinen Vater damals in die Badewanne gedrückt

292

und mitsamt Kleidung abgeduscht hatte. Wollte Papa seinen Zorn von damals nun etwa an mir abreagieren?

Einen Moment lang dachte ich, dass ich den morgigen Tag nicht mehr erleben würde, doch irgendwann ließen die beiden von mir ab. Mein Vater zog den Schlüssel aus der Innenseite der Tür und steckte ihn nach außen. »Hier kommst du erst wieder raus, wenn du die Badewanne geputzt hast!« Dann sperrte er mich abermals ein. Wie im Schock starrte ich auf die Tür, bis ich von Heulkrämpfen förmlich überrollt wurde. In meinem Mund schmeckte ich etwas Metallisches, und als ich mir über die Lippe strich, klebte Blut an meiner Hand. Mein Kopf dröhnte von den Schlägen, mir war schwindelig. Verzweifelt tigerte ich im Badezimmer hin und her – immer von einer Ecke zur anderen und zurück. Plötzlich musste ich an den alten Mann vom Straßenfest denken. »Das hier ist kein guter Ort für dich!«, hatte er damals gesagt, und auf traurige Weise machten seine Worte mir jetzt Mut.

Leise drehte ich den Fensterriegel um und horchte auf die Geräusche vor der Tür. Alles war still. Mit einem kurzen Ruck öffnete ich das Fenster, schwang mich hoch und kletterte hinaus. Draußen begann ich zu laufen. Pitschnass und ohne Schuhe rannte ich los – den Berg hinunter, quer über die Kreuzung und weiter die Hauptstraße entlang. Kleine Steine bohrten sich in meine Fußsohlen, aber das spürte ich gar nicht. Ich rannte wie um mein Leben, bis ich völlig außer Atem an eine Telefonzelle kam.

Kai war nicht gerade begeistert, als er verstand, dass ich endgültig weggelaufen war und nun ausgerechnet bei ihm Unterschlupf suchte. Meine letzten zehn Pfennig rutschten in den Münzspeicher, doch kurz bevor das Gespräch automatisch endete, gab er schließlich nach.

»Bleib, wo du bist«, brummte er. »Ich hole dich ab!«

In seiner Wohnung versorgte Kai mich erst mal mit trockenen Klamotten.

»Nur diese Nacht!«, schimpfte er vorsorglich, während er ein Paar Schuhe, welches ihm zu klein war, auf seine Tauglichkeit für mich prüfte. »Bis morgen kannst du bleiben. Aber nicht länger … dann musst du dir was anderes suchen!« Ich nickte, ohne Kai wirklich zugehört zu haben. Noch immer konnte ich nicht begreifen, was soeben passiert war, und dennoch wusste ich ohne jeden Zweifel, dass ich niemals wieder zu meinem Vater zurückkehren würde.

Dies war mein Start ins Leben – barfuß und völlig durchnässt. Nicht gerade die besten Voraussetzungen und doch besser als alles, was mich zu Hause erwartet hätte.

Nachdem sich der erste Schock allmählich gelegt hatte, bekam ich langsam Bedenken. Ich hatte weder eine Wohnung noch Geld, und für fast alles brauchte ich einen Vormund. Minderjährig zu sein, erschien mir wie eine Strafe, und als Kai mir zum x-ten Mal erklärte, dass ich spätestens morgen wieder gehen müsse, verlor ich die Beherrschung.

»Was bitte soll ich denn tun?«, rief ich. »Wo soll ich denn hin!? Soll ich mich zu Hause totschlagen lassen?«

Erschrocken sah Kai mich an. Noch immer hatte er meine Situation nicht vollends erfasst. Wahrscheinlich konnte er sich einfach nicht vorstellen, wie es bei uns zu Hause zuging, und abgesehen davon, wollte er es wohl auch nicht. Jetzt aber wurde er nervös, und selbst wenn es ihm noch immer widerstrebte, irgendetwas musste er tun. Eine Stunde später schleppte er mich zur Polizei.

»Wenn das Jugendamt dir nicht hilft«, meinte er entschlossen, »dann eben unsere lieben Ordnungshüter. Die müssen was tun, dafür werden sie schließlich bezahlt!«

Auf dem Polizeirevier schwand dann aber auch Kais Zuversicht. Bereits nach drei kurzen Sätzen unterbrach mich ein wenig motivierter Polizist, und anstatt mir zu helfen, rief er bei mir zu Hause an. Olga ging ans Telefon.

»Einen wunderschönen guten Tag, hier spricht die Polizei, Jäger am Apparat. Ihr wertes Fräulein Tochter sitzt grade vor mir und will nicht mehr nach Hause – was machen wir denn da?« Dann schwieg er eine Weile, und nachdem Olga ihm geantwortet hatte, erwiderte er belustigt: »Aber was solln wir denn mit ihr?« Danach war wieder Olga an der Reihe, woraufhin der Beamte sagte: »Nein, ich kann das Mädchen nicht einsperren!« Nach einer Pause meinte er dann noch »Aha! – Ach so!« und »Jaja, ich kenn das, ich hab auch Kinder!« Kurz danach war das Telefonat beendet. Die Hände vor seinem Bauch zusammengefaltet, wandte sich der Wachtmeister wieder uns beiden zu. »Also, Ihr Herr Vater kommt jetzt vorbei und holt Sie ab.«

Mir rutschte fast das Herz in die Hose, doch als Papa schließlich auf der Polizeiwache auftauchte, zeigte sich schnell, dass meine Sorge unbegründet war. Nachdem er sich gründlich darüber ausgelassen hatte, was für eine missratene Göre ich sei, wandte er sich zum Gehen.

»Ich hab versucht, sie zur Vernunft zu bringen. Jetzt gehört sie Ihnen«, sagte er.

Ich war erleichtert, als Papa den Rückzug antrat, aber der Polizist schien mit einem Mal gar nicht mehr so heiter.

»Ja, also … was soll ich sagen, offenbar gibt es da wohl doch ein paar schwerwiegende Probleme«, meinte er. »Doch für so was ist das Jugendamt zuständig, nicht die Polizei.«

Ich erklärte ihm, dass ich dort schon gewesen war, mir aber niemand geholfen hatte, und erkundigte mich auch gleich, was ich tun könne, um in ein Heim zu dürfen.

Nachdenklich runzelte der Polizist die Stirn.

»Hmm … jetzt überschlafen Sie mal alles bei Ihrem Bekannten, und wenn Sie morgen immer noch in ein Heim wollen, besprechen Sie das in Ruhe mit Ihrem Vater. Nichts wird so heiß gegessen, wie es gekocht wird … Sicher findet sich noch eine Lösung.«

Genau das aber schien mir unwahrscheinlich, weshalb ich nicht die geringsten Anstalten machte, die Polizeistation zu verlassen. Sichtlich ungeduldig erhob sich der Polizist schließlich aus seinem Bürosessel und trat zum Fenster. »Versuchen Sie es doch mal da hinten«, meinte er und deutete mit dem Finger auf ein Gebäude Richtung Stadtmitte. »Das müsste eine Art Jugendhilfeverein sein, da kann man sicher etwas für Sie tun.«

Ein Funken Hoffnung glomm in mir auf. Kai begleitete mich zu dem Hilfeverein, von dem der Polizist gesprochen hatte.

Nachdenklich wog die Sozialarbeiterin den Kopf hin und her. »Aha, du hattest erst diesen Monat Geburtstag … aber leider bist du mit siebzehn Jahren trotzdem schon zu alt für uns. Wir haben hier nur jüngere Kinder … wärst du vierzehn oder fünfzehn, könnte man ein Auge zudrücken, aber irgendwo muss man ja die Grenze ziehen.« Danach gab sie ihr Bedauern zum Besten und verwies mich ans Jugendamt, womit sich ein frustrierender Kreislauf schloss.

❦❦❦

Ich hatte kaum geschlafen, als ich morgens in Kais Küche saß und meine erste Zigarette rauchte. Der Kaffee lief geräuschvoll durch die Maschine. Kai hatte mir deutlich zu verstehen gegeben, dass ich nicht bleiben durfte, weshalb ich, dem Rat des Polizisten folgend, heute einen weiteren Versuch unternehmen wollte, mit meinem Vater über die Heimsache zu reden. Es war der Geburtstag meines Bruders, aber das war mir bei dem ganzen Theater völlig entfallen. Als Papa mir die Tür öffnete, wurde ich mit einem schroffen »Was willst du?« begrüßt, aber eigentlich hatte ich nichts anderes erwartet. Sicherheitshalber blieb ich zunächst im Eingangsbereich stehen.

»Ich möchte mit dir reden«, kam ich ohne Umschweife zur Sache.

Anstelle einer Antwort wandte sich mein Vater durch den offenen Durchgang meinem Bruder zu, der im Wohnzimmer auf der Couch saß. »Eine tolle Schwester hast du da! Taucht hier rotzfrech auf und bringt nicht mal ein Geschenk für dich mit!«

Lasse warf mir einen vorwurfsvollen Blick zu. Er schien völlig ahnungslos, was gestern geschehen war, und so wie er mich ansah, hatte Papa ihn gründlich gegen mich aufgehetzt. Ich wollte etwas zu Lasse sagen, aber mein Vater fuhr mir über den Mund. »Du kannst gleich wieder verschwinden, oder willst du den Geburtstag deines Bruders auch noch ruinieren?!«

Zum zweiten Mal hatte mein Vater mich aus dem Haus geprügelt, erst zu Rita und jetzt zu Kai, während er aller Welt erzählte, was für eine verkommene Rumtreiberin ich sei. Noch schlimmer traf es mich jedoch, als ich verstand, dass er sogar das Verhältnis zwischen meinem Bruder und mir für alle Zeiten zerstört hatte.

Niedergeschlagen zog ich wieder davon, und auch spätere Versuche, meinen Vater zu einem Gespräch zu bewegen, waren vergebens. Nur mein Waisengeld kassierte er wie selbstverständlich weiter.

Wenige Tage später ging ich mit Kai zum Jugendamt. Er war von der ganzen Sache völlig überrollt worden, und inzwischen quälte ihn die berechtigte Sorge, am Ende auf mir sitzen zu bleiben.

Dieses Mal, mit Kai als Verstärkung, wurde ich beim Jugendamt nicht einfach wieder abgewiesen. Stattdessen wurde die Verantwortung zu Kais Schreck kurzerhand auf ihn übertragen.

»Na, wenn Sie weggelaufen sind«, meinte der clevere Kerl hinter dem Schreibtisch, »und jetzt bei diesem Herrn untergekommen sind, dann ist ja alles wieder in Ordnung.« Es folgte eine hitzige Diskussion zwischen Kai und dem Sachbearbeiter, und am Ende fuhr ein übel gelaunter Kai, immer noch mit mir im Gepäck, wieder nach Hause. Es war das erste Mal, dass ich ihn richtig sauer erlebte. Nur handgreiflich, das wurde Kai nie, und er ahnte nicht mal, wie wenig selbstverständlich das für mich war.

»Du kannst nicht bei mir einziehen!«, schimpfte er auf der Fahrt. »Ich wohne alleine, und so soll das auch bleiben!«

Reumütig sah ich zu Boden, während Kai sich grimmig eine Zigarette anzündete.

»Das geht mir jetzt echt ein bisschen zu schnell, und wir sind ja auch gar kein Paar!« Wieder herrschte Schweigen, bis Kai vor einer roten Ampel eine abrupte Vollbremsung hinlegte. »Es geht einfach nicht, dass …«

»Ist in Ordnung, ich hab's verstanden«, fuhr ich Kai ins Wort, und nach einer kurzen Pause fügte ich hinzu: »Bring mich zur Autobahn, dann trampe ich nach München!«

Eigentlich hatte ich Kai nur begreiflich machen wollen, wie hilflos ich mich fühlte, doch wenig später stand ich knapp vor der nächsten Autobahnauffahrt und hielt den Daumen raus. So war das zwar nicht geplant, aber dann sollte es eben so sein. Meine Mutter hatte immer von München geschwärmt, und als Kind war ich zweimal dort gewesen. Irgendwie würde ich schon zurechtkommen.

Der Regen hatte gerade aufgehört – ein gutes Zeichen –, doch das Prasseln der Autoreifen auf der nassen Straße hallte mir entgegen wie zynisches Gekicher. Kein einziger Fahrer hielt an, und als Kai gut zehn Minuten später seinen klapp-rigen Kadett neben mir zum Halten brachte, war ich erleich-tert.

»Steig ein«, rief er durch die heruntergekurbelte Fenster-scheibe, und etwas verdrossen fügte er hinzu: »Vorerst kannst du bleiben.«

∽∽∽

Einen Monat später wohnte ich noch immer bei Kai. In der Zwischenzeit hatte er mich zu einem gemeinsamen Besuch bei Papa überredet, aber auch das war ein Reinfall gewesen. Kai hatte doch glatt gedacht, man könne mit meinem Va-ter über alles reden, und ein bisschen hatte er wohl auch ge-hofft, mich so auf galante Weise loszuwerden. Aber daraus war nichts geworden, und während Papa vor Kai mal wie-der mächtig auf Vorzeige-Vater gemacht hatte, vermittelte er mir ganz nebenbei, dass er mich mit der Polizei holen würde, sollte ich den Versuch wagen, an mein Waisengeld zu kom-men. Ich hatte schnell verstanden, dass unser Besuch zu nichts führte, aber solange ich auf alles verzichtete, war ich wenigstens in Sicherheit.

Für Papa schien das Ganze ein Wettkampf zu sein, den er gewinnen und mit dem er gleichzeitig mich ausschalten wollte, sein größtes Ärgernis, das ihn für den Rest seines Le-bens an seine Schuld erinnern würde.

Etwa fünf Wochen vor den Sommerferien wagte ich mich noch einmal in die Höhle des Löwen. Ich benötigte dringend meine Schulbücher, denn immerhin stand mein Abschluss kurz bevor. Lasse hatte mir unbemerkt die Tür geöffnet, doch gerade als ich mit den Büchern verschwinden wollte, rauschte mein Vater ums Eck und schlug sie mir aus den Händen.

»Du nimmst hier nichts mit, kein einziges Blatt Papier«, donnerte er und packte mich am Arm, doch ich konnte mich gerade noch losreißen und rannte panisch aus dem Haus.

Ohne meine Bücher ging es mit der Schule nun endgültig bergab, und auch meine Jobsuche war ein Flop auf ganzer Linie. Mehrere Nachmittage lang hatte ich die halbe Stadt abgeklappert, doch ohne Papas Unterschrift wurde ich nicht mal als Küchenhilfe eingestellt. Wäre Kai nicht gewesen, hätte ich längst unter einer Brücke gewohnt, weshalb ich mich ständig in seiner Schuld fühlte. Vieles wäre anders gelaufen ohne meine Abhängigkeit, und vieles wäre niemals passiert. Vor seinen Freunden spielte Kai gerne mal den Aufreißer, und manchmal benahm er sich mir gegenüber wie ein echter Troll. So hilfsbereit er auch sein konnte, wusste ich doch, dass es die bessere Lösung wäre, niemanden zu brauchen. Deshalb freute ich mich umso mehr, als drei Monate nach meiner Flucht endlich meine Ausbildung begann. Jetzt konnte auch ich etwas zur Haushaltskasse beisteuern, wodurch ich mich ein kleines bisschen weniger abhängig fühlte.

Die Ausbildung war ein großes Glück für mich, wenngleich ich meine berufliche Zukunft nicht als Friseuse sah. Wegen meiner schlechten Noten hatte ich mich nach dem Gespräch mit Katja sicherheitshalber doch noch im Haarsalon vorgestellt und war prompt genommen worden. Glücklicherweise hatte ich den Lehrvertrag bekommen, als ich noch zu Hause gewohnt hatte, sonst wäre es mangels Unterschrift eines Erziehungsberechtigten wohl auch damit nichts geworden.

Am Morgen meines ersten Ausbildungstages wurde ich von Kai noch schnell mit ein paar guten Ratschlägen versorgt, dann machte ich mich auf den Weg. Insgesamt waren wir fünf Lehrlinge im »Hairy Styles«, bei gerade mal zwei

Gesellinnen. Wir Neuen bekamen eine kurze Einweisung, jeder stellte sich vor, und es wurden die Regeln verkündet. Wie sich herausstellen sollte, gab es eigentlich nur drei wichtige Dinge zu beachten. Regel Nummer eins: Lehrlinge ersetzten die Putzfrau. Regel Nummer zwei: Lehrlinge mussten andere siezen. Regel Nummer drei: Lehrlinge wurden geduzt, was Frau Schulz, die Lieblingsgesellin der Chefin, zu der Erklärung veranlasste: »Man sagt ja auch ›du Arschloch‹ und nicht ›Sie Arschloch‹.«

Bevor es schließlich an die Arbeit ging, wurde mir noch schnell eine Frisur verpasst, weil man mich, so die Chefin, mit diesem Desaster auf dem Kopf nicht auf die Kunden loslassen könne. Den Rest des Tages kehrten wir Haare zusammen oder sahen den Gesellinnen bei der Arbeit zu.

Von meinem ersten Lohn gingen Kai und ich einkaufen, und von dem Geld, das übrig blieb, kaufte ich mir Krümel II. Es war Liebe auf den ersten Blick, als ich den kleinen Hamster durch die Schaufensterscheibe in seinem Laufrad rennen sah. Er lief wie um sein Leben und kam doch keinen Millimeter von der Stelle. Ich wusste sofort, wir gehörten zusammen. Außerdem gefiel mir die Vorstellung, dieses kleine Lebewesen beschützen zu können, was, wenn es um mich ging, niemand tat.

Krümel II war mit Abstand das Beste, was meine Ausbildung mir einbrachte, alles andere daran empfand ich als tödlich. Stundenlang musste ich Lockenwickler anreichen, und beim ständigen Pflicht-Small-Talk mit den alten Damen ging mir schnell der Gesprächsstoff aus. Man lernte so gut wie nichts, und noch dazu machte sich an meinen Händen ein übler Ausschlag vom ständigen Haarewaschen breit.

Hier war ich falsch, das wusste ich gleich, und nach drei Monaten hatte es auch meine Chefin begriffen. Traurig war ich nicht, als ich kurz vor Ablauf der Probezeit meine Kündigung in Händen hielt, es machte mir nur Sorgen, dass ich nun wieder vollends von Kai abhängig war. Ich konnte jederzeit bei ihm rausfliegen, und momentan standen die Chancen dafür besser denn je.

Seit meiner Flucht von zu Hause ging es mit mir bergauf, doch gleichzeitig lief es mit Kai immer schlechter. Meine Pickel waren verschwunden, genauso wie die Neurodermitis, und nachdem ich bei den Pflegeeltern vor fünf Jahren mitten im Wachstum nahezu stehen geblieben war, hatte ich in den letzten Monaten etliche Zentimeter aufgeholt. Meine überschüssigen Pfunde schienen sich dadurch regelrecht in Luft aufgelöst zu haben, und jetzt war mir sogar die kleinste Kleidergröße ein bisschen zu groß. Zum ersten Mal entwickelte ich einen Hauch Selbstbewusstsein, und seitdem benahm Kai sich wie ein eifersüchtiger Platzhirsch. Vor Kurzem noch hatte er getönt, er brauche seine Freiheit, doch kaum sahen mir andere Jungs hinterher, wollte er genau davon nichts mehr wissen. Offenbar hatte er gedacht, er könne mich jederzeit als Freundin haben, wenn ihm danach sei; jetzt aber musste er feststellen, dass ich keineswegs so verliebt in ihn war, wie er sich eingeredet hatte. Von da an stritten wir wie die Kesselflicker. Ich mochte Kai und war ihm unendlich dankbar, doch für eine echte Beziehung reichte das nicht.

Die plötzliche Erkenntnis, dass es nicht Liebe war, sondern meine Not, die mich dazu bewogen hatte zu bleiben, schien Kai wie ein Hammerschlag zu treffen. Von diesem Moment an saß ich wie auf einem gespannten Katapult, dessen Auslöser jederzeit betätigt werden konnte.

Die Kündigung meiner Ausbildung kam denkbar ungünstig, und als Kai mich wenig später mal wieder vor die Tür setzte, war ich nicht nur obdachlos, sondern auch pleite. Völlig verzweifelt lief ich durch die Straßen. Noch immer war ich nur ein halber Mensch – eine Rechtlose praktisch, genannt minderjährige Jugendliche.

Gefühlt war es der lausigste Tag des Monats, und je später es wurde, umso schlimmer schien es zu werden. Um bei der Kälte nicht als Eisskulptur zu enden, schnorrte ich auf der Straße bei Passanten etwas Geld für die Disco, wo ich Katja und ein paar andere traf. Ich blieb die ganze Nacht, bis morgens um sechs das Licht anging und auch die letzten Nachtschwärmer vertrieben wurden. Katja hatte sich schon vor einer Stunde auf den Heimweg gemacht, und wohl oder übel war es nun auch für mich an der Zeit.

Die Stadt wirkte wie ausgestorben in der Dämmerung, nur eine Kehrmaschine räumte einsam die Überreste der letzten Nacht beiseite. Frierend zog ich die Ärmel meines Pullovers wie Handschuhe über meine Finger. Seit dem vergangenen Abend war es sogar noch kälter geworden, außerdem knurrte mir jetzt auch noch der Magen, und ich war hundemüde. Dreizehn Pfennige – der klägliche Rest meines geschnorrten Geldes. Selbst wenn schon irgendeine Bäckerei geöffnet hätte, bekäme ich dafür nicht mal ein Stück Brot.

Missmutig machte ich mich auf den Weg zu der Ecke, von der aus ich immer trampte. Es dauerte nicht lange, bis ein Auto hielt und mich in die Nähe von Kais Wohnung brachte. Vielleicht hatte er sich inzwischen beruhigt – einen Versuch war es jedenfalls wert. Auf der Fahrt legte ich mir noch schnell ein paar Worte zurecht, doch zum Glück musste ich gar nicht viel reden. Kai wirkte frustriert, als er in seiner Batik-Schlabberhose öffnete, aber auch ein bisschen reumütig.

»Komm rein«, sagte er mit gesenktem Kopf, ließ die Tür offen stehen und legte sich wieder ins Bett. Ich war erleichtert, aber die darauffolgende Zeit wurde ein einziges Chaos. Immer öfter saß ich auf der Straße, musste bei flüchtigen Bekannten schlafen oder die Nächte in der Disco verbrin-

gen. Zuletzt setzte Kai mich in nur einer Woche ganze drei
Mal vor die Tür, und danach kam ich nicht mehr zurück. Ich
solle endgültig aus seinem Leben verschwinden, hatte er mir
hinterhergerufen, und ich war fest entschlossen, ihm diesen
Wunsch zu erfüllen.

Fürs Erste konnte ich bei Katja übernachten, doch weil die
noch bei ihren Eltern wohnte, war es auch damit schnell wieder vorbei. Draußen dämmerte es schon, als ich erneut mit
ausgestrecktem Daumen an der Landstraße stand – aber
diesmal war ich nicht alleine.

»Wenn Svenja gehen muss, dann geh ich auch!«, hatte
Katja zu Hause trotzig verkündet, und zehn Minuten später
stand sie an meiner Seite. Weit kamen wir jedoch nicht.

Wegen der Kälte verbrachten wir etliche Nächte im Point,
einer berüchtigten Punk-'n'-Wave-Disco ein paar Ortschaf-
ten weiter. Wenn wir so richtig müde waren, schliefen wir, etwas abseits von dem ganzen Getümmel, dort sogar auf einer
der hinteren Treppen. Morgens aber, wenn das Licht an- und
die Musik ausging, mussten wir zurück auf die Straße, wo wir
uns ein paar Mark zusammenschnorrten für heißen Kaffee
und etwas zu essen.

Manchmal gingen wir auch mit zu irgendwelchen Typen,
die wir zuvor in der Disco kennengelernt hatten. Aber sobald sie realisierten, dass wir einfach nur duschen und aus-
schlafen wollten und sonst nichts lief, setzten sie uns schnell
wieder vor die Tür. Irgendwann hatten sich unsere Absichten
im ganzen Point herumgesprochen, und kaum einer nahm
uns noch mit zu sich nach Hause. Es folgten ein paar ziemlich ungemütliche Nächte, woraufhin Katja reumütig zu ihren Eltern zurückkehrte. Danach stand ich wieder alleine auf
der Straße, und noch immer konnte es lausig kalt draußen
werden. In einer Nacht irgendwann nach Ostern, als meine

Hände und Füße vor Kälte schon ganz taub waren, kratzte ich meine letzten Pfennige zusammen und rief Kai ein weiteres Mal an. Ich wusste nicht, ob er mich wieder aufnehmen würde, und auch nicht, wie es dann weitergehen sollte. Ich wusste nur, dass ich so kurz vor meiner Volljährigkeit, nachdem ich es fast geschafft hatte, nicht noch schnell erfrieren wollte.

Als Kai den Hörer abnahm, wirkte er zerknirscht. Offenbar hatte er nicht erwartet, dass ich tatsächlich wegbleiben würde, und war froh über mein Lebenszeichen.

»Es tut mir leid!«, stammelte er kleinlaut ins Telefon und versprach mir hoch und heilig, mich nie wieder rauszuschmeißen. Vermutlich glaubte er in diesem Moment selbst an sein Versprechen, eingehalten hat er es jedoch nicht.

❦❦❦

An meinem achtzehnten Geburtstag stand ich mal wieder auf der Straße, doch an diesem Tag konnte mich nichts mehr erschüttern. In dem erhebenden Gefühl, ab heute endlich ein vollwertiger Mensch zu sein, saß ich zusammen mit Krümel und Katja auf einer Parkbank in der Stadt. Ab sofort hatte ich Rechte, und niemand, nicht einmal mein Vater, konnte sie mir wegnehmen. Ich war außer Gefahr. Nun hieß es, mir aus den Trümmern meines Lebens etwas Neues, Eigenes aufzubauen.

So sehr mein Vater es auch versuchte, mit meinem achtzehnten Geburtstag konnte er mir mein Waisengeld nicht länger vorenthalten. Es war niemals für ihn, sondern schon immer für meine Versorgung gedacht gewesen, doch erst jetzt konnte ich es gegen seinen Willen auf mein Konto überweisen lassen. Auch das Kindergeld wollte mein Vater weiterhin behalten, und ich musste es einklagen, aber auch da, so wusste ich, würde ich Erfolg haben. Hinzu kam mein Erbe, das meine Mutter vor Papa in Sicherheit gebracht hatte und der es deswegen nicht hatte antasten können.

Mit einem gut gefüllten Konto machte ich mich auf Wohnungssuche. Knapp zwei Wochen später war es geschafft – Krümel und ich zogen in unser eigenes Apartment. Es war ein überwältigendes Gefühl, als ich zum ersten Mal die Tür hinter mir schloss und wusste, ich war in Sicherheit. Keiner konnte in mein Refugium eindringen und meinem Körper oder meiner Seele Gewalt antun. Es war unbeschreiblich.

Bald darauf fand ich einen Gelegenheitsjob, und wenig später meldete ich mich auf der Handelsschule an. Ich war fest entschlossen, meinen Schulabschluss nachzuholen, der bei all dem Theater völlig auf der Strecke geblieben war. Neuerdings ging ich sogar richtig gern zur Schule – und zum ersten Mal, seit ich damals als Elfjährige unsere kleine Insel hatte verlassen müssen, kam ich auch gern nach Hause zurück. Dorthin, wo mich niemand verprügeln, mir seine Zunge in den Mund drücken oder mich vergewaltigen durfte. An einen Ort, wo ich einfach nur sicher war.

Langsam lichteten sich die schwarzen Wolken der Vergangenheit, doch gleichzeitig wurde das Ausmaß der Zerstörung immer deutlicher sichtbar. Äußerlich ging es mir besser, aber meine Seele glich einem Trümmerfeld. Ich wusste, dass ich hier, wo ich so viel Schreckliches erlebt hatte, niemals würde vergessen können.

Anfang Februar des folgenden Jahres beschloss ich, alles hinter mir zu lassen und nach München zu gehen. München war die Stadt meiner Mutter, dort hatte sie etliche Jahre ihrer Kindheit verbracht, aber vor allem war es weit, weit weg von diesem Ort. Nur Kai, der mir auf seine Art trotz aller Schwierigkeiten ein Freund gewesen war, erzählte ich von meinem Vorhaben. Ohne lange darüber nachzudenken, erklärte er sich bereit, mich zu fahren, und gewissermaßen war dies sein Abschiedsgeschenk. Noch in derselben Nacht packte ich Krümel und das wenige, was ich besaß, in Kais Auto und schrieb meinem Vermieter die Kündigung. Es war zwei Uhr nachts, als ich die Tür hinter mir zuzog und in meine neue Zukunft aufbrach. Wahrscheinlich würde ich meinen Vater nie wiedersehen, dennoch bat ich Kai, nicht an seinem Haus vorbeizufahren. Nur das Grab meiner Mutter besuchte ich ein letztes Mal. In der viel zu kurzen Zeit mit Mama hatte sie mir das größte Geschenk meines Lebens gemacht. Ein Geschenk, aus dem ich nun die Hoffnung schöpfte, dass meine Wunden irgendwann würden heilen können. Es war ihre unendliche Liebe zu mir – eine Liebe, die noch immer in mir lebte, auch wenn sie unter einem unüberschaubaren Berg aus Gewalt, Schmerz, Demütigung und Hass verschüttet lag. Aber in dieser kalten Nacht im Februar machte ich mich auf den Weg, genau diese Liebe in mir zu retten.

Epilog

Der Schritt, meine Heimat zu verlassen, sollte sich in meiner Zukunft in jeder Hinsicht als die beste Entscheidung meines Lebens herausstellen. Ich kann nicht sagen, dass nach meiner Flucht auf Anhieb alles gut wurde, doch auch als es bis dahin noch ein langer Weg war, habe ich diesen Schritt niemals bereut.

Nachdem ich meine Schule beendet hatte, absolvierte ich zunächst eine Ausbildung zur Groß- und Außenhandelskauffrau, bildete mich später zur Personalkauffrau weiter und war als Personalreferentin tätig. Eine Zeit lang habe ich auch in Griechenland und in Spanien gelebt, wo ich Henna-Tattoos für Touristen gemalt, als Animateurin gearbeitet und auf der Peloponnes bei der Feldarbeit geholfen habe. Ich habe mit meiner XT-500 den Tremalzopass überquert, bei Korinth auf einem Berg ohne Strom und fließend Wasser gelebt, habe ein paar Semester Philosophie und Psychologie studiert und als Lkw-Vermieterin gearbeitet. Ich war Sekretärin, Geldtransporter-Fahrerin, Katzenmama, Hauptgewinnerin in einer Fernsehshow, und zeitweilig verdiente ich meine Brötchen als Statistin und womöglich schlechteste Kleindarstellerin aller Zeiten. Ich war neugierig auf das Leben, und ich war auf der Suche nach meinem verlorenen Ich. Doch während all dieser Zeit wurde ich immer wieder von meiner Vergangenheit eingeholt, was sich in Form von Angstzuständen und Panikattacken äußerte. Lange habe ich versucht zu verdrängen, bis ich schließlich kurz vor einer geplanten Herzoperation einen totalen Zusammenbruch erlitt. Wegen einer angeborenen Ebstein-Anomalie hatten die Ärzte mich schon längst operieren wollen, aber wie sich herausstellen sollte, war es nicht der Herzfehler, der meine zum Teil sehr gefährlichen Herzrhythmusstörungen verursachte, sondern eine posttraumatische Belastungsstörung.

Rückblickend betrachtet war dieser Zusammenbruch ein Geschenk. Verdrängen war von nun an nicht mehr möglich. Ich war gezwungen, mich meiner Vergangenheit zu stellen. Ich musste lernen, wieder dort anzusetzen, wo mein Leben noch in Ordnung gewesen war, musste die Gewalt in Worte fassen und den Missbrauch realisieren. Niemand kann die Vergangenheit ungeschehen machen, weder ein Therapeut noch ein geliebter Mensch, doch ich habe erfahren dürfen, dass sie einen Teil ihres Schreckens verliert, wenn man das Schweigen durchbricht. Aus dieser Erkenntnis heraus ist dieses Buch entstanden.

Heute lebe ich mit Marco, meiner großen Liebe, meinem Seelenverwandten und besten Freund, in meiner Wahlheimat München. Irgendwo auf meiner Reise hat er meinen Weg gekreuzt, und seitdem reisen wir zusammen. Ich träume von einer gerechten Welt ohne Hass, Diskriminierung und Missbrauch jeglicher Art. Ich weiß, so eine Welt wird es niemals geben, aber wenn durch mein Buch nur ein Mensch weniger die Augen verschließt, hat es sich gelohnt. Wir sind es gewohnt, wegzuschauen, uns nicht einzumischen, doch für unzählige Kinder, Frauen und manchmal auch Männer kann ebendieses Verhalten Zerstörung bis hin zum Tod bedeuten. »Die Gewalt lebt davon, dass sie von anständigen Leuten nicht für möglich gehalten wird«, wie Sartre es ausdrückte – und genau deswegen dürfen wir nie aufhören, darüber zu sprechen.

Danksagung

Mein größter Dank gilt meinem Mann Marco, ohne den dieses Buch niemals entstanden wäre. Er hat mich ermutigt, anzufangen, hat mir Rückhalt gegeben und mich jederzeit und ohne Ausnahme unterstützt und zum Weiterschreiben ermuntert.

Ich danke Elmar Kraft, dass er immer ein offenes Ohr für mich hatte, für die vielen guten Anmerkungen zu meinem Manuskript und für unsere bald drei Jahrzehnte währende enge Freundschaft. Sehr herzlich danke ich auch Angela Kuepper für die tiefen Gespräche sowie die einfühlsame Bearbeitung meines Manuskripts. Swantje Steinbrink, meiner Literaturagentin, danke ich ganz besonders dafür, dass sie vom ersten Moment an mein Projekt geglaubt hat, und auch meinem Verlag, insbesondere Susanne Haffner, danke ich herzlich für das Vertrauen in mein Buch und die wertvollen Ratschläge. Zudem danke ich allen Menschen, die mich unterstützt und in der Zeit meines Rückzugs nicht vergessen haben.

Quellen

Gedicht Seite 7 »Von den Kindern« aus Khalil Gibran, Der Prophet. Übersetzt von Kevin Graf © Patmos Verlag der Schwabenverlag AG, Ostfildern 2014. www.verlagsgruppe-patmos.de
Mit freundlicher Genehmigung.

Das Bibelzitat Seite 130 folgt dieser Quelle:
http://bibeltext.com/1_john/3-8.htm 1.Johannes 3
und: Schlachter Bibel Matthäus – Kapitel 13 http://www.bibel-online.net/buch/schlachter_1951/matthaeus/13/

Zitat Seite 247 : BAP, Verdamp lang her, aus:
Für usszeschnigge! 1981

Zitat Seite 247 f.: BAP, »Do kanns zaubere«, aus:
»Vun drinne noh drusse«, 1982

Hilfsadressen

WEISSER RING
Gemeinnütziger Verein zur Unterstützung von Kriminalitäts-
opfern und zur Verhütung von Straftaten e.V.

Der WEISSE RING bietet seit über 40 Jahren umfassende Hilfe
und Unterstützung für Menschen, die Opfer von Kriminalität
und Gewalt geworden sind oder zu werden drohen.
Europäische Hotline 116 006

WEISSER RING Deutschland
Weberstr. 16
55130 Mainz

Bundesweites kostenfreies und anonymes Opfer-Telefon:
116 006 täglich 7:00 bis 22:00 Uhr
Online-Beratung: https://weisser-ring.de/hilfe/onlineberatung
https://weisser-ring.de
https://www.facebook.com/WEISSERRING/

WEISSER RING Österreich
Nußdorferstraße 67
1090 Wien

Landesweiter kostenfreier und anonymer Opfer-Notruf:
0800 112 112 täglich 0–24 Uhr
www.weisser-ring.at/

WEISSER RING Schweiz
Freigutstrasse 22
8002 Zürich

Nottelefon: 044 422 65 62 Montag–Freitag 08:00–12:00 Uhr,
14:00–17:00 Uhr
Mail-Kontakt: info@weisser-ring.ch
www.weisser-ring.ch/

bff: Frauen gegen Gewalt e.V.
Der Bundesverband umfasst über 170 Frauenberatungsstellen
und Frauennotrufe in Deutschland, die Unterstützung für ge-
waltbetroffene Mädchen und Frauen bieten. Auf der Webseite
des bff findet sich ein umfassendes Angebot zur Beratung und
Hilfestellung, für Gehörlose auch mit Gebärdendolmetschern.
Weitere Dolmetscher (Türkisch, Polnisch, Russisch, Englisch,
Französisch, Spanisch, Portugiesisch, Italienisch, Serbokroatisch,
Bulgarisch, Rumänisch, Persisch, Vietnamesisch, Mandarin und
Arabisch) stehen für die telefonische Beratung bereit.

Kostenloses und auf Wunsch anonymes Hilfetelefon:
08000 116 016 täglich 0–24 Uhr
www.frauen-gegen-gewalt.de/aktuelles.html
www.facebook.com/bff-Frauen-gegen-Gewalt-eV-
507282266000979/

Frauenhauskoordinierung e.V.
Der Verein Frauenhauskoordinierung e.V. setzt sich ein für den
Abbau von Gewalt gegen Frauen. Über die Internetseite können Schutzsuchende Frauenhäuser in ganz Deutschland finden
(http://www.frauenhauskoordinierung.de/
frauenhaussuche.html).
www.frauenhauskoordinierung.de

314

Jugendnotmail
Die Beratungs- und Informationsstelle für Kinder und Jugendliche bis 19 Jahre bietet über ehrenamtliche Online-Berater aus den Bereichen Psychologie und Sozialpädagogik Einzel-Online-Beratung, Themenchat und ein Forum über die Webseite an.
www.jugendnotmail.de

Wildwasser
Professionelle Fachberatungsstellen mit dem Schwerpunkt sexualisierte Gewalt. Neben Kindern, Jugendlichen und Erwachsenen, die von sexuellem Missbrauch betroffen sind, können sich auch Angehörige und Freunde von Betroffenen hier Hilfe holen.
www.wildwasser.de
http://www.wildwasser.de/info-und-hilfe/

Zartbitter e.V.
Kontakt- und Informationsstelle gegen sexuellen Missbrauch von Mädchen und Jungen. Zartbitter hat zahlreiche Informationsbroschüren auch für Kinder zur Prävention herausgegeben, die über die Webseite erhältlich sind.
www.zartbitter.de/gegen_sexuellen_missbrauch/Aktuell/100_index.php
https://www.facebook.com/Zartbitter.Hilfe.gegen.Missbrauch/

Nummer gegen Kummer e.V.
Der Verein stellt ein umfassendes Beratungsangebot für Kinder sowie Erziehungsberechtigte zur Verfügung und bietet sich an als Gesprächspartner bei kleinen und großen Sorgen.

Kinder- und Jugendtelefon: 116 111 Montag–Samstag 14:00–20:00 Uhr
Elterntelefon: 0800 111 0 550 Montag–Freitag 9:00–11:00 Uhr, Dienstag und Donnerstag 17:00–19:00 Uhr
E-Mail-Beratung und weitere Angebote unter:
https://www.nummergegenkummer.de
https://www.facebook.com/ngk.dachverband/?fref=ts

UBSKM – Unabhängiger Beauftragter für Fragen des sexuellen Kindesmissbrauchs (UBSKM)
Das Amt der Bundesregierung für die Anliegen von Betroffenen und deren Angehörigen sowie Menschen, die sich gegen sexuelle Gewalt engagieren, bietet auf seiner Webseite Informationen, ein Hilfeportal und ein Hilfetelefon.

Hilfeportal: www.hilfeportal-missbrauch.de/startseite.html
Hilfetelefon (kostenfrei und anonym): 0800-22 55 530 (nicht an Feiertagen)
E-Mail-Beratung: beratung@hilfetelefon-missbrauch.de
https://beauftragter-missbrauch.de

Weitere Informations- und Kontaktangebote des UBSKM:
www.beauftragter-missbrauch.de
www.hilfeportal-missbrauch.de
www.hilfetelefon-missbrauch.de
www.kein-raum-fuer-missbrauch.de

Darüber hinaus untersucht die **Unabhängige Kommission zur Aufarbeitung sexuellen Kindesmissbrauchs** sämtliche Formen von sexuellem Kindesmissbrauch in Deutschland.

Infotelefon Aufarbeitung: 0800 40 300 40

www.Frauennotruf.de

Auf der Seite des Frauennotrufs finden sich weitere Notrufnummern und sonstige Krisenanlaufstellen sowie Telefonnummern der Frauen- und Mädchenhäuser für Deutschland, Österreich und Schweiz

http://www.frauennotruf.de/Frauen-Notruf.html
https://www.facebook.com/Frauennotruf

In dringenden Notfällen wird auf die Polizei verwiesen.

Diese Liste erhebt keinen Anspruch auf Vollständigkeit.
Für die Inhalte der verlinkten Seiten ist der jeweilige Anbieter oder Betreiber der Seite verantwortlich.

Lisa Brönnimann
Niemandskinder

Lisa Brönnimann
NIEMANDSKINDER
Verdingt und Verachtet.
Meine Kindheit in
der Schweiz
288 Seiten
ISBN 978-3-404-60951-2

Lisa weiß nicht, wer ihre Mutter ist, aber die muss sie hassen, sonst hätte sie sie bestimmt niemals allein gelassen. Seit sich Lisa erinnern kann, wird sie zwischen verschiedenen Pflegestellen hin und her geschoben, ihre Eltern hat sie nie kennengelernt. Mit fünf Jahren kommt sie zu einer neuen Pflegemutter, die sie und die anderen Kinder unbarmherzig quält. Sie prügelt, ertränkt ihre Opfer fast in kaltem Wasser oder sperrt sie tagelang in eine finstere Kammer. Es ist eine harte Kindheit voller Arbeit und Entbehrungen – und das in den 1970er-Jahren in der Schweiz. Dahinter steht ein politischer Skandal. Bis 1981 ordneten die Schweizer Behörden „fürsorgerische Zwangsmaßnahmen" an: Arme und uneheliche Kinder oder Waisen wurden in Heimen und Pflegefamilien untergebracht und mussten dort als „Verdingkinder" arbeiten. Lisa Brönnimanns Schicksal steht stellvertretend für Tausende Betroffene.

Bastei Lübbe

Eine Kindheit voller Kälte

Amelie Sander
ALS HÄTTE DER
HIMMEL MICH
VERGESSEN
Verwahrlost und
misshandelt im eigenen
Elternhaus
368 Seiten
mit Abbildungen
ISBN 978-3-404-60925-3

Von ihrer frühesten Kindheit an ist Amelie dem Hass der Frau ausgeliefert, die sie „Mama" nennen muss. Nach außen hin sind die Sanders die perfekte Familie. Doch Amelie bekommt kaum zu essen und zu trinken, wird eingesperrt, gequält und erniedrigt. Wenig, das ihr nicht bei Strafe verboten ist. Erst spät findet Amelie heraus, was mit ihrer leiblichen Mutter geschehen ist. Als sie schon fast alle Hoffnung verloren hat, gelingt ihr mit 21 Jahren endlich die Flucht ...

Bastei Lübbe